计算机系列教材

韩冬 傅兵 主编

文献信息检索与利用
（第2版）

清华大学出版社
北京

内容简介

本书是关于文献信息检索的教材,围绕信息资源检索的理论知识和方法以及信息检索工具展开,注重理论与实践的结合,在介绍各种数据库产品的同时也介绍了检索工具的使用方法,并有具体示例讲解。本书力求从信息工作者、信息用户两个角度解决信息获取与用户服务的理论、方法和技术问题。

本书作为高等院校教学用书,可供高校相关专业本科生或研究生使用,也可作为图书馆工作人员的参考用书。

本书封面贴有清华大学出版社防伪标签,无标签者不得销售。
版权所有,侵权必究。举报: 010-62782989, beiqinquan@tup.tsinghua.edu.cn。

图书在版编目(CIP)数据

文献信息检索与利用/韩冬,傅兵主编. —2版. —北京:清华大学出版社,2022.6(2024.12重印)
计算机系列教材
ISBN 978-7-302-60835-6

Ⅰ. ①文… Ⅱ. ①韩… ②傅… Ⅲ. ①文献检索与利用—高等学校—教材 Ⅳ. ①G254.97

中国版本图书馆 CIP 数据核字(2022)第 080535 号

责任编辑:白立军　常建丽
封面设计:常雪影
责任校对:焦丽丽
责任印制:宋　林

出版发行:清华大学出版社
　　　网　　址:https://www.tup.com.cn, https://www.wqxuetang.com
　　　地　　址:北京清华大学学研大厦 A 座　　　邮　　编:100084
　　　社 总 机:010-83470000　　　邮　　购:010-62786544
　　　投稿与读者服务:010-62776969, c-service@tup.tsinghua.edu.cn
　　　质量反馈:010-62772015, zhiliang@tup.tsinghua.edu.cn
　　　课件下载:https://www.tup.com.cn, 010-83470236
印 装 者:三河市铭诚印务有限公司
经　　销:全国新华书店
开　　本:185mm×260mm　　印　张:18.25　　字　数:422 千字
版　　次:2014 年 9 月第 1 版　　2022 年 7 月第 2 版　　印　次:2024 年 12 月第 5 次印刷
定　　价:59.00 元

产品编号:090390-01

第 2 版前言

本书保留了第 1 版的大部分内容,并增、删了部分章节,使内容更充实,更饱满,更具特色。

自从全国高校开设"文献检索课程"以来,与之相配套的教材种类繁多,但缺乏精品教材,对文献信息检索介绍全面、深入的教材就更少了。为了适应当前的需要,编者查阅了大量国内外有关信息检索方面的文献,并结合自己多年的经验,对本书第 1 版教材进行了梳理,编撰了《文献信息检索与利用》第 2 版。

本书本着充实新内容、体现新进展、完善新体系的原则,不但阐述了文献检索的基本内容,并附有许多文献检索案例,以及学术论文撰写、信息素养等内容。本书具有全面性、实用性、直观性的特点,有论述、有介绍、有实操,不仅介绍了纸质检索工具,同时也列举了数据库和网络资源;不仅有手工检索的方法与技巧,同时还有计算机检索的路径和策略。其中,第 9 章是新增加的内容,伴随着信息化、网络化的迅猛发展,信息素养作为 21 世纪个人重要的能力素质,为个人终身学习,为在信息社会更好地生存和发展,为建设学习型社会,为培养创新人才,提供重要的基础,并且成为衡量人才素质的重要标准之一。本书共分 9 章,各章主要内容如下。

第 1 章是文献信息检索基础理论,从文献检索的概念入手,阐述文献信息检索的技术与策略、文献信息检索语言和工具等。

第 2 章是图书信息检索,介绍图书馆图书文献分类和图书信息检索等理论知识与方法。

第 3 章是期刊信息检索,介绍期刊文献及期刊信息检索系统,包括中外著名的几个期刊数据库的使用方法等。

第 4 章是特种文献信息检索,介绍专利基础知识、中国专利文献和国外专利文献的检索、标准信息(国内标准和国外标准),以及学位论文、会议文献和科技报告的检索方法。

第 5 章是国外著名检索工具,主要介绍国外的几个著名检索工具,即 EI(工程索引)、SCI(科学引文索引)、ISTP(科学技术会议录索引)、SSCI(社会科学引文索引)和 A&HCI(艺术与人文引文索引)等检索方法与使用说明。

第 6 章是计算机信息检索与利用,阐述网络信息资源基础知识,介绍主要搜索引擎的使用方法以及如何利用 Internet 网络资源。

第 7 章是中外文数据库的检索与利用,介绍国内外主要数据库检索知识、主要数据库及其使用等。

第 8 章是学术论文的撰写与发表,介绍学术规范、学术文献的合理使用,学术论文的撰写和发表等内容。

第 9 章是信息素养，介绍关于信息素养内涵、信息素养系统以及信息素养标准等内容，从信息能力、信息意识、信息创造、信息伦理、信息评价等方面阐述信息素养。

本书撰写过程中借鉴和参考了大量文献，在此对文献作者一并表示感谢。由于编者能力有限，书中难免有不足和欠妥之处，敬请谅解，恭请大家不吝赐教。

编　者

2022 年 1 月

第 1 版前言

自从教育部《关于在高等学校开设"文献检索与利用"课程的通知》颁布以来,在很多高校都开设了文献检索课公共必修或选修课程。据有关资料统计,全国高校中有近90%的专业都开设了文献检索课程。与之相配套的教材近几年来也出版了很多,目前,市场上精品教材少,对文献信息检索介绍全面、深入的教材更少。为了适应当前的需要,编者查阅了大量国内外有关文献信息检索方面的文献,并结合自己多年的经验编写了这本教材。

计算机技术的发展极大地改变了人们获取信息的方法和途径,网络技术和Internet的广泛应用,要求我们与时俱进,为了适应社会的这一变化,本教材以大量的研究和探索为基础,编撰出有关网络信息检索部分的内容。

本书本着充实新内容、体现新进展、完善新体系的原则,不但阐述了文献检索的基本内容,并附有许多文献检索案例,最后是学术论文撰写等内容,全书具有全面性、实用性、直观性的特点。有论述、有介绍、有实践,不仅介绍了纸质检索工具,同时又列举了数据库和网络资源;不仅有手工检索的方法与技巧,同时还有计算机检索的路径和策略。全书共分8章。

第1章是文献信息检索基础理论,从文献信息检索的概念入手,阐述了文献信息检索技术与策略、文献信息检索语言和工具等。

第2章是图书信息检索,介绍图书馆图书文献分类和图书信息检索等理论知识与方法。

第3章是期刊信息检索,介绍期刊文献及期刊信息检索系统,包括中外著名的几个期刊数据库的使用方法等。

第4章是特种文献信息检索,介绍专利基础知识、中国专利文献和国外专利文献的检索、标准信息(国内标准和国外标准),以及检索基础知识、学位论文、会议文献和科技报告及检索方法。

第5章是国外著名检索工具,主要介绍国外的几个著名检索工具,即 EI(工程索引)、SCI(科学引文索引)、ISTP(科学技术会议录索引)、SSCI(社会科学引文索引)和 A&HCI(艺术与人文引文索引)等检索方法与使用说明。

第6章是计算机信息检索与利用,阐述了网络信息资源基础知识,介绍了主要搜索引擎的使用方法以及如何利用 Internet 网络资源。

第7章是中外文数据库的检索与利用,介绍国内外主要数据库检索知识、主要数据库及其使用等。

第8章是学术论文的撰写与发表,介绍学术规范、学术文献的合理使用,学术论文的撰写和学术论文的发表等内容。

　　本书撰写过程中借鉴和参阅了大量文献，在此对文献作者一并表示感谢。由于编者能力有限，书中难免有不足和欠妥之处，敬请谅解，恭请大家不吝赐教。

编　者

2014 年 1 月

目 录

第1章 文献信息检索基础理论 ·· 1
  1.1 信息与信息资源 ·· 1
      1.1.1 信息的概念、特征和类型 ································· 1
      1.1.2 信息资源 ··· 5
      1.1.3 文献与文献信息 ·· 9
      1.1.4 电子文献信息和网络信息资源 ······················· 11
  1.2 信息检索的含义及类型 ·· 12
      1.2.1 信息检索的含义 ·· 12
      1.2.2 信息检索工具 ·· 14
      1.2.3 信息检索的途径和方法 ································· 18
  1.3 信息检索技术与策略 ··· 20
      1.3.1 信息检索技术 ·· 20
      1.3.2 信息检索策略 ·· 24
  1.4 信息检索语言 ··· 27
      1.4.1 信息检索语言的概念 ···································· 27
      1.4.2 网络信息资源检索工具 ································· 30
  思考题 ·· 32

第2章 图书信息检索 ··· 33
  2.1 图书馆概述 ··· 33
      2.1.1 图书馆信息资源介绍 ···································· 33
      2.1.2 图书馆的职能 ·· 39
      2.1.3 图书馆的服务类型及项目 ····························· 41
  2.2 图书信息检索 ··· 45
      2.2.1 图书信息检索的获取 ···································· 45
      2.2.2 图书信息检索的查询 ···································· 46
  2.3 电子图书检索 ··· 52
      2.3.1 电子图书 ··· 52
      2.3.2 数字图书馆系统 ·· 53
      2.3.3 网上虚拟图书馆 ·· 57
  思考题 ·· 58

第 3 章　期刊信息检索 ... 59
3.1　中文期刊信息资源 ... 59
3.1.1　期刊概述 ... 59
3.1.2　期刊信息检索概述 ... 60
3.1.3　中文科技期刊信息检索系统介绍 ... 61
3.2　中文期刊数据库检索系统 ... 65
3.2.1　中国期刊全文数据库 ... 65
3.2.2　维普中文科技期刊全文数据库 ... 70
3.2.3　万方数据资源系统 ... 76
3.2.4　期刊信息检索的其他方法 ... 81
3.3　外文期刊数据库 ... 82
3.3.1　EBSCOhost 全文数据库 ... 82
3.3.2　IEL ... 86
思考题 ... 89

第 4 章　特种文献信息检索 ... 90
4.1　专利文献 ... 90
4.1.1　专利文献概述 ... 90
4.1.2　专利文献的信息检索 ... 92
4.2　标准文献 ... 99
4.2.1　标准文献概述 ... 99
4.2.2　标准文献的信息检索 ... 102
4.3　会议文献 ... 106
4.3.1　会议文献概述 ... 106
4.3.2　会议文献的信息检索 ... 107
4.4　科技报告 ... 110
4.4.1　科技报告概述 ... 110
4.4.2　科技报告检索 ... 111
4.5　学位论文 ... 113
4.5.1　学位论文概述 ... 113
4.5.2　学位论文的信息检索 ... 113
思考题 ... 123

第 5 章　国外著名检索工具 ... 124
5.1　EI ... 124
5.1.1　EI 概况 ... 124
5.1.2　EI 检索方式与步骤 ... 125
5.2　SCI ... 129

5.2.1 SCI 概况 129
5.2.2 SCI 的网络检索方法与步骤 131
5.3 ISTP 132
5.3.1 ISTP 概况 133
5.3.2 ISTP 检索方法与步骤 134
5.4 SSCI 136
5.4.1 SSCI 概况 136
5.4.2 SSCI 功能说明 137
5.5 A&HCI 138
思考题 139

第 6 章 计算机信息检索与利用 140

6.1 计算机信息检索概述 140
6.1.1 计算机信息检索的含义 140
6.1.2 计算机信息检索系统的策略 141
6.1.3 计算机信息检索技术 144
6.2 网络信息检索 148
6.2.1 Internet 概述 148
6.2.2 网络信息检索概述 155
6.2.3 网络信息资源的分类和特点 158
6.3 搜索引擎及其使用 162
6.3.1 搜索引擎概述 162
6.3.2 搜索引擎的特点和分类 165
6.3.3 搜索引擎的工作原理 166
6.3.4 常用搜索引擎及其使用 168
6.3.5 搜索引擎检索实例 180
思考题 186

第 7 章 中外文数据库的检索与利用 187

7.1 中文数据库 187
7.1.1 中国知网 187
7.1.2 万方数据知识服务平台 190
7.1.3 中国科学引文数据库 192
7.1.4 人大复印报刊资料全文数据库 197
7.2 外文数据库 200
7.2.1 外文数据库概述 201
7.2.2 SpringerLink 205

    7.2.3 Web of Science ······ 208
    7.2.4 Kluwer Online 数据库 ······ 213
    7.2.5 NSTL 回溯数据库 ······ 216
  思考题 ······ 219

第 8 章 学术论文的撰写与发表 ······ 220
  8.1 学术规范 ······ 220
    8.1.1 学术道德规范 ······ 221
    8.1.2 学术法律规范 ······ 222
    8.1.3 学术引文、注释规范 ······ 222
    8.1.4 学术论文写作技术规范 ······ 224
  8.2 合理利用文献信息资源检索学术论文 ······ 225
    8.2.1 利用手工检索学术论文 ······ 226
    8.2.2 利用计算机网络检索学术论文 ······ 233
  8.3 学术论文的撰写 ······ 234
    8.3.1 学术论文概述 ······ 234
    8.3.2 学术论文的撰写步骤 ······ 235
    8.3.3 科技论文的格式及撰写要领 ······ 238
    8.3.4 学术论文的评语 ······ 242
  8.4 学术论文的发表 ······ 244
    8.4.1 学术论文的投稿 ······ 245
    8.4.2 学术论文成功发表的策略 ······ 245
  思考题 ······ 248

第 9 章 信息素养 ······ 249
  9.1 信息素养内涵 ······ 249
    9.1.1 信息素养与终身学习 ······ 252
    9.1.2 信息素养与科技创新 ······ 253
    9.1.3 信息素养与阅读文化 ······ 254
  9.2 信息素养系统 ······ 257
    9.2.1 信息能力 ······ 257
    9.2.2 信息意识 ······ 259
    9.2.3 信息创造 ······ 261
    9.2.4 信息伦理 ······ 262
  9.3 信息素养标准 ······ 266
    9.3.1 各国信息素养标准 ······ 266
    9.3.2 我国信息素养标准 ······ 269

思考题 ·· 270

附录 A 国内大学网址 ·· 271

附录 B 常用搜索引擎 ·· 274

参考文献 ·· 278

第 1 章　文献信息检索基础理论

我们生活在一个信息化社会中,信息无处不在。人们无法回避信息社会对个人生存环境的巨大影响。我们必须掌握信息技能,提高信息素养,才能充分汲取人类的优秀文化资源和文明成果,获取和应用信息资源的能力成为现代人发展的必备条件,掌握文献信息检索能力,是不断提高信息素养的基础。

1.1 信息与信息资源

信息与信息资源是人们经常提到或用到的词汇,但是目前学术界尚无确切的权威定义。"信息"的英文是 Information。根据相关学者在 20 世纪 80 年代的调研,当时已有 40 余门学科引入了"信息"这一概念。到 20 世纪 90 年代,"信息"几乎进入所有领域。自 1948 年信息论问世至今,有文可考的定义不下百种,所以今天为信息下统一定义既不可能也没有必要了。当信息成为一种资源时就是"信息资源",英文是 Information Resources。信息资源概念的出现,意味着人们已经认识到信息蕴藏的宝贵价值,并开始以信息资源能够带来多少经济效益来衡量它的价值了。在信息化、网络化的今天,人们可利用的信息资源异常丰富,如图书、报纸、期刊、广播、电视、计算机及网络等都是不可或缺的信息资源,如何开发和利用它们是关键,而提高我们的信息素养是有效开发和利用信息资源的基础。

1.1.1 信息的概念、特征和类型

1. 信息的概念

"信息"一词是一个古老而又常新的词汇,早在我国唐朝时,诗人许浑在《寄远》中喟叹"塞外音书无信息,道傍车马起尘埃"。这里的"信息"指消息和音信。不过,科学家将信息作为一门严密的科学来研究,已经是 20 世纪了。信息论的奠基人、美国数学家克劳德·香农(Claude E. Shannon)指出:信息是用来消除不确定性的东西。控制论的创始人、美国科学家维纳(N. Wiener)对信息的含义做了进一步的阐述。他在《控制论》一书中表明:信息是人们在适应外部世界并使这种适应反作用于外部世界的过程中,同外部世界互相交换的内容的名称。维纳的信息概念是以信息在发送、传输和接收的过程中,客体和接收(认识)主体之间的相互作用来定义的。显然,维纳把人与外部环境交换信息的过程看作一种广义的通信过程。

但是,随着科技的发展和计算机的出现,信息的概念也在不断地拓展与丰富。信息的概念有广义和狭义之分。

广义的信息是无处不在的，它与物质、能量同时被称为构成世界的三大要素。控制论之父、信息论创始人之一维纳曾说过：信息就是信息，它不是物质，也不是能量。他没有给出信息的明确定义。我们理解，广义的信息实质是客观物质世界的运动状态及其反映，是物质的一种存在方式，是物质的普遍属性。

狭义的信息就是人们日常使用的"信息"。信息管理学者霍顿认为，信息是按照最终用户使用决策的需要，经过处理和格式化的数据。而我国《信息与文献术语》（GB/T 4894—2009）中，信息的定义是：信息是物质存在的一种方式，一般指数据、消息中所包含的意义，可以使消息中所描述的事情的不确定性减少。这里定义的"信息"就接近于图书情报界了解使用的信息概念。

信息的概念一直处在不断地变化和更新之中。随着信息技术的迅猛发展，信息内容由文字信息扩展到数据、图形、图像和声音等数字信息，信息载体也由文本形式向多媒体形式发展，意味着对信息的研究和利用具有越来越重要的意义和价值。

2. 信息的特征

通过对信息含义的阐述与分析，不难总结出信息具有以下几个特征。

1) 客观性

客观、真实是信息最重要的本质特征。信息是确实存在的事物，它的存在可以被人们感知、获取、传递和利用。信息是现实世界中各种事物运动与状态的反映，其存在是不以人的意志为转移的。

2) 载体性

信息必须依附于一定的载体（如声波、电磁波、纸张、化学材料、磁性材料等）才能流通和传递，否则，信息的价值就不能体现。信息可以存储在不同的载体上，但其内容并不因记录手段或物质载体的改变而发生变化。例如，关于中国文化的信息，不论是刊登在报刊上、发布在电视节目中还是存储在光盘数据库中，其信息内容和价值都是同样的。

3) 传递性

信息依附于一定的物质载体后，其传递和流通便成为可能。信息的传递性是指信息从信源出发，经过信息载体的传递被信宿接收并进行处理和利用的特性。不同载体的信息可以通过不同的手段（如计算机、人际交流、文献交流或大众传媒等）传递给信息用户，这种跨越时空的传递特性是实现信息资源共享的基础。

4) 时效性

在现代社会中，信息的使用周期越来越短，信息的价值实现取决于对其及时地把握和运用。由于事物是在不断变化着的，那么表征事物存在方式和运动状态的信息也必然会随之改变。如果不能及时地利用最新信息，信息就会贬值甚至失去价值，这就是信息的时效性，即时间与效能的统一性。它既表明了信息的时间价值，也表明了信息的经济价值。

5) 可塑性

信息在流通和使用的过程中，人们借助于先进的技术，可以对其进行综合、分析及加工处理。也就是把信息从一种形式变换成另一种形式，如可以将一本图书加工为题录或文摘等形式，从而方便用户的选择和利用。不过，在信息的加工过程中，信息量会减少或增加。用户可根据检索需要选择不同的信息形式。

6) 共享性

共享性是指同一信息同时或不同时被多个用户使用,而信息的提供者并不因此而失去信息内容和信息量。它可以提高信息的利用率,人们可以利用他人的研究成果进一步创造,避免重复研究,以节约资源。

7) 可重复利用性

信源发送的信息不论传送给多少个信宿,都不会因为信宿的多少而减少,一种信息是可以被反复利用的。

8) 特定范围的有效性

信息在特定的范围内是有效的,否则是无效的。

3. 信息类型

在信息爆炸的今天,信息搜集、整理和加工变得越来越重要,这就需要按照信息的类型进行信息采集工作。按出版形式和内容划分,信息可以分为以下几种类型。

1) 图书

按照联合国教科文组织的定义,图书是指 50 面以上的以印刷方式单本刊行的出版物。其内容比较成熟,资料比较系统,有完整定型的装帧形式。图书按用途可分为阅读用书、参考工具书、检索用书。图书的著录格式一般依次为作者、书名、出版地点、出版社、出版时间,以及版本号和国际标准书号等。

公开出版发行的图书都有唯一的国际标准书号(International Standard Book Number,ISBN),它是出版物的"身份证"和出版物在国际上流通的"通行证"。2007 年 1 月 1 日起实施 13 位新版的国际标准图书书号(简称 13 位 ISBN)。

2) 期刊

期刊也称杂志,是一种以固定名称、定期或不定期连续刊行的出版物,每期载有不同著者、编者、译者所编写的文章,用连续的卷期和年月顺序编号出版,每期的内容不重复。期刊按性质和用途分为学术期刊、检索性期刊、其他期刊。学术期刊刊发的文献以学术论文为主,其刊载的科学事实、数据、理论、技术、构思和猜想,具有重要的参考价值。非学术期刊刊发的文献则以文件、报道、讲话、体会、知识等只能作为学术研究的资料,而不是论文的文章为主。通过期刊论文可以及时了解科技发展的最新动向,是重要的文献信息源。正式期刊的刊号是由国际标准刊号(International Standard Series Number,ISSN,ISSN 全长 8 位)和国内统一刊号(CN)两部分组成的。期刊的出版周期一般有周刊、月刊(半月刊、双月刊)、季刊、半年刊等,按其收录的文章质量分核心期刊和普通期刊;按收录的内容分专业期刊、文艺期刊和综合期刊。

电子期刊在目前的网络时代中迅猛崛起,其内容和形式有很多种,在内容上包括印刷期刊的数字化,印刷期刊的网络版,网络电子期刊等,在形式上兼具了平面与互联网二者的特点,融入了文字、图像、视频、音频、游戏、超链接等互动形式,人们不仅可以看到文字、图片,还可以听到各种声音、看到活动的图像,阅读起来更为方便、轻松。

3）报纸

报纸是以刊载新闻和时事评论为主的定期连续向公众发行的印刷出版物,通常散页印刷,不装订,没有封面,它传递的信息量大,传播面广,具有大众性和通俗性的特点,是人们日常生活中最常接触的信息源。阅读报纸是收集最新科技信息的有效途径。但报纸的篇幅有限,报道内容不具体、不系统,时效性极强、信息量大,造成了报纸查找的不方便。

在与电子媒介的竞争中,互联网上的新闻以及官方微博、微信都具有新闻传播的功效,报纸新闻的深度和广度得到更广泛的重视。

4）科技报告

科技报告,又称研究报告或技术报告,是关于某项研究阶段性进展的总结报告或成果的正式报告,一般包含立项报告、中期阶段性报告、结题报告或鉴定报告等。其研究成果一般经过相关部门的审查和鉴定,所反映的技术内容较为成熟,数据较为详尽可靠,并且出版快,报道研究成果及时。因此,科技报告是一种重要的信息源。查询科技报告有专门的检索工具。科技报告分技术报告、技术备忘录、札记和通报等几种类型。报告因涉及尖端技术或国防问题等,分绝密、秘密、内部限制发行和公开发行几个等级。国际上著名的科技报告为美国的四大报告,即 OPB(Office of Publication Board)报告、军事系统的 AD(ASTIA Documents)报告、国家宇航局的 NASA (National Aeronautics and Space Administration)报告、能源部的 DOE(U.S. Department of Energy)报告。

5）政府出版物

政府出版物是指政府部门及其所属机构所颁发和出版的文献信息,它内容比较广泛,大体可分为行政性文件(如法令、方针政策、统计资料等)和科技性文件(包括政府所属各部门的科技研究报告、科技成果公布、科普资料及技术政策文件等)两大类。其中,科技文献占 30%～40%。其数量巨大,内容广泛,资料可靠,是科技工作者研究课题不可缺少的重要信息源。有专门用来检索政府出版物的工具书。

6）会议文献

会议文献是指在各种学术会议上发表的论文、报告及其他相关资料。学术会议大多由各种专业学会、协会或主管部门召开,由于召集单位的学术性和权威性,一般只有较高学术水平的人员才能参加。因此,会议文献的学术性较强,水平较高,往往反映出一个国家或地区某一学科或专业领域的最新研究成果、发展水平、发展趋势等。如在中国重要会议论文全文数据库中可以查到会议论文。其特点是传播信息及时,论题集中、内容新、专业性强、质量较高,但有些内容与期刊相比可能不太成熟。会议文献按等级分为国际会议、全国性会议和基层会议。按会议的时间先后分为会前文献、会中文献和会后文献。

7）专利文献

专利文献是专利制度的产物,广义上是指所有与专利相关的资料,包括专利申请书、专利说明书、专利分类表、专利公报、专利文摘和专利证书等。狭义上仅指专利说明书。专利文献具有编写格式统一、出版速度快、内容新颖、技术性强、实用性强,并具有法律效力等特点。它是集技术、法律和经济于一体的,带有启发性的一种重要文献信息,可以以此借鉴国际先进技术,避免重复劳动。目前全世界大约有 150 个国家设立专利结构,70 个国家出版专利文献。

8）学位论文

学位论文是高等院校或研究机构的学生为获取某种学位而撰写的学术论文。按学位的不同,可以分为学士论文、硕士论文和博士论文。学位论文的水平差异较大,但探讨的问题比较专一,硕士和博士的论文具有一定的学术性和独创性,内容比较系统和完整,有较大的参考价值。其特点是理论性、系统性较强,内容专一,阐述详细,具有一定的独创性,是一种重要的文献信息源。学位论文除少数以摘要或全文发表在期刊或其他出版物上外,一般不公开发表,而是在网上开通专门的学位论文数据库。

9）标准文献

标准文献是按照规定程序制定,经公认的权威机构认定和批准,在特定范围内必须执行的规则、规定、技术要求等规范性文献,具有一定的法律约束力,它是从事科研、生产、设计、管理、产品检验、商品流通等活动的共同依据。标准按使用范围分为国际标准、区域标准、国家标准、地方标准、行业标准和专业标准。一个国家的标准在一定程度上反映出该国在某一方面的经济与技术政策、科研与生产水平和标准化水平。随着经济发展和科技水平的提高,标准也在不断地补充和修订。因此,查阅时应以最新标准为准。它能提供许多其他文献不可能包含的特殊技术信息。它们具有严肃性、法律性、时效性和滞后性等特点,是准确了解该国社会经济领域各方面技术信息的重要参考文献。国际上比较著名的权威技术标准是国际标准化组织的 ISO 标准、国际电工委员会的 IEC 标准等。

10）技术档案文献

技术档案文献是指生产或者科研工作中形成的有具体工程和研究对象的技术文件的总称,包括任务书、协议书、技术经济指标、研究计划、方案、实验设计、实验记录、调查材料、总结报告等所有应入档的资料。它是生产和科研中用以积累经验、吸取教训和提高质量的重要依据,具有较高的参考价值,技术档案有一定的保密性,一般在内部控制使用。

11）产品样本

产品样本是指厂商或贸易机构为宣传和推销其产品而印发的免费赠给消费者的资料。如产品目录、产品样本、产品说明书、产品总览、产品手册等。它们大多是对定型产品的性能、构造原理、用途和使用方法、操作规程、产品规格等的具体说明。产品样本资料图文并茂、形象直观,所反映的技术较为成熟,数据较为可靠,对技术革新、造型、设计、试制新产品以及引进设备等都有一定的参考价值。产品样本资料随着产品的更新换代而更新,而且有一部分产品是试销产品,因此在利用时应加以注意。此外,目前产品样本还涵盖了电子信息、网络信息等信息源。

1.1.2 信息资源

信息资源(Information Resources)就是经过人类加工处理,使之有序化并大量积累后的可供利用的信息集合。信息同能源、材料并列为当今世界三大资源。信息资源广泛存在于经济、社会的各个领域和部门,是各种事物形态、内在规律和其他事物联系等各种条件、关系的反映。随着社会的不断发展,信息资源对社会的发展,对人们的工作、生活至关重要,成为国民经济和社会发展的重要战略资源。它的开发和利用是整个信息化体系的核心内容。

1. 信息资源的特点

信息资源与自然资源、物质资源相比,具有以下 5 个特点。

(1) 能够重复使用,其价值在使用中得到体现。

(2) 信息资源的利用具有很强的目标导向,不同的信息在不同的用户中体现不同的价值。

(3) 具有整合性,人们对其检索和利用不受时间、空间、语言、地域和行业的制约。

(4) 信息资源是社会财富,任何人无权全部或永久买下信息的使用权。

(5) 具有流动性,它是商品,可以被销售和交换。

2. 信息资源发展的三个阶段

1) 传统管理阶段

20 世纪 50 年代至 70 年代,以图书馆、情报所为代表的文字信息资源管理。

2) 信息管理阶段

20 世纪 70 年代末至 20 世纪末,以计算机应用和数据处理为典型代表。

3) 信息资源管理阶段

21 世纪初至未来 20 年,以网络平台、海量数据库、信息处理技术为代表,信息交换、信息共享、信息应用为内容,视信息资源为主要经济资源的信息资源管理。

信息资源是可共享、可再生的;其开发利用会大大减少材料和能源的消耗,减少污染。人类和地球所在的宇宙在其存在的无限时间和无限空间内,生成了海量的物质、能量和信息。人类在其存在的有限时间和有限空间内,消耗了大量的物资和能源,同时也生成了大量的信息。

3. 文献信息源

文献信息源是指用一定的记录手段将系统化的信息内容存储在纸张、胶片、磁带、磁盘和光盘等物质载体上而形成的一类信息源。文献是记录知识的一切载体。按照文献的物质载体形式,可以把文献划分为印刷型文献、缩微型文献、音像型文献和机读型文献。

1) 信息源的构成

按文献载体形式分为印刷型、缩微型、机读型、音像型。

按文献内容和加工程度分为一次信息、二次信息、三次信息。

按出版形式分为图书、报刊、研究报告、会议信息、专利信息、统计数据、政府出版物、档案、学位论文、标准信息,它们被认为是十大信息源,其中后八种被称为特种文献。教育信息资源主要分布在教育类图书、专业期刊、学位论文等不同类型的出版物中。

2) 信息源的特点

作为现代社会最常用、最重要的信息源,它具有以下 5 个特点。

(1) 系统性。

文献所记载的信息内容往往是经过人脑加工的知识型信息，是人类在认识世界、改造世界的过程中所形成的认知成果，经过了选择、比较、评价、分析、归纳、概括等一系列思维的信息加工活动，并以人类特有的符号系统表述出来，因此大多比较系统深入，易于表达抽象的概念和理论，更能反映事物的本质和规律。

(2) 稳定性。

文献信息是通过文字、图形、音像或其他代码符号固化在纸张、化学材料或磁性材料等物质载体上的，在传播使用过程中具有较强的稳定性，不易变形，从而为人们的认识与决策活动提供准确、可靠的依据。

(3) 易用性。

用户可根据个人需要随意选择自己感兴趣的内容，决定自己利用文献的时间、地点和方式，遇到问题可以有充分的时间反复思考，并可对照其他文献进行补充印证。

(4) 可控性。

文献信息的管理和控制比较方便。信息内容一旦被编辑出版成各种文献，就很容易对其进行加工整理，控制其数量和质量、流速和流向，达到文献信息有序流动的目的。

(5) 时滞性。

由于文献生产需要花费一定的时间，因而出现了文献时滞问题。文献时滞过长将导致文献内容老化过时，丧失或削弱其作为信息源的使用价值。

3) 文献信息源的获取

(1) 阅读文献。

阅读文献是了解文献信息源基本信息的一条主要途径。通过阅读的方式，可以从各种类型的图书、报纸、杂志、简报及其他文献资料中搜集文献信息源的相关信息。如杂志中的推荐书目或书评通常会提供一些图书的出版信息及内容摘要；某些文章会推荐和介绍一些学科的信息资源，这些资源可能是一本工具书、一个数据库或者一些网站；各种综合和专业的文献检索教材中，也有大篇幅的信息资源及检索工具的介绍。

(2) 浏览图书馆等信息服务机构的网站。

图书馆等信息服务机构一般会在自己的网站上通过各种方式向读者揭示本机构所拥有的各种信息源。例如，印刷型的书刊信息可通过馆藏书目系统检索获取，也可通过新书通报等方式了解；数据库则一般会按语种、字顺或学科分类列出，并附上简单的资源介绍，方便读者选用。此外，许多信息服务机构还精选了互联网上优秀的免费资源，对其加以组织后推荐给读者使用。因此，浏览这些信息服务机构的网站将能快速地获得众多文献信息源的相关信息。

(3) 参加会议、展览或培训。

还可以通过参加会议、展览和培训的方式来了解文献信息源的基本信息，如参加学术会议，掌握本学科的最新研究成果及出版情况；参加图书展销会，了解相关图书的基本信息；参加图书馆举办的培训活动，了解某些数据库资源的基本情况及使用方法。

(4) 咨询专业人员。

通过阅读和参加会议的方式获取的文献信息源信息毕竟有限，有的时候，咨询专业的检索人员，全面了解某个领域的文献信息源的基本情况，有针对性地搜集资料，也是一条比较快捷的途径。咨询专业人员,有3种途径:一是咨询本学科的专业人员、老师、同行或朋友;二是咨询图书馆的专业检索人员;三是参加图书馆或数据库供应商针对学科举办的专业资源介绍讲座。

(5) 文献检索。

通过各种手工检索和网络检索工具,获取信息源的基本信息。如通过《全国总书目》,可以查找国内出版的各类图书的基本情况;通过《全国期刊联合目录》,可以了解期刊的出版信息及馆藏信息;通过网上搜索引擎,可以搜索各学科信息源的基本情况。

另外,还可以采取动态的方式获取文献信息源,以及通过调查、参观等多种形式,搜集文献信息源的基本信息。

信息时代的信息瞬息万变,在搜集文献信息源基本信息的同时,也需要关注信息源的更新及变化情况。

4) 获取文献信息源的动态信息

对于大多数的纸本文献来说,其更新一般比较缓慢或者不更新,因此,搜集文献的动态信息主要是针对电子资源。但也有例外,如对于纸版图书而言,要注意其再版修订信息和电子版状态;对于期刊来说,由于其连续出版的特点,要关注其出版状况的变化(如是否停刊、转刊、改名、并刊,或者是否改变出版周期)及办刊宗旨的转变,同时注意搜集其最新的卷期信息。

获取文献信息源的动态信息,除利用先前介绍的获取文献信息源基本信息的方法外,还可以通过信息定制的方式,定期获取信息源变化的最新信息。

信息定制作为现代信息服务的新模式,很多时候被称为信息个性化定制,即用户根据自身的信息需求,定制特定内容、特定检索方式、特定界面的信息服务,信息的传输不再是用户找信息,而是采用信息推送的方式,由计算机系统将信息主动推送给用户。信息个性化定制的内容很多,包括内容方面的定制、检索的定制以及界面的定制等。

采用信息定制的方式获取文献信息源动态信息,属于信息个性化定制中内容定制的范畴。通过定制网站、数据库、电子出版物、搜索引擎等,可以及时了解信息源的最新动态信息。具体来说,可采用以下两种定制方式。

(1) RSS 方式。

RSS 方式也称频道方式,是目前网上最为新颖的一种推送模式。采用 RSS 方式来定制信息必须具备两个条件:一是要有一个 RSS Feed(RSS 源文件);二是在客户端必须装有 RSS 阅读器。RSS Feed 是一个结构化的 XML 文件,进行信息定制时应将该文件配置到相应的 RSS 阅读器中去。RSS 阅读器可在网上免费下载。可通过两种方式获取 RSS Feed 文件:一种是可从提供的 RSS 服务的网站下载由服务商已经创建好的 RSS Feed,提供 RSS 服务的网站多数采用这一方式;或者通过系统提供的 RSS Feed 创建功能由用户自己创建一个 Feed,大型数据库服务商常采用此种方式,如 PubMed 系统可以将检索式作为 RSS Feed 文件定制。很多网站在其醒目的位置会有 XML 或 RSS 这样的标志,这就意味着这些网站支持利用 RSS 来发布最新信息,提供信息定制服务。除了较为常见的新闻网站之外,许多科技网站也采用这种做法来发布最新消息。例如,PubMed 数据库系统从 2005 年 5 月起,提供 RSS 信息定制服务,系统可以将用户检索 PubMed 的检索式作为信息推送源,定期推送满足其需求的最新信息。加拿大 UBC 生物信息学中心(UBC Bioinformatics Centre)、开放出版机构生物医学中心(BioMed Centre)等也通过 RSS 来发布和推送最新信息。

(2) E-mail 方式。

E-mail 方式是由服务站点通过电子邮件主动地将有关信息推送给已注册的用户,是获取定制信息最主要的方式。目前大多数数据库都提供 E-mail 的信息定制方式,这些定制内容包括期刊目次信息、主题内容、检索策略、引文信息等。

1.1.3 文献与文献信息

1. 文献的概念

"文献"一词,在我国最早见于《论语·八佾》,那时人们对文献的认识包括历代的历史文件和当时的贤者。南宋朱熹对"文献"的解释是:文,典籍也;献,贤也。但他又补充说:"'文',即古代书籍或标准典范的书籍;'献',即熟悉轶闻旧事、有德有才、能创造物质财富的人"。这里的"文献"定义更加具体化、明确化。事隔数千年,我们现在的理解与古代不一样,我国国家标准《文献著录总则》下的定义是:记录有知识的一切载体(供记录信息符号的物质材料,称之为载体材料)。这就是说,所谓文献,是指以文字、图像、符号、声频、视频等作为记录手段,将信息记录或描述在一定的物质载体上,并能起到存储和传播信息情报和知识作用的一切载体。这种载体,除了常见的纸张外,还包括甲骨、金石、竹帛以及胶片、磁带、光盘等。

文献自产生之日起,一直处于动态的演进过程之中,文献记录方式和载体材料的每一次演变、创新,都会带来信息传播方式的重大变革,从而推动社会发展。文献是信息的物质存在形式,是积累和保存知识的工具。以文献方式记录下来的信息资源最主要的特征是拥有不依赖于人的物质载体,只要这些载体没有损坏或消失,所记录的信息就可以跨越时空无限往复地为人类服务。文献具有存储和传递知识信息的重要功能,是人类认识世界、获取信息的重要途径。文献信息对于人类文化的传承与发展具有不可替代的作用。

根据文献信息资源内容的加工层次,可将文献分为四级。

1) 零次文献

零次文献指未经正式出版发行或公开交流的最原始的记录,主要指处于保密状态或不愿公开其内容的文献,如未解密的政府文件、内容档案、个人书信、手稿、笔记、实验记录等。这类文献除作者和特定人员外,一般社会成员极难获得和利用,其主要特点是内容新。

2) 一次文献

一次文献是人们直接从生产、科研、社会活动中产生出来的原始文献,是获取文献信息的主要来源。如期刊论文、专利文献、科技报告、会议录、学位论文、档案资料等,具有新颖性、创新性、实用性和学术性等特点,参考和使用价值较高。

3) 二次文献

二次文献是将分散的、无序的一次信息资源进行加工整理,使之成为系统、有序的文献信息资源，是查找一次文献信息的工具。二次文献具有浓缩性、汇集性、有序性等特点，它的作用不仅在于报道文献信息的内容，更重要的是可以提供一次信息资源的线索。其主要类型有目录、索引、文摘等，如《中文科技资料目录》《中国科技期刊数据库》等，是查新工作中检索文献所利用的主要工具。

4）三次文献

三次文献是围绕某个专题，利用二次文献并在此基础上，对大量相关的一次文献进行综合分析、研究和评述而形成的具有较高实用价值的评述性或综合性文献，也称参考工具书。如手册、百科全书、年鉴、专题评论等。三次文献源于一次、二次文献，又高于一次、二次文献，是一种再创性文献。三次文献具有综合性、浓缩性和参考性的特点，它既是文献信息检索和利用的对象，又可作为检索文献。

从零次文献、一次文献、二次文献到三次文献，是一个由分散到集中、由无序到有序、由博而精地对知识进行不同层次加工的过程。零次文献和一次文献是最基本的信息源，是文献信息检索和利用的主要对象；二次文献是一次文献的集中提炼和有序化，它是文献信息检索的工具；三次文献是专门化高度浓缩的文献信息。因此，二次文献是最重要的检索手段和工具，一次文献是最终的检索对象。

按文献获取方式的明朗程度，西方情报学者将文献分为如下 3 种。

"白色文献"：通过书店、邮局等正常渠道直接可获得的，它是已知信息的载体。

"黑色文献"：根本得不到的绝密性资料，它是未知信息的载体。

"灰色文献"：很难得到的文献，又称为"难得文献""非常规文献"和"非正式出版文献"。灰色文献的主要特点是出版形式简单、内容专一具体、分散琐碎，具有半封闭性。

高等学校常用的灰色文献类型主要有内部刊物、会议内部资料、内部技术报告、未出版的学位论文、产品说明书、产品目次等有关资料。

除上述分类外，还可按文献的时间、地域、文种、民族、用途、读者对象、学科内容、流通范围与保密要求等标准进行划分。不同类型的文献有不同的特点，利用时要区别对待。

2. 文献信息

文献信息就是以文献形式记录人类知识的信息。文献信息资源是人类信息资源的主体。文献信息以其独特的结构特征和社会特征区别于其他信息形式。在结构特征方面，文献信息必须由载体、编码和内容构成。任何文献信息都必须至少依附于一种物质载体，文献信息是以物质形态出现的，它的载体可供人们存储、收藏或传递。文献信息的内涵是知识和情报，人们利用文献信息发展生产，获得经济效益。

因此，文献信息是一种对人类社会具有特殊意义的资源，文献信息可以通过文字、符号、音频和图像等形式表示出来，而且文献信息可以用复制的办法进行传递、交流和转移，而原来的文献信息还存在着。这些都表明，文献信息本身不是物质；另一方面，文献信息必须经过人类头脑的信息加工，转变成语言，再用文字、符号和图像等方式记录在一定的载体上，才成为文献信息。文献信息是在人脑中形成的对客观事物的反映，属于意识范畴，但又不是纯意识的。

从信息科学的角度来说，信息也有高级和低级之分。凡是人参与对信息的存储、传播、交流、处理、研究和利用的,都属于高级信息,这种高级信息与人的意识、人的反应能力紧密联系在一起。文献信息正是这样一种高级信息。文献信息作为"人类的精神信息"既有物质属性,又是意识的存在形式。

1.1.4 电子文献信息和网络信息资源

当前传统的书本型(印刷型)出版物仍将继续存在,然而数字化的电子出版物以其容量大、体积小、存储方便、快捷的检索方式将逐渐成为主要的信息源。网络信息资源更是取之不尽、用之不竭的资源宝库。网络信息检索有免费数据库和收费数据库之分。前者通常在网上可以随意浏览到,信息分布零散、重复率高,需要用户再进行整理、加工,文献信息可利用率低,其中一些检索网站只提供部分题录文摘型文献信息;后者指专业的信息检索机构编辑制作的专业检索系统,具有较好的文献信息专业性和权威可信度,例如常用的 OCLC,网址为 http://www.oclc.org 的信息检索系统,如图 1-1 所示。

图 1-1 OCLC 主页

21 世纪的文献信息资源正发生着翻天覆地的变化,随着计算机技术、通信技术、信息数字化技术和多媒体技术的迅猛发展,信息的传播速度突破了时空的限制,出现了一种新的文献信息类型即电子文献信息,并很快凭借其信息容量大、存储空间小以及方便快捷的检索方式得到了广大信息用户的认可和青睐。

电子文献信息的出现,改变了人们对图书的固有认识,它是以互联网为传播渠道,以数字内容为流通介质、以网上支付为主要交换方式的一种崭新的信息传播方式,是网络时代的新生产物,是数字化出版的主流方式。

网络信息资源(Network Information Resources)是指将文字、图像、声音、动画等多种形式的信息数字化后存放在光盘等非印刷纸质的载体中,并通过计算机网络通信等方式进行传递的信息内容的集合。

与印刷型文献相比,网络信息资源在出版组织等方面的特点有:载体形式虚拟,存储方式多样,传播方式交互,存在状态无序、不稳定,信息价值差异大等。

1.2 信息检索的含义及类型

检索(Retrieval)有狭义和广义之分。狭义的检索是指依据一定的方法,从已经组织好的大量有关文献信息集合中,查找并获取特定的相关文献信息的过程。

广义的检索包括信息的存储和检索两个过程。信息存储是指工作人员将大量无序的信息集中起来,根据信息源的外表特征和内容特征,经过整理、分类、浓缩、标引等处理,使其系统化、有序化,并按一定的技术要求建成一个具有检索功能的工具或检索系统,供人们检索和使用;而本书常用的检索概念是指运用编制好的检索工具或检索系统,查找出满足用户要求的特定信息。

1.2.1 信息检索的含义

1. 信息检索

信息检索(Information Retrieval)是指信息按一定的方式组织起来,并根据信息用户的需要找出有关的信息的过程和技术。狭义的信息检索就是信息检索过程的后半部分,即从信息集合中找出所需要的信息的过程,也就是我们常说的信息查寻(Information Search 或 Information Seek)。

"检索"即"查找"之意。广义的"信息检索"包括信息的存储过程和查找过程,而狭义的信息检索仅指信息的查找。

信息检索正是以信息的存储与检索之间的相符性为基础的,如图1-2所示。如果两个过程不相符,那么信息检索就失去了基础。检索不到所需的信息,存储也就失去了意义。

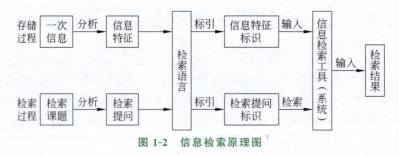

图1-2 信息检索原理图

2. 信息检索的类型

1) 依据检索内容划分

(1) 文献信息检索。

凡是利用目录、文摘或索引等二次信息查找某一课题、某一著者、某一地域、某一机构、某一事物的有关信息以及这些信息的出处和收藏单位等的,都属于文献信息检索范畴,其检索的结果是文献信息。例如,"设计过街天桥的参考文献有哪些?"便属于该类命题。

(2) 数据信息检索。

凡是利用参考工具书、数据库等检索工具检索包含在文献中的某一数据、参数、公式或化学分子式等的,都称为数据信息检索(Data Retrieval),其检索结果为数据信息。例如,"某一新型货车的载重量是多少?百公里油耗是多少?"就属于数据检索。

(3) 事实信息检索。

凡是利用百科全书等检索工具从存储事实的信息系统中查找出特定事实的过程都称为事实信息检索(Fact Retrieval),其检索结果是基本事实。例如,"世界上最长的斜拉桥是哪座?该桥位于什么地方?何时建成?"等。

文献信息检索是一种相关性检索,检索的结果是文献线索,还必须进一步查找才能检索到有关的一次信息;数据与事实信息检索是一种确定性检索,检索的结果是可供用户直接利用的信息。一般情况下,文献信息检索通过二次信息来实现,而数据与事实信息检索则通过三次信息来完成。

2) 依据信息存储和检索的方式和技术划分

(1) 手工检索。

手工检索(Manual Retrieval)简称"手检",是指人们通过手工的方式来存储和检索信息。其使用的检索工具主要是书本型、卡片式的信息系统,即目录、索引、文摘和各类工具书。检索过程是以手工方式完成的。

(2) 机械化检索。

机械化检索(Mechanical Retrieval)是指利用探针或检索器件等机械装置来处理和查找文献信息的检索方式,是介于手工检索和计算机检索的一种半自动检索。按机械化检索使用的设备和信息载体,机械化检索又可以分为穿孔卡片检索和缩微品检索。相对于手工检索而言,机械化检索大大提高了检索效率,但随着计算机检索的普及盛行,机械化检索已不再流行。

(3) 计算机检索。

计算机检索(Computer-based Retrieval)简称"机检",是指人们利用数据库、计算机软件技术、计算机网络以及通信系统进行的信息存储和检索,其检索过程是在人机的协同作用下完成的。计算机会从其存储的大量数据中自动分拣出与用户提问相匹配的信息,而用户则是整个检索方案的设计者和操纵者。其检索的本质没有发生变化,发生变化的只是信息的载体形式、检索手段、存储方式和匹配方法。

计算机的产生使信息检索发生了革命性的变化,大大提高了信息的处理和检索能力。不过计算机检索有很强的技巧性,用户需要具备一定的"机检"知识。目前,广泛利用的计算机检索系统包括互联网检索系统、联机检索系统和光盘检索系统。

1.2.2 信息检索工具

1. 信息检索工具

信息检索工具是指用以报道、存储和查找文献信息线索的工具，它有广义和狭义之分。广义的信息检索工具是指用来报道、存储和查找义献信息的一切工具和设备，可分为手工检索工具、机械检索工具和计算机检索工具。狭义的信息检索工具主要指手工检索工具，也称印刷型检索工具或书本式检索工具。这里指的是广义的信息检索工具，任何具有信息存储和检索功能的工具和设施均可称为检索系统或检索工具。在手工检索时常用检索工具一词，计算机检索时多使用检索系统一词，检索工具能够指明资料的存在，提供查找的线索；能够提示信息资料的内容，帮助人们比较、选择和鉴别。因此，信息资料检索的关键是检索工具。检索工具中信息的学科内容有综合性、专科及专题之分。综合性工具一般具有较长的历史，往往提供多种检索途径，检索功能较强。专题和专科检索工具比较简单，但内容的标引却比综合性工具详细，其优秀者对本学科的信息收录比综合性工具更全。

一般来说，信息检索工具应具备以下5个条件。

一是有明确的收录范围。

二是有完整明了的文献特征标识。

三是每条文献条目中必须包含多个有检索意义的文献特征标识，并标明供检索用的标识。

四是全部条目科学地、按照一定规则组织成为一个有机整体。

五是提供多种必要的检索途径。

2. 信息检索工具的类型

信息检索工具的类型有多种。

(1) 按著录内容可分为书目、题录、文摘、索引、信息资料指南等。

(2) 按出版形式可分为期刊式检索工具、单卷式检索工具、卡片式检索工具、附录式检索工具等。

(3) 按收录范围可分为综合性检索工具、专题性检索工具；按检索手段可分为手工检索工具、机械检索和计算机检索系统。

(4) 按语种可分为中文检索工具、外文检索工具。

(5) 按载体形态可分为印刷型检索工具和机读型检索工具。

检索工具主要类型介绍如下。

1) 按著录内容划分

按著录内容划分反映了信息检索工具揭示文献信息的深度、信息量的大小和检索途径。

(1) 书目。

书目也称目录,是对一批相关文献按分类或字顺编排而成的一种揭示、报道的工具。书目是有序的文献信息清单,通常以整本图书、期刊等作为著录单元,它所提供的信息主要包括两方面的内容:一是有关文献信息的外部特征,如题名、著者、译者、出版者、出版时间、版本等;二是有关文献的内容特征,如内容梗概、中心思想等。

书目按不同标准可以划分为许多不同的类型:按编制的目的和用途可分为出版发行书目、国家书目、馆藏书目、联合书目、版本书目、地方文献书目、个人著书书目、导读书目、推荐书目、参考书目等;按文种可分为中文书目和外文书目;按学科范围可分为综合性书目和专题书目;按收录文献类型可分为图书书目、报刊书目、特种文献书目等;按载体形态可分为印刷型书目和机读书目;按出版形式可分为卡片式书目和书本式书目等。

对于文献信息检索来说,国家书目、馆藏书目、联合书目等尤为重要。

① 国家书目。

国家书目是有关一个国家出版物的现状和历史的记录,它记载的是一个国家出版的全部图书的书目,为用户提供了一个国家最全面、最权威的图书出版情况。它是进行图书采购、整理、利用及开展信息查询等服务的重要工具。我国的国家书目有《全国总书目》《全国新书目》和《中国国家书目数据库》等。国家书目建立在呈缴本制度上,收录齐全,著录规范。

② 馆藏书目。

馆藏书目通常是指用来揭示和报道一个图书馆文献收藏状况的书目,主要报道馆藏各种文献的书目信息和存储地址。现在普遍使用的是联机公共检索书目(OPAC),卡片式书目和书本式书目已很少使用,将逐渐退出历史舞台。

OPAC(Online Public Access Catalogue)是一种通过网络查询馆藏信息资源的联机检索系统,用户可在任何地方查询各图书馆的 OPAC 资源。大部分 OPAC 系统都有较强的检索功能,系统界面友好,简单方便,易于使用。各 OPAC 系统的检索途径和检索方式都不尽相同,但大体上分为简单检索、高级检索和限制检索 3 种方式,提供题名、责任者、主题、关键词、分类号、索书号、出版年、出版者等多种检索途径。

③ 联合书目。

联合书目汇总了若干个图书馆或其他文献收藏单位所藏的文献,是一种广义上的馆藏书目。它反映了全国或某一地区某一系统若干图书馆所藏文献的情况,如"CALIS 联合目录数据库"。联合书目的主要特点是书目编制的合作性、标准的规范性,揭示文献馆藏地址。由于联合书目揭示了文献的馆藏分布,所以能弥补馆藏文献的不足,有利于共享文献资源,提高文献的利用率。

(2) 题录。

题录是以单篇内容独立的文章为基本著录单元,并只揭示、报道文献外部特征的检索工具。书目著录的是一个完整的出版单元,而题录著录的只是一个完整出版物中的某一部分,如期刊中的论文、图书中的章节等。内容包括文献号、文献篇名、作者及工作单位、原文出处等,它不涉及文献内容,也没有内容摘要。与书目相比,题录的检索功能和及时性都比较强。实质上它是一种不含文摘正文的文摘款目,在揭示文献信息内容深度方面,比书目做得深,但比文摘款目浅。特点是报道速度快,覆盖面较大,多用于查找最新文献信息,常作为文摘性检索工具的先导和补充。

(3) 文摘。

文摘也是一种揭示、报道文献信息外部特征和内容特征的检索工具。文摘的著录项目除了著者、篇名、出处等外部特征外,还有描述文献信息内容特征的摘要。可以通过文摘内容了解文献的基本内容,从而决定文献的取舍,起到筛选文献的作用。因此,其检索功能强于题录,是检索工具的主体类型。文摘是科学研究的重要辅助工具。在全文数据库出现以前,文摘被研究者广泛使用。文摘的主要作用有:通报最新的科学文献;深入揭示文献内容,引导读者阅读原文;节约阅读时间,避免阅读那些无关紧要的原文;帮助读者确定原文内容与查找课题的相关程度,快速而准确地选择文献,提高查全率和查准率;帮助读者克服语言上的障碍;便于计算机进行全文检索。此外,文摘还是撰写述评文章的重要素材。

文摘根据其报道的内容可分为报道性文摘、指示性文摘和评论性文摘3种。

① 报道性文摘。

报道性文摘是原文内容的浓缩,基本上能反映原文的内容,信息含量大,参考价值高,对帮助读者了解某些难以得到的文献和克服语言障碍有更为突出的作用。一般适用于那些主题比较集中、单一,学术内容较丰富新颖的文献,如学术论文、技术报告、专利说明书等。

② 指示性文摘。

指示性文摘是原文的简介,旨在把原文的主题范围、目的和方法概略地指示给读者,一般不包含具体的数据、方法、设备、结论等内容。长度一般在200字以内,有的甚至仅有一句话,只起解题作用。适用于那些篇幅过长、内容较散的文章,如泛论性或评论性的文章,以及其他不适合做报道性文摘的文献。

③ 评论性文摘。

评论性文摘融入了文摘员的分析与见解。它的价值主要取决于文摘员的专业水平。

(4) 索引。

索引一词来源于英文单词index,含有指出或指示的意义,通过一定的线索引导出需要查找的文献信息。索引是将文献中某些主要的、具有检索意义的内容特征标识或外部特征标识按某种顺序排列,并注明文献条目线索的检索工具。它是对一组信息集合中相关信息的系统指引,一般只指引特定信息内容及其存储地址,通常不提供信息或知识内容本身,只提供一种指示系统,使用户能准确地找出文献或信息集合中的特定信息。也就是说,索引的主要功能是"检索"。索引的组成主要有索引款目和参照系统两部分。索引款目是索引的主要部分,每条索引款目通常由文献特征标识(标目)、说明语、地址3项组成。

常用的索引有主题索引、分类索引、著者索引、专门索引、引文索引等。

① 主题索引。

主题索引是将能表达文献主题的名词术语加以标引编制的索引,它可直接提供文献中某专题全面、系统、具体的资料。主题索引的另一种形式是关键词索引,它选择那些对于文献内容有实际意义的重要关键词加以标识编排,据此可查到有关专题的具体资料。使用主题索引检索文献时,关键在于选准所需主题内容的主题词。所以,对检索者来说,熟悉主题词表是很重要的。

② 分类索引。

分类索引是以表示文献内容特征的分类号作为检索标识,按照特定分类法的类目体系进行编排的一种索引。不同的检索工具可能采用不同的分类法来组织分类索引。使用分类索引检索文献时,关键在于掌握分类法,正确地从分类表中查出所需的分类号。

③ 著者索引。

著者索引是以文献中著者的姓名作为检索标识,并按字顺编排的一种索引,主要包括个人著者索引、团体著者索引、专利发明人索引和专利权人索引等。

④ 专门索引。

为了适应一些特殊需要或某些文献的特点而编制的一些用于专门事物检索的索引,如分子式索引、生物系统索引、生物属名索引、专利号索引、标准号索引、报告号索引、合同号索引等。

⑤ 引文索引。

引文索引是以被引文献为检索起点,进而查找引用文献的一种索引,是建立在文献引证关系之上的一种新型检索工具。

引文索引以曾经发表的特定主题的文献为标引对象,摘录来源文献引用或参考过的资料,按被引论文著者姓名的字顺排列,在被引论文之下,按年代列举引用过这篇文章的全部论文。引文索引借助引文将相关文献联系在一起,检索者从引文索引中查出一批所需的文献后,再利用这些文献的引文查找一批新的文献,如此反复检索。由于引文索引能够把绝大多数文献紧密地联系起来,从客观上体现出学科之间的交叉渗透、论著之间的继承与发展的内在联系,所以能为评价某一论文、某一期刊和某一著者的学术和产生的社会影响提供客观依据,在科学成果、科学家、相关地区、机构、学科结构及其发展前景等多方面也存在着评估功能。

美国从20世纪60年代开始研究引文索引,并产生了三大著名的引文数据库,即"科学引文索引"(SCI)、"社会科学引文索引"(SSCI)、"艺术与人文科学引文索引"(A&HCI)。三大引文数据库包括从自然科学、社会科学到文学艺术的全部知识领域,已得到全世界的高度重视和广泛运用。我国于20世纪90年代开始研制引文索引,著名的有"中国科学引文索引"(CSCI)、"中国社会科学引文索引"(CSSCI)、"中国引文数据库"(CNKI)。

(5) 信息资料指南。

信息资料指南是一种新的检索工具,如"旅游行业指南"等类型的小册子,其中有历史资料,也有近期信息。人们只要翻阅它,就可以对相关信息的历史与现状有所了解。它是经过高度加工的信息资料检索工具,实用价值很大。

2) 按出版形式划分

(1) 期刊式检索工具。

期刊式检索工具具有期刊的出版特点,有统一、固定的刊名,以年、卷、期为出版单位,定期连续出版的检索刊物,如我国的《全国报刊索引》《中国社会科学文摘》等,具有迅速、及时、系统、完整等特点,是进行文献检索最主要的工具。

(2) 单卷式检索工具。

单卷式检索工具是以一定的专题为内容,将累积一段时期的有关文献的目录、题录、摘要或索引以图书的形式出版的检索工具,如《中外法学名著指要》《历代名诗索引》《中国环境保护图书要览》等,具有专业性强、内容专一而集中、所涉及的文献类型较全,累积刊载的年代较长等特点。对于掌握专题文献线索是一种不可忽视的检索工具,但需注意其新颖性。

(3) 卡片式检索工具。

卡片式检索工具是指把有关文献信息的特征记录在一张张卡片上,并按一定的方法排列起来的检索工具,如图书馆传统管理时代的分类目录、书名目录、著者目录、主题目录等卡片式检索工具。它具有编制、增删灵活等优点,但体积大、不方便管理和携带。随着计算机技术在信息管理方面的广泛应用,卡片式检索工具已逐渐退出历史舞台。

(4) 附录式检索工具。

附录式检索工具不独立出版,而是分别附于图书、期刊或文章之后,以"参考文献""引用目录"等形式刊出,是经过编著者筛选、收录的文献线索。虽然引用的篇幅不大,但具有较大的参考价值,特别适合于回溯性检索。

3) 按收录范围划分

(1) 综合性检索工具。

综合性检索工具指综合收录多种学科和多种专业内容的文献信息,文献类型和语种都比较广的一类检索工具,如"全国报刊索引""全国新书目"等。

(2) 专题性检索工具。

专题性检索工具指以某一学科或专业领域的文献信息为对象编辑而成的检索工具,其收录范围比较窄,但所涉及的内容比较全面。如《经济管理文摘》《管理科学文摘》《百年百种优秀中国文学图书:1900—1999》等。

1.2.3 信息检索的途径和方法

1. 信息检索途径

信息检索途径就是信息检索的路线和出发点。信息检索的途径取决于信息存储过程中各种检索系统或检索工具对文献信息的处理方式和内容。检索途径大多来源于文献信息的外部特征(如题名、著者)和内部特征(如所属学科)。传统的手工检索工具所能提供的检索途径是有限的,而计算机检索系统则能提供更多、更完备的检索途径和入口。如果不加说明,检索途径是指手工文献检索采用的途径,它主要提供以下检索途径。

1) 分类检索途径

分类(Classification)检索途径用分类法组织管理文献信息,是比较传统的方法。对信息检索而言,分类途径就是根据文献的内容特征、利用分类目录或分类索引查找文献的检索途径。利用这一途径检索文献,首先要明确检索课题的学科属性、分类等级,并利用一定的工具书获得相应的分类号,然后逐类查找。它要求检索者对所用的分类体系有一定的了解，能够熟悉分类语言的特点，熟悉学科分类的方法，并注意多学科课题的分类特征。

2）主题检索途径

主题（Subject）检索途径是以表达文献内容的词、词组或短语为检索点查找文献的途径，是信息检索中最重要的检索途径之一。主题目录和主题索引就是将文献按表征其内容特征的主题词组织起来的索引系统。利用主题途径检索时，只要根据所选用主题词的字母顺序、音序或笔画顺序找到所查的主题词，就能查到相关文献。

3）作者检索途径

作者（Author）检索途径指对文献信息内容负责或做出贡献的个人或团体进行检索。广义上，"作者"还应包括汇编者、编者、主办者、译者等。此外，还有代表机构、单位的团体作者，包括作者所在单位。它是根据文献的外部特征，利用著者目录和著者索引进行检索的途径，实际上是按著者的姓名字顺，将有关文献排序而成的。以著者为线索可以系统、连续地掌握著者的研究水平和研究方向。

4）名称检索途径

名称（Title）检索途径是从各种事物的名称出发来检索文献信息的，这些名称包括书名、刊名、资料名、出版物名、出版社名、会议名、物质名称等，也包括人名和机构名。检索的对象既包括对应的文献，也包括有关的信息、事项等。比如个人电话簿或公司电话簿，查找的是号码信息，是最直接、最方便的检索途径。图书馆的联机公共目录（OPAC）也可以通过名称途径进行检索。

5）号码检索途径

号码（Number、Code）检索途径包括文献的编号、代码等，它们是文献信息的一些特有的外部标识，号码检索点以号码特征来检索文献信息。号码多种多样，通常用数字、字母或它们的结合形式或以分段的方式来表示其各部分的含义。比如科技报告有报告号，还有其合同号、拨款号等，比如专利文献有专利号、入藏号、公司代码等；比如分类号也是号码（特殊的号码检索），等等。

除了以上所讲的几种途径外，还有引文途径、分子式途径、地名人名途径等。此外，以上检索途径也可用于计算机信息检索，并且计算机检索还可以通过更多的检索途径进行文献信息检索，获取相关文献的信息。尤其是通过计算机的快速处理进行全文检索，不但简单、易用，而且大大提高了检索效率。

2. 信息检索方法

1）常规法

常规法是利用检索工具来查找文献信息的方法，也是最常用的一种检索方法。这种方法可分为顺查法、倒查法和抽查法3种。

（1）顺查法是按课题的起始年代，由远及近逐年查找的检索方法。由于逐年查找，故查全率较高，而且在检索过程中可以不断筛选，剔出参考价值较小的文献，因而误检的差错率较小。利用这种方法检索文献比较全面、系统，但费时费力，工作量大，该方法适合于内容较复杂，时间较长，范围较广的研究课题。

（2）倒查法与顺查法相反，是由近及远逐年查找文献的检索方法。这种方法适合于课题查新、掌握研究动态以及制订研究规划时使用。采取这种检索方法可以及时把握学科的最新发展动态，且检索的时间跨度可以灵活掌握，检索效率高，但与顺查法相比查全率相对较低。

（3）抽查法是根据课题所属学科研究发展的某一高峰时期，抽出一个时间段，进行集中查找。此方法花费的时间较少，检索效率较高，但检索者必须熟悉该学科的发展特点，了解该学科文献发展较为集中的时间范围，只有这样才能取得较好的效果。

2）综合法

综合法又叫循环法或分段法，是常用法和追溯法相互结合的一种检索方法。这种方法是先利用检索工具查出一批有用的文献，然后利用这些文献所附的参考文献进行追溯查找，扩大文献线索。如此分段，交替循环进行，从而可得到大量相关文献。

3）追溯法

追溯法又称引文法，是利用文献后所附的参考文献、相关书目、推荐文章和引文注释查找相关文献。科学研究的连续性和继承性决定了要不断地参考和借鉴以前的科研成果。一篇学术论文的形成往往要参考或引用多篇其他论文的内容，并在文末将其作为参考文献列出。利用文末的参考文献线索查找相关的文献信息，在某种程度上可以扩大文献来源。由于原文作者所引用的参考文献数量有限，而且不够全面，因此容易产生漏检和误检，且查全率极低。所以，该方法是在缺少检索工具的情况下，作为查找文献的一种辅助方法来使用的。

1.3 信息检索技术与策略

信息检索技术是指利用现代信息检索系统，如联机数据库、光盘数据库和网络数据库，检索文献时所采用的方法、策略和检索手段等相关因素的总称。

文献信息检索的整个过程，大体可以分为 3 个阶段：检索准备、实际检索和检索结果整理评价。具体步骤的繁简由信息检索技术与策略决定，以达成实际的检索目标和效果为限。

1.3.1 信息检索技术

常用的检索技术包括布尔逻辑检索、截词检索、临近检索和字段检索。

1. 布尔逻辑检索

布尔逻辑检索是当今检索理论中最成熟的理论之一，也是构造检索表达式最基本、最简单的匹配模式。它是通过布尔逻辑算符来实现的，这些算符把一些具有简单概念的检索词或检索项组配成为一个具有复杂概念的检索式，用以表达用户的检索需求。布尔逻辑算符有逻辑与（AND）、逻辑或（OR）、逻辑非（NOT）3 种。

1）逻辑与

逻辑与用 AND 或 * 表示，是一种用于交叉概念和限定关系的组配，它可以缩小检索范围,有利于提高查准率。凡是用 AND 的检索式,AND 两侧的检索词必须同时出现在同一条记录中,该记录才算命中。

例如,要检索有关"环境污染治理"方面的资料,其检索式为 environment pollution and govern。

2) 逻辑或

逻辑或用 OR 或＋表示,是一种用于并列关系的组配,它可以扩大检索范围,防止漏检,有利于提高查全率。凡是用 OR 的检索式,OR 两侧的检索词只要有一个在一条记录中出现,该记录就算命中。

这个算符在检索时多用于以下情况:

① 缩写与全称。如检索有关"聚氯乙烯"方面的资料,检索式为 pvc or polyvinyl chloride。

② 同义词。如检索有关"自行车"方面的资料,检索式为 bicycle or bike。

③ 化学中化合物的分子式与全称、物质的俗名与学名、元素符号与元素全称等。如检索"石灰石"方面的资料,检索式为"碳酸钙＋石灰石"。

3) 逻辑非

逻辑非用 NOT 或－表示,是一种排斥关系的组配,它用来从原来的检索范围中排除不需要的概念或影响检索结果的概念。如检索"不包括核能的能源"方面的资料,检索式为 Energy not Nuclear。

布尔逻辑运算符可以组合使用,三者的优先顺序在无括号的情况下为 NOT＞AND＞OR,有括号时括号内的先执行。

例如:检索"明清小说"的有关信息。

关键词:明、清、小说。

检索表达式:

(明 OR 清)AND 小说

明 AND 小说 OR 清 AND 小说

错误表达式:

明 OR 清 AND 小说

明 AND 清 AND 小说

明 OR 清 OR 小说

明 AND 清 OR 小说

在不同的数据库中所使用的逻辑符号可能是不同的,有的用 AND、OR、NOT,有的用＊、＋、－。一些检索工具会完全省略任何符号的关系,直接把布尔逻辑关系隐含在菜单中。一些网络检索工具,如搜索引擎,甚至用空格、逗号、减号来表示。

2. 截词检索

截词检索也是常用的检索技术,在西方文献检索中广泛使用。允许检索词有一定范围的变化,这种功能可减少输入步骤,简化检索程序,扩大检索范围,从而节省时间,降低费用,提高查全率。

1) 截词符

不同的数据库有不同的截词符，DIALOG 系统用？，ORBIT 系统用＋，还有的系统用 $ 或 *。通常情况下，* 代表无限截词符，? 代表有限截词符。

(1) 无限截词符 *。在检索词的词干后加一个截词符 *，以此表示该词词尾部分可变化的字符位数不受限制。一个无限截词符可以代表 0～N 个字符，一般用在检索词末。用 * 号作为截词符，可将一个单词的不同拼写形式检索出来，如 smok * 将对 smoke、smoky、smoked、smoker 等进行检索。

(2) 有限截词符 ?。一个有限截词符只代表一个字符，一般用在检索词中间，如 smok? 只能检索到 smoke、smoky，检索不到 smoked、smoker；又如 m?n 可以检出 man、men。

2) 截词类型

截词类型有多种，按截词符的位置来分，截词有后截断、前截断、中截断 3 种形式；按截断的字符数量来分，截词可分为有限截断和无限截断两种形式。截词是计算机检索中常用的方法，尤其是英语单词词尾变化较多，为避免漏检，经常要用前方一致的截词检索。

(1) 右截词，又称后截词、前方一致。允许检索词词尾有若干变化，例如 comput * 将检索出 computer、computing、computerised、computerized、computerization 等结果。

(2) 中间截词，又称前后方一致。允许检索词中间有若干变化。例如 wom * n，检索到 woman、women 的结果。英美的不同拼法，defen * 可同时检索出 defence 和 defense 的结果。

(3) 左截词，又称前截词，后方一致，允许检索词前有若干变化，例如 * physics 就可检索到 physics、astrophysics、biophysics、chemophysics、geophysics 等词的结果；* computer 可检索 computer、minicomputer、microcomputer 等结果。

另外还存在一种截词形式，就是在词干的前后各有一个截词符，允许检索词的前端和尾部各有若干变化形式，通常叫作前后截词。如 * computer * 可检索 computer、computers、computerize、computerized、computerization、minicomputer、minicomputers、microcomputer、microcomputers 等结果。

截词检索注意事项如下。

在使用截词检索技术时应注意以下几点：一是在不同的数据库和联机检索系统中，所使用的截词符号没有统一的标准，有的用?，有的用♯，有的用 $ 等；二是即便常用的? 和♯，在不同的数据库中用法也不一定是相同的；三是在允许截词的检索工具中，一般指右截词，部分支持中间截词，左截词比较少见；四是常用的一些数据库，一般用 * 代表一个字符串，用? 代表任意一个字符。

3. 邻近检索

邻近检索又称位置检索，主要是通过检索式中的专门符号来规定检索词在结果中的相对位置。例如，检索"生物防治"的文献，若用检索式 biological * control 检索，则会将"抑制生物"(control biological)的文献也查出来，这显然不是所需的文献，这时就可以采用位置算符规定检索词的相对位置，主要有相邻位置算符(W)、(nW)、(N)、(nN)，句子位置算符(S)，字段(F)、(L)。

1）(W)、(nW)、(N)、(nN)算符

(1) (W)、(nW)算符。

(W)表示此算符两侧的检索词必须按此前后顺序相邻排列,词序不可变,且两词之间不许有其他的词或字母,但允许有一个空格或标点符号。如 biological(W)control 相当于检索 biological control,CD(W)ROM 相当于检索 CD ROM 或 CD-ROM。

(nW)表示此算符两侧的检索词之间允许插入最多 n 个词,且词序不可变。如 wear(1 W)material 相当于检索 wear materials,wear of materials 等词。

(2) (N)和(nN)算符。

(N)是 Near 的缩写,表示此算符两侧的检索词必须紧密相连,词序可变,词间不允许插入其他词或字母,但允许有一个空格或标点符号。

(nN)表示两词之间最多可插入 n 个词,词序可变,如检索式 environment(2 N) pollution 就可检索出包含 environment pollution、environment of the pollution、environment of water pollution、pollution of forest environment 等内容的结果;检索式 information(1N)retrieval,可检索出 information retrieval,retrieval of information 等结果。

2）S、F、L算符

(1) S(Subfield)算符,表示两个检索词必须同时出现在文献记录的同一子字段中,两词的词序不限,两词间插入词的数量不限,可表示为 A(S)B。

(2) F(Field)算符,表示此算符两侧的检索词必须同时出现在文献记录的同一个字段内,两词的词序不限,两词间插入词的数量不限。用此算符时须指定所要查找的字段,如题名字段、文摘字段、叙词字段等,可表示为 A(F)B。例如 digital(F)computer TI 表示在题名字段(TI)中同时出现这两个检索词,才算命中信息。

(3) L(Link)算符,表示两个检索词同在叙词字段中出现并且具有词表规定的等级关系,因此,该算符只适用于有正式词表,且词表中的词具有从属关系的数据库或文档,可表示为 A(L)B。

邻近检索对提高检索的查准率有重要的作用,但网络检索中基本上只支持(W)、(nW)、(N)、(nN)检索式。

4. 字段检索

字段检索是限定检索词在记录中出现的字段范围的检索方式,检索时,计算机只对限定字段进行查找。现代检索中常用的字段代码有 TI(题名)、AB(摘要)、DE(主题词)、ID(标识词)、SU(主题词)、KW(关键词)、AU(著者)、BN(国际标准书号)、SN(国际标准刊号)、CC(分类类目)、CS(结构)、DT(文献类型)、PT(出版物类型)、JN(刊名)、JA(刊号)、LA(语种)、PY(出版年)和 SO(来源出版物)等。这些字段代码在不同的数据库中可能不同,在检索时应参阅系统及有关数据库的使用说明,避免产生检索误差。

5. 检索准备与过程

进行任何一项信息检索必须进行课题分析和检索准备。信息检索前,首先要分析研

究课题,明确当前准备检索的课题要求与范围,确定课题检索标志、所需文献的作者和文献类号、表达主题内容的词语和所属类目,然后选定检索工具,确定检索途径。由于这是新型检索的准备阶段,因此一定要做好相关分析和准备工作,这样才能有备无患。

在信息检索前,首先要对检索的课题进行周密的分析,弄清课题的关键所在,确定检索的范围、时间和语种,分析文献的类型和检索线索,逐步扩大检索的方向,这样才能有的放矢,避免做无用功。其次要制定检索策略,正确地选择检索工具,传统的手工检索工具(如索引、目录、文摘、辞典、年鉴等)具有很大的参考价值。随着计算机和网络技术的迅猛发展,数据库检索、光盘检索、Internet 检索等现已成为广泛使用的信息检索手段。信息检索时,要根据检索工具、检索系统以及数据库性质选择一种或多种检索工具进行检索,同时要依据检索课题的性质、属性确定合适的检索方法,选择检索途径和检索标识。

确定检索策略,做好必要的检索准备后,就可以实施相关的信息检索。在具体检索过程中,要注意以下几点:

(1) 各种检索系统和检索工具要相互配合使用,尽量提高检索效率和检索成果的可靠性。

(2) 在检索中,应灵活运用各种检索工具、检索方法和检索途径,充分利用积累索引,并对各种参照款目进行认真审核与利用,还应利用各种文献信息源进行查找,通过浏览最新的核心期刊来补充检索工具或数据库中尚未报道的最新文献。

(3) 按照预先制定的检索策略进行检索,在检索系统中将检索标识与系统中存储的文献标识进行匹配,查出相关文献后,应对所得的结果进行分析,看其是否符合需要,并加以筛选,如果不满意,要及时对检索策略进行修改或调整,再进行检索,直至满意。

检索完成后,得到一系列检索结果,这时要对搜集到的大量文献信息资料进行去粗取精、去伪存真、由表及里的加工处理,也就是对检索结果进行整理的过程,通过对检索结果的整理有序化,使大量检索结果活化,便于检索者和用户随时利用。

6. 检索效果评价

信息检索要进行检索效果评价。评价检索效果最常用的指标是查全率和查准率。查全率反映的是所需文献被检出的程度;查准率是反映系统拒绝非相关文献的能力。两者结合起来反映检索系统的检索效果。需要指出的是,用两者评价检索效果也存在着难以克服的模糊性和局限性。因此,查全率和查准率是相对的,它们只能近似地描述检索效果。

判断检索效果的两个指标:

查全率=被检出的相关信息量/相关信息总量(%)
查准率=被检出的相关信息量/被检出信息总量(%)

1.3.2 信息检索策略

信息检索策略是指实现检索目标的途径与方法,包括检索途径与检索项的选择、检索方式的拟定、检索结果的判别、反馈及调节方法等。

1. 检索策略的内容

1）确定检索系统

根据课题选择合适的检索系统,它必须包括检索者检索需求的学科范围和熟悉的检索途径。在计算机检索中还需要确定检索所需要的文档名称或代码。

2）确定检索途径

各检索系统一般都具有许多索引体系(即检索途径),应根据课题需要选择自己熟悉的检索途径,可多途径配合使用。

3）选定检索词

各种检索途径均须有相应的检索词(亦称入口词)方可进行检索,如分类途径以分类号作为检索词,主题途径以主题词、关键词等作为检索词等。计算机检索还须选定检索词编制布尔逻辑检索提问式。

4）调整检索方案

根据检索过程中出现的各种问题及时调整方案,扩大或缩小检索范围。

2. 检索策略的制定

检索策略的制定主要有两点:一是确定检索工具或数据库;二是确定检索途径(检索字段)及检索方法(检索方式),形成检索目标(构造检索提问式)。

(1) 明确检索的内容和目的。

在检索之前,须弄清检索主题,对所给出的检索课题进行分析,根据它的主题结构、类型、专业范围、性质等加以分析,使之形成若干能代表信息需求而且有检索意义的主题概念,包括所需信息的主题概念有几个,概念的专指度是否合适,哪些是主要的,哪些是次要的,力求分析的主题概念能准确地反映检索的需要,明确所需文献信息的文献数量、语种、年代范围、类型及其他外表特征,明确检索内容涉及的主要学科范围等。明确检索的内容和目的是选择检索工具、数据库以及其他检索行为的第一步。

(2) 尽可能使用专题检索工具及专业数据库,并收集一些专题信息网址。

专题检索工具是专为查询某一学科或某一主题的信息而产生的查询工具。相对于综合性的检索工具来说,专题检索工具对解决实际查询问题十分有效,它具有更高的查准率和查全率。而选择数据库的原则是以专业数据库为主,综合数据库为辅。

(3) 了解何种信息由哪些机构提供服务,并注意收集一些机构的 URL。

了解何种检索工具,何种参考工具能回答何种问题是信息查询的关键。有时从信息提供机构搜索信息源能取得意想不到的效果,即了解从网上可以获取哪些信息、信息主要由哪些机构提供服务仍是十分重要的,这就需要我们平时多收集一些机构地址,以便检索时能"随手拈来",达到快速查询信息的目的。

(4) 了解常用的搜索引擎以及检索系统的特性与功能。

搜索引擎在查询范围、检索功能等方面各具特色,不同的检索应选用不同的搜索引擎。了解常用搜索引擎的性质、功能、检索方法等,有利于更好地使用搜索引擎。

(5) 掌握实用的检索技巧。

掌握一些实用的检索技巧能让你操作自如,得心应手,从而做到快速、准确、全面地查找信息。

① 提高查全率的方法。

降低检索词的专指度,将上位词或相关词补充到检索式中;尽可能多地罗列同义词;使用多个检索途径;取消某些过严的限制,尽可能在所有检索的字段中检索;使用截词检索方法;使用 OR 进行检索;使用多元搜索引擎。

② 提高查准率的方法。

提高检索式的专指度,增加或换用下位词和专指度较高的词;增加概念进行限制;限制检索词出现的可检字段;利用 NOT 限制一些不相关的概念;使用 AND 检索;利用进阶检索功能(即利用前一次检索的结果作为后一次检索的范围,逐步缩小检索范围)。

③ 加快检索速度的技巧。

利用检索站点的特色服务快速检索;掌握不同搜索引擎的搜索策略,充分利用不同搜索引擎的优点,可以获得最佳、最快的检索结果。

④ 一般的搜索技术。

逻辑操作符的使用,包括 AND,NOT,OR;＋、－和通配符的使用;不要滥用空格,在输入汉字作关键词时,不要在汉字后追加不必要的空格;注意大小写的敏感性;避免使用一个词查询,输入的主题词应尽可能多而且是精确词或词组,有利于缩小检索范围。

⑤ 机检和手检有机结合,节约检索费用。

机检即计算机检索,包括光盘检索、联机检索、网络检索。手检即手工检索,主要是利用工具书和期刊查找资料。计算机检索的出现为情报检索的发展开创了崭新的局面,它改变了传统手工检索的方式,能迅速为检索者查找信息资料。不过,即使机检有再多的优点,有时也需要手检与之配合,才能达到更好的效果。

⑥ 注意检索策略的信息动向,培养信息检索能力。

3. 检索策略的调整

制定好检索策略后,检索任务只能算完成了一半,因在实际检索过程中,并非一次检索就能获得满意的检索效果。此时就需要及时采取补救措施,调整检索策略。检索策略的修改和调整,在实际操作中主要指数据库的选择和检索表达式的编制,前者取决于现有的数据库资源,后者则直接反映检索目标。一般情况下,若检出结果过多,就应在提高查准率上下工夫,主要从缩小检索(简称"缩检")入手;如果检出篇幅过少,就应在提高查全率上下工夫,主要从扩大检索(简称"扩检")入手。

1) 扩检时,调整检索式的主要方法

(1) 选全同义词、相关词和近义词,并多用 OR 算符。

(2) 多选一些同位词或相关词,降低检索词的专指性。

(3) 采用分类号进行检索。从揭示文献的广度和深度来看,依据分类体系检索恰到好处,它既能按文献的内容查找,又能把这一类文献搜集齐全。

(4) 删除没有实际意义的概念。

(5) 减少或去除某些过严的限制符。

(6) 少使用位置算符,或调整位置算符,由严变松。

(7) 使用截词技术。

2) 缩检时,调整检索式的主要方法

(1) 提高检索词的专指性,增加或换用下位词和专指性较强的自由词。

(2) 增加 AND 算符,以进一步限定主题概念的相关检索项,提高查准率。

(3) 用检索字段限制检索,如常限定在篇名字段和叙词字段中进行检索。

(4) 利用文献的外表特征限制,如文献类型、出版年代、语种、作者等。

(5) 用逻辑非(NOT)来排除一些无关的检索项。

(6) 适当使用位置算符,或调整位置算符由松变严。采取上述调整方法时,要针对所检课题的具体情况和所用检索系统的客观实际情况综合分析和灵活应用。

1.4 信息检索语言

信息检索语言是信息检索系统的重要组成部分,是信息存储人员和检索人员都要使用的语言工具。世界上有数千种信息检索语言,有上万种文献信息机构利用信息检索语言组织并检索文献信息。信息检索语言对于信息检索有不言而喻的重要性,是信息检索者必须掌握的基本工具。

1.4.1 信息检索语言的概念

1. 信息检索语言

信息检索语言(Information Retrieval Language)是信息存储与检索过程中用于描述信息特征和表达用户信息提问的一种专门语言,是表达一系列概括文献信息内容和检索课题内容的概念及其相互关系的一种概念标识系统。所谓检索的运算匹配,是通过检索语言的匹配来实现的。检索语言是人与检索系统对话的基础,它可分为规范化语言(人工语言)和非规范化语言(自然语言)两类。

信息标引人员在进行信息存储的过程中,会对原始信息进行分析,找出其能代表信息的特征与检索语言(检索标识系统)进行对照标引,然后纳入检索系统;而信息检索人员在进行信息检索的过程中,则先对待查课题进行分析,归纳出各种信息特征,使之形成能代表需要的检索提问,然后把这些提问与检索语言(检索标识系统)进行核对,标引成检索提问标识。

如果没有检索语言作为标引人员和检索人员的共同语言,就很难使得标引人员对文献信息内容的表达和检索人员对相同文献信息内容需求的表达一致,信息检索也就不可能顺利实现。

2. 信息检索语言的功能

检索语言在信息检索中起着极其重要的作用,它是沟通信息存储与信息检索两个过程的桥梁。在信息存储过程中,用它来描述信息的内容和外部特征,从而形成检索标识;在检索过程中,用它来描述检索提问,从而形成提问标识;当提问标识与检索标识完全匹配或部分匹配时,即命中文献。

信息检索语言的主要功能如下所述。

1) 特征

标引文献信息内容及其外表特征,保证不同标引人员表征文献的一致性。

2) 相关性

将对内容相同及相关的文献信息集中或揭示其相关性。

3) 有序化检索

使文献信息的存储集中化、系统化、组织化,便于检索者按照一定的排列次序进行有序化检索。

4) 一致性

便于将标引用语和检索用语进行相符性比较,保证不同检索人员表述相同文献内容的一致性,以及检索人员与标引人员对相同文献内容表述的一致性。

5) 最高查全率和查准率

保证检索者按不同的需要检索文献时,都能获得最高查全率和查准率。

3. 检索语言的类型

目前,世界上的信息检索语言有几千种,依其划分方法的不同,其类型也不一样。

1) 按照标识的性质与原理划分检索语言

(1) 分类语言。

分类语言是指以数字、字母或字母与数字组合作为基本字符,采用字符直接连接并以圆点(或其他符号)作为分隔符的书写法,以基本类作为基本词汇,以类目的从属关系来表达复杂概念的一类检索语言。

以知识属性来描述和表达信息内容的信息处理方法称为分类法。目前世界上代表性的分类法有"杜威十进制分类法""国际十进制分类法""美国国会图书馆图书分类法""国际专利分类表"等,国内通用的体系分类法是"中国图书馆图书分类法"。此外,还有"中国科学院图书分类法"(简称"科图法")"中国人民大学图书馆图书分类法"(简称"人大法")。

(2) 主题语言。

主题语言是指以自然语言的字符为字符,以名词术语为基本词汇,用一组名词术语作为检索标识的一类检索语言。以主题语言来描述和表达信息内容的信息处理方法称为主题法。主题语言又可分为标题词、元词、叙词、关键词。

① 标题词是指从自然语言中选取并经过规范化处理,表示事物概念的词、词组或短

语。标题词是主题语言系统中最早的一种类型，它通过主标题词和副标题词固定组配来构成检索标识，只能选用"定型"标题词进行标引和检索，反映文献主题概念必然受到限制，不适应时代发展的需要，目前已较少使用。

② 元词又称单元词，是指能够用以描述信息所论及主题的最小、最基本的词汇单位。经过规范化的能表达信息主题的元词集合构成元词语言。元词法是通过若干元词的组配来表达复杂的主题概念的方法。元词语言多用于机械检索，适合用简单的标识和检索手段（如穿孔卡片等）来标识信息。

③ 叙词是指以概念为基础、经过规范化和优选处理的、具有组配功能并能显示词间语义关系的动态性的词或词组。一般来讲，选作叙词的词具有概念性、描述性、组配性。经过规范化处理后，还具有语义的关联性、动态性、直观性。叙词法综合了多种信息检索语言的原理和方法，具有多种优越性，适用于计算机和手工检索系统，是目前应用较广的一种语言。CA、EI 等著名检索工具都采用叙词法进行编排。

④ 关键词是指出现在文献标题、文摘、正文中，对表征文献主题内容具有实质意义的词语，对揭示和描述文献主题内容是重要的、关键性的词语。关键词法主要用于计算机信息加工抽词编制索引，因而称这种索引为关键词索引。在检索中文医学文献中使用频率较高的 CMCC（中文生物医学期刊文献）数据库就是采用关键词索引法建立的。

(3) 代码语言。

代码语言是指将事物的某一特征，用某种代码系统来表示和排列事物概念，从而提供检索的检索语言。例如，根据化合物的分子式这种代码语言，可以构成分子式索引系统，允许用户从分子式出发，检索相应的化合物及相关的文献信息。

2) 按照表达文献的特征划分检索语言

表达文献外部特征的检索语言主要是指文献的篇名（题目）、作者姓名、出版者、报告号、专利号等。将不同的文献按照篇名、作者名称的字序进行排列，或者按照报告号、专利号的数序进行排列，所形成的以篇名、作者及号码的检索途径来满足用户需求的检索语言。描述文献外表特征的检索语言可简要概述为

$$\begin{cases} 题名：题名索引 \\ 著者：著者索引、团体著者索引 \\ 文献编号 \begin{cases} 报告号索引 \\ 合同号索引 \\ 存取号索引 \end{cases} \\ 其他：人名索引、引用文献目录等 \end{cases}$$

3) 按照表达文献内容特征的检索语言

表达文献内容特征的检索语言主要是指所论述的主题、观点、见解和结论等。描述文献内容特征的检索语言可简要概述为

$$\begin{cases} 体系分类语言：分类索引 \\ 标题词语言：著者索引、团体著者索引 \\ \left.\begin{matrix}叙词语言\\关键词语言\end{matrix}\right\} 专题索引 \\ 其他：分子式、结构式索引、专利索引等 \end{cases}$$

1.4.2 网络信息资源检索工具

正如手工检索离不开目录、索引、文摘等各种工具，电子网络信息检索也需要专门的信息检索工具，实现对分散、无序的网络信息资源进行有效的控制。电子网络信息检索充分利用了计算机对信息和数据的高速处理能力来实现信息的存储与检索。与传统的信息检索相比，在信息载体、信息存储方式以及实现信息匹配的过程等方面都发生了重要变化。随着计算机技术的发展，电子网络信息资源的检索方式也会越来越多，详见第 6 章"计算机信息检索与利用"。

1. 按照计算机用户界面的不同分类

按照计算机用户界面的不同，目前电子网络信息的检索方式大致可以分为以下 3 种。

1) 菜单检索

菜单检索是一种简单易行的检索方式。用户不需要特别的训练和学习，只要根据菜单的指引，通过自己的判断，选择适当的选项，并结合功能键，就能一步一步地完成检索。如果检索结果不满足需求，还可以及时退回，修改检索策略，也可以进行多次试验，试验检索策略的有效性。光盘版的工具书一般都需要提供菜单检索方式。菜单检索的缺点是操作步骤较多，检索时间长，在检索精度上略逊一筹。

2) 命令检索

命令检索是一种比较复杂的检索方式，它需要用户输入一些特定的检索命令来实现检索的目的。用户只有熟悉各种命令，才能方便快捷地获得准确的检索结果。由于一般情况下，不同的系统有不同的检索命令，掌握、熟悉不同系统的检索命令需要经过一段时间的学习和训练。目前大多数电子网络信息检索还需要命令检索，命令检索是电子网络信息检索的主要形式。

3) 超文本检索

超文本检索是一种新型的检索方式，它向用户提供更加友好的人机交互页面。超文本技术按信息单元及其关系建立起一种非线性的知识结构网络，信息单元彼此用指针链接。用户在操作时，只需要用鼠标轻轻单击相应的信息单元，检索就可以一步步地进行下去，逐层打开一个信息单元，直到发现所要的目标。超文本检索大多用于多媒体光盘版工具书及网络版的工具书。一些大型的门户网站都提供一定的检索目录体系。要检索这些目录体系，就要单击相应的网站链接，进行逐步追踪检索。超文本检索相对容易，比较符合人类的思维特点，但检索效率不高，用户容易迷失在网络信息中，失去信息检索的目标和方向，形成在网络的世界中"遨游"的局面，因此需要加强对用户进行检索的指导和管理。

2. 根据不同系统对检索词的匹配能力分类

根据不同系统对检索词的匹配能力,可以将电子网络信息检索的检索方式分为以下几种。

1) 简单检索

简单检索相对操作简便,不需要用户输入复杂的命令,但缺点是往往检索出的无效记录较多,给检索带来不便,一般分为:

(1) 目录式浏览。

用户工具分类目录,自己单击目录选项,逐一浏览原文。

(2) 关键词检索。

检索时用户只需输入检索词,如文献的名称、著者、序号、出版日期、主题,或是正文中的某个关键词等,系统就会把满足条件的所有文献检索出来。

(3) 二次检索。

用户可以在第一次检索结果的基础上,输入另一检索词,对这些结果进行进一步检索,它是关键词检索的继续与深化。目前,门户网站和一些重要的搜索引擎都提供简单检索的各种方法,供用户检索使用。虽然这样检索效率不高,但基本能够满足用户需求。

2) 高级检索

高级检索又称组配检索,通过对检索词进行逻辑匹配,使检索结果的查准率大大提高。常用的检索逻辑有以下 3 种。

(1) 逻辑算符组配法。

逻辑算符也称布尔算符,用来表示两个检索单元(检索项)之间的逻辑关系。常用的逻辑算符有 3 种,即逻辑与(AND,可用 * 表示)、逻辑或(OR,可用＋表示)和逻辑非(NOT,可用－表示)。逻辑或的作用在于扩大查找的范围,逻辑与、逻辑非的作用在于缩小查找的范围,一般搜索引擎都支持布尔算符的组配检索,以提高检索的专指度。

(2) 位置逻辑算符组配法。

位置逻辑算符表示两个检索词之间的位置邻近关系。通过对检索词之间位置关系的限定,进一步增强查找指令的灵活性,提高检索效率(即检索的查全率和查准率)。通常使用的位置邻近算符有 W(Words)算符、N(Near)算符、S(Sentence and Subfield)算符、F(Field)算符和 P(Paragraph)算符等。

(3) 截词检索法。

截词检索法主要利用检索词的词干和不完整的词形进行检索,既可以单独使用,也可以与其他方法配合使用。使用此法,可减少检索词的输入量,简化检索步骤,节省检索时间,提高查全率,扩大查找范围。常见的形式有无限截断和有限截断等。

从 20 世纪 80 年代起,人们就开发了诸如 Archie、WAIS、Veronica 等检索工具,用于检索 FTP、WAIS、Gopher 等电子网络信息资源,20 世纪 90 年代中期又出现了检索信息资源的搜索引擎技术,目前已经形成了检索各类电子网络信息资源的检索工具体系。

WWW(World Wide Web)信息资源检索工具方兴未艾,它是 Internet 的主要信息组织形式和应用形式。它是以万维网上的资源为主要检索对象,又以 WWW 形式提供检索结果的检索工具。它采用超文本和多媒体技术,将不同类型的文件通过关键词建立链接,为用户提供一种交互式信息检索接口。它具有 Internet 上现有的所有服务功能,即 Telnet、FTP、WAIS、Gopher 和 E-mail 等。因此,WWW 是 Internet 上常用的一个多媒体信息浏览与检索系统,它把 Internet 上所有的信息资源组成一系列的超文本和超媒体文件,用户可以进行远程信息浏览与检索,获得静态和动态的知识信息。

网络信息资源的检索工具——搜索引擎。

搜索引擎的概念:搜索引擎是基于 WWW 的信息处理系统,是对网络资源进行标引和检索的工具。它通过一定的机制和方法对网络信息进行搜索,将搜索的信息进行理解、提取、组织和处理,由索引器建立索引,并存储于可供检索的大型数据库中。当用户输入检索提问时,搜索引擎会告知包含这个检索提问的所有网址,并提供通向该网址的链接点。搜索引擎是用来对网络信息资源管理和检索的一系列软件,是一种在 Internet 上查找信息的工具。

思考题

(1)简述什么是信息和文献信息。
(2)简述电子信息资源和网络信息资源的区别与联系。
(3)简述信息检索的技术与策略。
(4)文献信息检索的含义是什么?结合实际,谈谈你对文献信息检索原理的理解。
(5)电子网络信息检索分哪几类?

第 2 章　图书信息检索

2.1　图书馆概述

图书馆是对人类社会发展的各个阶段的文献进行搜集、整理、存储、流通和利用的社会文化设施，也是人类知识的宝库。图书馆是高校重要的文献信息中心，也是校园网上最主要的信息资源。图书馆作为一种社会文化现象，伴随着文献的出现而产生，又随着科技文化的进步而不断地变化和发展。如何从图书馆获取信息资源，怎样才能正确、快速、便捷、有效地利用图书馆丰富的馆藏资源，这对用户的信息素养提出了要求。

2.1.1　图书馆信息资源介绍

从信息源的角度来理解：图书馆是集约信息源。图书馆的自动化、网络化、数字化建设为图书馆馆藏资源的上网奠定了基础，它包括实体图书、期刊、报纸及光盘等；还包括自建、自购数据库及网络数据库等。校园网的开通为图书馆提供网上服务创造了条件。许多高校图书馆都已经建成了自动化集成管理系统，正进行数字化、网络化建设，并通过校园网开始上网服务。读者进入图书馆主页，就可以使用图书馆资源。

一般图书馆在主页上除了介绍本馆情况以外，还可作为网上服务的重要窗口，引导读者使用图书馆的资源，并帮助读者以最快的速度获得所需要的信息。此外，图书馆还可利用图书馆主页搜集有关信息源的网址，创建学科信息导航系统，帮助读者在茫茫的网上电子信息世界中漫游，检索所需要的文献信息，尤其是各种免费资料。

目前，各图书馆资源多通过网站进行宣传。通过虚拟图书馆可获取以下三方面的信息：一是一般信息，如图书馆概况、读者指南、新闻通告等；二是提供网上的各种服务信息，如馆藏书目数据检索、光盘检索、新书预订、预约、续借、读者信息查询、文献传递、网上咨询、购买数据库资源检索等网上服务；三是提供网络的信息资源导航服务。

1. 图书馆资源的类型

图书馆资源主要包括纸介质资源、非纸介质资源。
（1）纸介质资源：如图书、期刊、报纸等。
（2）非纸介质资源：如电子图书、电子期刊等各种数据库，以及二维码、视频文件。

2. 图书馆馆藏资源的选择和利用

图书馆信息资源的选择首先是根据读者对文献的需求确定图书馆的类型，其次是对图书馆文献资料的选择。

各种类型的图书馆收藏文献各具特色,读者在利用图书馆时,首先要根据所需文献的学科类型选择相应的图书馆,如需要较全面的图书信息,就选择国家图书馆;需要地方文献,就选择地方公共图书馆;需要科技方面的图书资料,就选择高校图书馆、专业图书馆等。

图书馆对资料的入藏是有统一标准的。《中国图书馆分类法》以及一系列文献著录的国家标准为图书馆对入藏文献实施科学分类、统一编目和科学管理提供了基本依据。图书馆对图书资料的分类整序一般有分类、作者、主题、书名和序号5个途径。

读者应该熟悉图书分类的基本原则和分类体系。图书分类法是将许多类目根据一定的原则组织起来,通过标记符号代表各级类目和固定先后次序的分类体系。它是图书馆收藏并揭示馆藏文献的依据。所谓图书分类,是按照图书内容的科学性质或其他特征将馆藏图书予以揭示并分门别类组织排列的一种手段。下面主要介绍几种著名的图书分类法。

(1)《中国图书馆分类法》简介。

①《中国图书馆分类法》(简称《中图法》)是我国各级各类图书馆和情报部门普遍采用的一部综合性的图书分类法,被推荐为中国标准图书分类法。

《中图法》是根据学科分类,结合图书的特性所编制的一套系统的体系分类法,其体系共分5大部类22大类。每一大类下按学科的具体内容划分为一级、二级、三级、四级、五级等类目。这样逐级划分下去,就形成了等级分明的学科体系。

②《中图法》由分类表、编辑及使用说明和索引3部分组成。编辑及使用说明是为了解和掌握分类表提供指导的。索引是使用分类表的辅助工具。分类表是分类法的主体,是分类信息的主要依据。因此,以下重点介绍分类表的结构。

基本部类。它是分类法类目表中最先确定、最概括、最本质的类目。《中图法》确定为五大部类:马克思主义、列宁主义、毛泽东思想、邓小平理论;哲学;社会科学;自然科学和综合性图书。22个基本大类,它是在基本部类的基础上进一步展开而形成的。基本大类构成分类表的第一级类目。《中图法》的基本大类有22个,见表2-1。

表2-1 《中国图书分类法》基本大类

基本部类	基本大类
马克思主义、列宁主义、毛泽东思想、邓小平理论	A 马克思主义、列宁主义、毛泽东思想、邓小平理论
哲学	B 哲学、宗教
社会科学	C 社会科学总论 D 政治、法律 E 军事 F 经济 G 文化、科学、教育、体育 H 语言、文字 I 文学 J 艺术 K 历史、地理

续表

基本部类	基本大类
自然科学	N 自然科学总论 O 数理科学和化学 P 天文学、地球科学 Q 生物科学 R 医药、卫生 S 农业科学 T 工业技术 U 交通运输 V 航空、航天 X 环境科学、安全科学
综合性图书	Z 综合性图书

a. 简表。简表是整个分类法的基本类目表,一般由基本大类再做一度、二度划分出来的类目和基本大类构成。

b. 详表。详表是整个分类法的正文,亦称主表,由所有不同级类目组成,它是类分信息资料的依据。

c. 辅助表,也称复分表。它用于辅助主表的不足,对主表中列举的类目进一步细分。

③《中图法》的标记符号采用汉语拼音与阿拉伯数字相结合的混合制号码,用一个字母表示一个大类,用字母的顺序反映大类的顺序,在字母后面用数字反映大类下类目的划分。分类号码严格按照小数制的排列方法排列。数字的位置尽可能使号码的级数代表类目的级数,基本上遵循层累制的编制原则,见表2-2。

表2-2 《中国图书分类法》类目展开示例

标记符号	类目展开	标记符号	类目展开
G	文化、科学、教育、体育	G252	读者工作
G0	文化理论	G252.7	文献检索
G1	世界各国文化与文化事业	G3	科学、科学研究
G2	信息与知识传播	G4	教育
G25	图书馆学、图书馆事业	G8	体育

例如,关于《水浒》研究资料的分类为I207.412,

 I 文学
  I2 中国文学
   I207 文学评论和研究
    I207.4 小说研究
     I207.41 古代小说研究
      I207.412 《水浒》研究与评论

关于互联网的知识分类如下。

T　工业技术
　　　TP　自动化技术 计算机技术
　　　　TP3　计算机技术
　　　　　TP39　计算机的应用
　　　　　　TP393　计算机网络
　　　　　　　TP393.4　国际互联网

下面介绍图书馆里《中图法》的排架顺序。

a. 分类号：先按英文字母排，然后阿拉伯数字按小数制排。小数制是指类号全部按小数方法进行排列，不管类号有多少位，先按第一位号码顺序排次序，第一位号码相同时，再按第二位号码顺序排，以此类推。例如：H31，H31-09，H310，H311.4，…，H313，H313.9…，H316，…，H32，H324，…，H33，…，H333，…。

b. 书次号：分类号相同的，再按书次号的顺序排。例如，I247.5/1830，I247.5/1831，I247.5/1832…。

c. 索书号：又称排架号，反映了某种图书在整个图书组织字段的排列次序和在书架中的具体位置。

组成：分类号（图书学科分类）＋书次号（同类书的排列）。

例如，G25/235，G252/426，G254.93/678。

《中图法》按学科分门别类地集中文献，揭示了各个类目在内容上的逻辑关系，提供从学科角度进行族性检索的途径，便于随时放宽或缩小检索范围；缺点是《中图法》无法反映新学科和新技术的内容，不能全面检索有关跨学科专业的某一事物的所有文献。

(2)《中国科学院图书分类法》(简称《科图法》)是1958年由中国科学院图书馆编写的，共分5大部类，下分25个大类。与《中图法》不同的是，它用两位数作为大类类号，各级类目的分类号码采用单纯的阿拉伯数字制，不附加任何基本符号，简洁单纯，容易记忆，便于书写。

《科图法》号码分为两部分：第一部分为顺序制，按00～99分配25个大类卷期主要类目；第二部分为小数制，以容纳细分类目。例如，以《文献计量学基础》为例，中图法分类号是G256，科图法分类号是37.683。

《科图法》以自然科学分类为主，更适用于中科院系统各分院、研究所，各部属研究所、科研系统的图书情报部门及理工科高等院校等。

(3)《中国人民大学图书馆图书分类法》(简称《人大法》)由中国人民大学图书馆编著。《人大法》根据毛泽东关于知识分类的论述和图书本身的特点，设立了总结科学、社会科学、自然科学、综合图书四大部类，总共17个大类，见表2-3。

《人大法》包括主表和复分表两部分，主表设有大纲、简表、基本类目表和详表。复分表有9个，另外还有"书次号使用方法说明"和"文别号使用说明"两个附录，第1～4版编有类目索引。

《人大法》的类目标记符号采用阿拉伯数字，标记制度为展开层累制，用一位数字或两位数字(10除外)后加小圆点表示大类。根据类目的需要，依次增加号码构成各级类号。一个类号中同时存在并列和从属关系。

表 2-3 《中国人民大学图书馆图书分类法》基本大类

部类名称	标记符号	大 类 名 称
总结科学	1	马克思主义、列宁主义、毛泽东思想
	2	哲学
社会科学	3	社会科学、政治
	4	经济
	5	军事
	6	法律
	7	文化、科学、教育、体育
	8	艺术
	9	艺术
	10	文学
	11	历史
	12	地理
自然科学	13	自然科学
	14	医药卫生
	15	工业技术
	16	农业科学技术
综合图书	17	综合性图书

（4）杜威十进分类法（Dewey Decimal Classification，DC/DDC）是由美国 M.杜威编制的综合性等级列举式分类法，它是世界现代文献分类法史上的一个重要里程碑，也是世界上现行文献分类法中流行最广、影响最大的一部分类法，现有 30 多种语言的版本已出版，被世界上 135 个国家和地区的图书馆采用。《杜威十进分类法》受美国圣路易斯市图书馆哈里斯分类法的影响，根据 17 世纪英国哲学家培根关于知识分类的思想，将人类知识分为记忆（历史）、想象（文艺）和理性（哲学、科学）三大部分，并将其倒置排列，展开为 10 个大类。

结构体系：

000 计算机、信息及总论
100 哲学和心理学
200 宗教
300 社会科学
400 语言
500 自然科学
600 技术

700　艺术和娱乐

800　文学

900　历史和地理

(5) 国际十进分类法(Universal Decimal Classification, UDC)。国际十进分类法是欧洲第一部文献分类法，目前是世界上规模较大、用户较多、影响较广泛的一部文献资料分类法，是比利时学者奥特勒和拉封丹1899—1905年在《杜威十进分类法》第6版的基础上编成的。自出版UDC法文第1版以来，现已有20多种语言的各种详略版本。近百年来，UDC已被世界上几十个国家和地区的十多万个图书馆和情报机构采用。

UDC由主表和辅助表及索引组成。主表分为以下10大类。

0　总类、科学和知识

1　哲学、心理学

2　宗教、神学

3　社会科学

4　语言

5　数学和自然科学

6　应用科学、医学、技术

7　艺术、娱乐、体育

8　语言、语言学、文学

9　地理、传记、历史

例如：

6　应用科学、医学、技术

62　工程、技术(总论)

621　机械工程总论、核技术、电气工程、机械制造

621.3　电工程、电技术、电气工程

621.39　电信技术

621.396.9　雷达

用户在熟悉上述图书分类的基本原则和体系的基础上，在查阅所需图书资料时，最便捷的方式就是利用图书馆提供的相关目录——手工检索目录和馆藏机读目录，根据用户掌握的待查文献线索选择最佳途径进行查找。

目前主要查阅馆藏机读目录(OPAC)，选择书名、作者、出版社、分类、主题等常用的最佳途径。现多通过远程虚拟图书馆来查阅。

文献的优化与选择问题：图书馆在文献入藏选择方面已经做了大量的前期工作，力求保证馆藏结构和文献体系最优化。对用户来说，由于所需文献信息专指程度高，针对性强，因此有必要对图书馆提供的文献进行再选择。

阅读文献是利用文献的基础，阅读是获取知识和信息的重要途径。

阅读方式：分无目的阅读和有目的阅读，都能达到积累知识的目的。应提倡有目的的文献阅读。经常浏览本学科或本专业的核心期刊、期刊目次以及综述、述评等3次文献，有助于及时了解学科发展的现状与动态，产生科学创新的灵感，寻求新的研究方向。

通过阅读进行文献积累是科学研究过程中的一项长期性工作,要养成良好的积累文献信息的习惯。

文献或知识的积累通常有以下两条途径:

(1) 通过参加学术讨论会、参观、访问、座谈、同行书信往来等途径获取所需信息。

(2) 利用图书馆及文献信息机构的资源优势,通过浏览、检索、借阅、复制、光盘刻录、网络下载等方式积累。

显然,后者是文献信息积累的主渠道,图书馆是这一渠道的主体。

2.1.2 图书馆的职能

图书馆的职能是在图书馆长期发展过程中形成的,是由其性质决定的。古代图书馆的功能单一,称为藏书楼,其职能以藏为主;现代图书馆是收集、整理、保管和利用文献资料的文化教育机构和学术机构,其性质由重收藏转为重利用,它的职能也就大大扩展了。

1. 文献资源的保存职能

保存人类文化遗产,是图书馆最古老的职能,图书馆也就因此而诞生,所以,这一职能是图书馆其他职能的基础。虽然伴随着社会的进步、文化的发展,记录人类文明行为的载体不断地发生着变化,图书馆保存对象的形式也不断地发生变化,如从最初的龟甲、兽骨、纸草、泥版、竹简、帛书,到近代的印刷型文献,再到现代的电子型文献,只要是人类留下的文化遗产,就应该作为图书馆保存的对象。随着社会的发展,现代图书馆的保存职能,更多地体现在对文献的利用上,即保存的目的在于使用,这是现代图书馆与古代图书馆在这一职能上的重要区别。

2. 文献资源的整序职能

文献资源的生产具有两个明显的特征:一是它的连续性;二是它的无序状态。所谓连续性,是指社会文献资源一旦产生,就不会停止运动,总是源源不断地涌现出来。所谓无序状态,是指文献资源的生产,从个体上看是自觉的、有目的的,而从整体上看则是不自觉的、无目的的。文献资源的分布是分散的、多头的,有时甚至是失控的。社会文献资源的无序状态给使用者带来了极大的不便。为了使人们能够合理、有效、方便地利用文献资源,就需要对文献资源加以整序。图书馆藏书体系和知识系统的建立就是对文献资源整序的过程。如果说文献资源的保存是为了文献资源的使用,那么,文献资源的整序则是为文献资源的传递和利用提供基本保障。

3. 文献资源的传递职能

文献资源的传递职能也称情报传递职能。图书馆中蕴藏着丰富的文献资源,汇集着最新的科研成果,拥有大量的信息源。及时对文献资源整序,迅速而准确地传递情报信息,实现文献资源的价值,是图书馆释放藏书能量的重要步骤和方式。图书馆的工作过程,就是情报的输入、输出过程。它既是文献资源的吸收源,源源不断地吸收大量的知识信息；又是文献资源的发生源，不断地向用户提供经过整序和开发后的情报信息。

4. 社会教育职能

图书馆的社会教育职能体现在以下两个方面。

（1）提供自学场所。学校教育仅仅是培养人才的一种形式，具有一定的局限性。对于离开校门和无缘踏进校门的人来说，图书馆是最好的学习场所。读者可以长期、自由地利用图书馆进行自学。

（2）提供学习资料。图书馆的馆藏文献是人类文明、进步的结晶。通过传递功能，图书馆将自己的馆藏文献介绍给读者，读者通过对馆藏文献的阅读，受到了教育、学到了知识，客观上实现了图书馆的教育功能。尤其在知识高度密集的信息时代，这一职能更显重要。

图书馆是知识的宝库，高校图书馆是大学生的第二课堂，它担负着配合教学课程，辅助教学的重要职能作用。高校图书馆根据学校教学计划、专业设置和课程安排，有目的、有计划地收集各专业、各类别的专著、教材、教学参考书和课外读物，提供给教师和学生参考阅读。高校图书馆不同于一般的公共图书馆，高校图书馆的藏书要符合大学生的阅读需求，要与教学各环节紧密配合，给学生提供广泛、有针对性、内容翔实的各科参考书和工具书，使大学生在课堂上学到的知识得到巩固、提高和延伸。由于科学技术的迅速发展，使各学科出现高度分化和高度综合，学科之间的联系和渗透日益加强，出现了许多边缘学科，交叉学科和综合学科。这些新学科的出现，又进一步促进了学科间的交叉和渗透，使学科之间，不仅是自然学科之间，甚至使自然学科和社会学科之间的联系也日趋紧密。单纯、孤立地按学科传授知识的方式，已不能适应培养高素质人才的需要，也不能适应未来社会对人才的需要。因此，就必须不断拓宽大学生的知识领域，使其掌握广博的知识和技能，对大学生进行全面素质教育，进一步开发大学生的潜能和智力，正是大学生素质教育的重要阵地和第二课堂。

图书馆收藏的书刊中蕴藏着古今中外的文化科学知识，是取之不尽，用之不竭的知识宝库。图书馆的职责就是将知识宝库变成知识喷泉，使大学生在图书馆的知识海洋中遨游，吸取营养，掌握更多的知识，提高自身的文化素养、科学素养和艺术素养，为走向社会打下坚实而广博的知识基础。

5. 开发信息产品职能

随着信息化时代的到来，人们对信息的渴望更加强烈，传统图书馆的服务内容已不能满足人们的需求，因此开发信息产品并发展信息产业已是图书馆所面临的重要课题。

6. 开展网络导航职能

今天，网络已进入普通人的生活，每个人均可以通过网络获取更多的信息。但网络信息浩如烟海，如何帮助读者准确迅速地检查到所需的信息资源，已成为图书馆一项新的重要职能。

2.1.3 图书馆的服务类型及项目

各级各类图书馆的情况不同、条件各异,提供的网上服务也不尽相同,其主要服务如下。

1. 馆藏数据检索

(1) 馆藏书目检索。

现代化图书馆为读者提供文献信息查询的方式不能仅限于手工目录卡片的查询,还应拥有更方便快捷、更全面的检索方式。目前各高校图书馆普遍采用 OPAC(联机公共查询目录)检索方式。下面以北京外国语大学图书馆为例,介绍其查询方法。

① 进入系统。

进入北京外国语大学图书馆主页(http://lib.bfsu.edu.cn),如图 2-1 所示。在主页面即可看到馆藏数据检索,单击"馆藏目录"右边的"检索"按钮,进入 Exlibris OPAC 的检索系统主页。

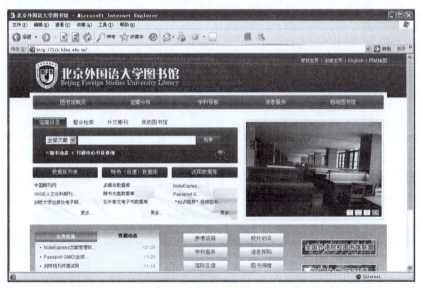

图 2-1 北京外国语大学图书馆主页

② 检索途径及检索方法。

系统提供题名关键词、著者、题名、主题词、出版社、ISBN、ISSN 等不同的检索途径。检索时先确定检索途径,在输入框中输入检索词,单击输入框后的下三角按钮,选择系统排序方式和检索范围,按 Enter 键或单击"检索"按钮即开始检索。

a. 题名关键词检索。

例如,在检索输入框中输入"文化",单击"查询"按钮,检索结果如图 2-2 所示。选择"中文文献",产生如图 2-3 所示的结果。

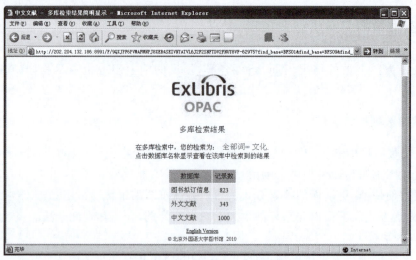

图 2-2　Exlibris OPAC 的检索系统

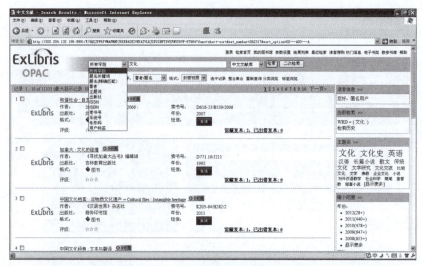

图 2-3　检索"文化"的结果

b. 著者检索。

在图 2-3 中选择"著者"字段,在关键词检索界面上输入著者名"王蒙",单击"二次检索"按钮,即可检索出作者在该数据库中收录的文献信息,如图 2-4 所示。

c. 出版社检索。

例如,选择出版社,在对应的检索栏中输入"清华大学出版社",单击"检索"按钮,即可检索出该出版社在该数据库中的几千条记录,如图 2-5 所示。

d. ISBN 或 ISSN 字段检索。

例如,选择 ISBN,在对应的检索栏中输入该文献的 ISBN,即 978-7-302-26641-9,单击"检索"按钮,即可检索出该 ISBN 在该数据库中仅有的一条记录,如图 2-6 所示。

图 2-4 对"王蒙"的二次检索结果

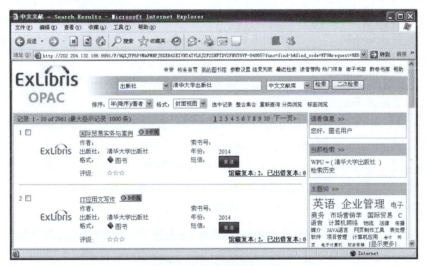

图 2-5 按出版社检索结果

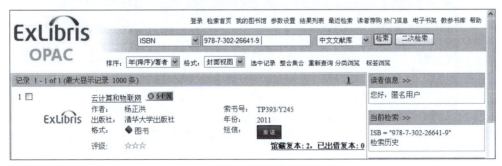

图 2-6 按 ISBN 或 ISSN 字段检索

(2) 读者查询借书信息及办理预约、续借手续。读者可以通过校园网查询本人在图书馆的借书记录,了解借书量、还书日期等,以便及时归还。读者也可以在网上办理预约、续借等手续。

(3) 图书馆购买的数据库资源检索。图书馆购买的数据库是最重要的网上服务项目,也是用户通过校园网利用图书馆资源,获取免费文献信息的主要途径。在图书馆主页单击相应的选项链接,进入数据库检索系统界面。界面将列出所有可供检索的数据库名称,选择想要检索的数据库,即可进入该数据库的检索页面。

一般来说,各高校图书馆购买的数据库都是根据本校专业设置、学科分布及发展规划而购买的书目数据库,数据库都是非常权威以及有实用价值的。如"万方博硕士论文数据库"、维普"中文科技期刊数据库"、CNKI"中国知网数据库"等。不同数据库检索系统的检索途径和检索方法各不相同,用户可以根据系统提示逐步操作,直到获得满意的检索结果。

2. 网络资源信息导航

网络资源信息导航是图书馆结合本馆文献需求,对网上免费资源进行搜集并加工、分类整理,便于用户利用网上资源的组合。图书馆使用较多的导航服务有以下3类。

(1) 搜索引擎导航,它可以帮助用户链接不同的搜索引擎,并通过这些搜索引擎获得需要的信息。

(2) 大学或图书馆导航,它可以帮助用户链接其他大学或图书馆,并通过这些大学或图书馆主页获得所需信息。

(3) 学科资源导航,这些导航系统是对 Internet 上的电子信息进行搜集、整理,形成网上虚拟资源,建立各学科的导航库,如中国科学院国家科学数字图书馆 http://www.csdl.ac.cn/,建立多个学科的导航库,如化学、数学和物理、生命科学、资源与环境科学、图书情报。用户通过浏览和查阅这些资源库,可以最快的速度和最短的时间全面获得有关学科的网上信息,中国科学院国家科学图书馆主页如图2-7所示。

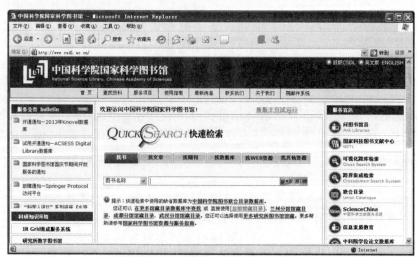

图 2-7 中国科学院国家科学图书馆主页

利用网络资源信息导航可以节省大量的时间,还可以获得意想不到的收获。

3. 参考咨询服务

参考咨询服务主要负责解答读者在利用图书馆过程中产生的各种问题,内容涉及馆藏资源及其利用、文献查找途径及查找中遇到的问题、图书馆的各项服务等,目的在于帮助读者更有效地利用图书馆。

4. 网上电子图书馆、虚拟图书馆资源的使用

图书馆纷纷建立专门的网站,极大地丰富了网络文献信息资源。Internet 上虚拟图书馆正在把越来越多的电子图书馆或数字图书馆连为一体。读者不必亲自到图书馆去,就可以通过 Internet 进入许多图书馆,任意浏览或下载电子文献,获得所需信息,而不再受传统图书馆的空间距离及固定开馆时间的限制。

2.2 图书信息检索

阅读离不开图书,图书是文献最基本的形式,是为了系统传授知识或经验而出版的文献。按图书使用的功能可分为一般图书和参考工具书。工具书是一种依据特定的社会需要,汇集相关的知识或文献资料,为读者迅速提供某方面的基本知识或资料线索,它按特定的体例和检索式编排,专供查资料及检索的工具性图书。按出版形式,除了印刷型外,还包括电子版、网络版等。

获取图书一般有以下 3 种途径。

(1) 通过直接购买或邮购等方式获得所需图书。

(2) 通过向他人或图书收藏单位(包括各类图书馆、文献信息中心等)借阅。

(3) 直接在网上下载(或直接网上阅读)电子图书。

图书文献的相关信息包括以下两方面内容。

(1) 图书出版及内容方面的信息。内容信息包括书名、作者、价格、主题内容等;出版信息包括是否出版、出版社、出版年限、国别等。

(2) 图书收藏方面的信息。收藏信息指文献被何处收藏。

通过上述相关信息检索结果的情况,以此判断图书文献获取与否及获取的方法和途径。无论通过哪种途径索取,首先需要知道图书文献的内容信息,如书名、作者、主题等;出版信息,如出版社、年代、国别等;收藏信息,如文献被何处收藏等,以此来判断图书文献获取与否及获取的方法和途径。

2.2.1 图书信息检索的获取

除少数电子图书,任何一种纸质图书都是由出版社出版,并通过多种途径发行的。随着网络技术的普及,获取图书出版及其内容等信息,可通过以下几个途径。

1) 综合性图书或出版网站

Internet 上有许多专业的图书网站,提供大量与图书相关的信息,如

中国图书导航(http://www.cnbooksx.com/index.html);

中国书网(http://www.sinoshu.com);

中国图书网(http://www.bookchina.com);

阶梯图书网(http://www.jieti.com);

中国图书网总站(http://www.bookschina.com);

中国互动出版网(http://www.china-pub.com);

BookWire 书网(http://www.bookwire.com)。

2) 各出版社机构网站

各类大型出版社为宣传自己的产品,都纷纷建立了自己的网站。通过各出版社网站获取该出版社的图书出版信息,以及一些出版图书的内容等相关的其他信息,如"最新书目""购书指南"等。著名的出版社网站有:

高等教育出版社(http://www.hep.edu.cn/);

电子工业出版社(http://www.phei.com.cn/);

清华大学出版社(http://www.tup.tsinghua.edu.cn/);

机械工业出版社(http://www.cmpbook.com/)。

3) 网上书店

图书是一种特殊的商品,在网上也可以进行购书活动。如

卓越亚马逊网上书店(http://www.amazon.cn);

当当网上书店(http://www.dangdang.com);

上海书城(http://www.bookmall.com.cn);

阶梯图书网(http://www.jieti.com)。

登录这些网站可以获取各类图书的书目信息、图书的详细信息,以及许多的增值服务信息,如畅销书排行榜、网上订购、新书目推荐等。

4) 搜索引擎

可采取两种方式:

第一种方式,利用搜索引擎查询网上出版社或网上书店的网址信息。如查找"建筑类"图书,可选择"建筑工业出版社"或"中国图书网"网址,登录该网站查找该类或某一特定图书的相关信息。

第二种方式,利用搜索引擎可以直接查找图书。可直接在搜索引擎的搜索框中输入这些已知信息,然后检索,或利用搜索引擎的图书特殊搜索功能。

2.2.2 图书信息检索的查询

现在图书收藏信息主要是通过查询各图书馆的书刊目录检索系统,即公共联机书目查询系统(Online Public Access System,OPAC)获取的。它是利用计算机终端来查询图书馆馆藏数据信息资源的一种现代化检索方式,其特点是:支持布尔逻辑组合检索;提供

多种检索限制;界面友好等,全方位为用户服务。提供检索的字段一般有:文献名称(如书名、期刊名称)、文献索取号、责任者、主题词、收藏地点、ISBN、ISSN等,其中文献索取号和收藏地点是借阅文献的重要依据。

按收录文献的类型,OPAC可分为图书馆联合目录、期刊联合目录、会议文献联合目录等。

按收录文献的语种,OPAC可分为中文图书查询系统、西文图书查询系统、中文期刊查询系统、西文期刊查询系统等。

按文献在馆藏单位的虚实,OPAC可分为馆藏目录查询系统和联合目录查询系统。下面介绍详细的使用方法。

1. 馆藏目录的查询

馆藏目录查询系统反映某个特定图书馆的文献入藏情况,如国家图书馆联机公共目录馆藏查询系统、清华大学图书馆书目数据库、中国科学院文献信息中心联机公共目录等。馆藏目录的检索,实现了Web方式下对图书馆数据库的实时访问,为用户提供更方便快捷的服务,可以从书刊题名、著者、图书分类号等多个检索点,查看本馆图书、期刊的馆藏信息和流通信息等。

下面以国家图书馆的馆藏目录查询为例进行介绍。进入中国国家图书馆(http://www.nlc.gov.cn/)主页,如图2-8所示。

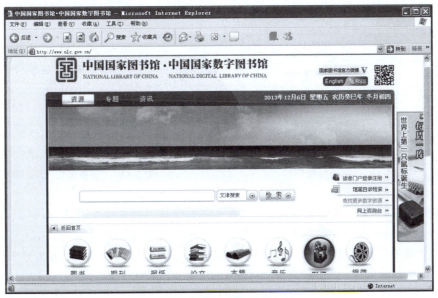

图2-8 中国国家图书馆主页

单击右侧的"馆藏目录检索",直接进入国家图书馆联机公共目录查询系统的简单检索界面,如图2-9所示。

单击"高级检索"进入高级检索界面,如图2-10所示,可实现多字段、多库、组合、通用命令语言、浏览、分类浏览等的选择。单击"更多选项",可以选择正题名、其他题名、著者、

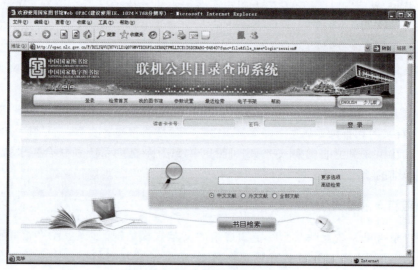

图 2-9　联机公共目录查询系统

主题词、中图分类号、论文专业、ISSN、ISDN 等，如图 2-11 所示。

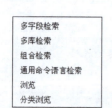

图 2-10　"高级检索"

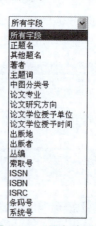

图 2-11　"更多选项"

检索前先选择要查询的数据库，然后根据需要选择不同的检索方式，再根据选择的检索方式所提供的检索字段和限定，选择检索途径（题名和责任者）、匹配方式（是否邻近）等，在一个或多个查询框中输入检索词。高级检索还可以实现对语种、文件类型、出版时间、馆藏地址等的限定，最后单击"确定"按钮，即可显示检索结果。

2. 联合目录的查询

联合目录是共享书目资源的基础，联合目录查询系统反映了许多文献信息服务机构的文献收藏情况，即多个文献信息服务机构馆藏目录（OPAC）的组合，如北京地区联合目录、全国期刊联合目录、CALIS 的联合目录等。联合目录在资源共享、馆际互借、合作编目及合作馆藏发展中具有十分重要的作用。下面以中国高等教育文献保障系统（China Academic

Library & Information System,CALIS)的联合目录查询为例进行介绍。

CALIS 于 1998 年开始建设,是经国务院批准的我国高等教育"211 工程""九五""十五"总体规划中 3 个公共服务体系之一。CALIS 管理中心引进和共建了一系列国内外文献数据库,包括大量的二次文献和全文数据库;采取独立开发与引用消化相结合的方法,主持开发了联机合作编目系统、文献传递与馆际互借系统、统一检索平台、资源注册与调度系统,形成了较为完整的 CALIS 文献信息服务网络。至今参加 CALIS 项目建设和获取服务的成员馆已经有 500 多家,凡是获取 CALIS 服务的成员馆,均享受 CALIS 提供的服务。CALIS 的宗旨是:在教育部的领导下,把国家的投资、现代图书馆理念、先进的技术手段,高校丰富的文献资源等整合起来,建立以中国高等教育数字图书馆为核心的教育文献联合保障体系,实现信息资源共建、共知、共享,以发挥最大的社会效益和经济效益。

操作步骤如下。

(1) 进入 CALIS 联合目录查询系统。

登录 http://opac.calis.edu.cn/,进入联合目录查询系统,该系统提供简单检索、高级检索、古籍四部类目浏览、检索历史等多种检索方式,如图 2-12 所示。

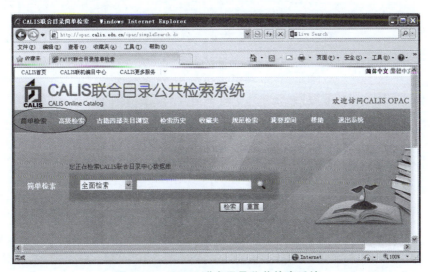

图 2-12　CALIS 联合目录公共检索系统

(2) 选择检索方式及检索途径。

联机目录查询有题名、责任者、主题词、ISBN、ISSN、全面检索、分类号等多种检索途径。根据检索需求,首先选择检索方式,然后根据已知线索选择合适的检索途径。简单检索数据范围包括中文、西文、日文、俄文的所有数据;在界面下方还可以实现地区中心和省中心的选择限定,实现限定性检索。CALIS 不仅可以进行单字段或多字段检索,同时还可以实现截词检索、内容特征、出版时间等的限定性检索。

(3) 在检索框内输入检索词,如果要查找具体某人的著作,可选作者途径,输入要检索的作者的姓名;如果要查找某种文献,可选择分类号途径;如果要查找某特定内容的文献,可选择主题途径;如已知文献名称,可以选择题名途径,输入文献名称。同时,可根据需要进行单字段检索或多字段组合检索,以及各种限定性检索。

（4）输入"数据库",单击"检索"按钮,查看检索结果,系统会在显示器上显示命中记录的题名列表界面,如图2-13所示。单击所要查看的题名,即可显示该文献的详细信息。例如：选择"21天学通SQL Server/秦婧,刘存勇编著",如图2-14所示。

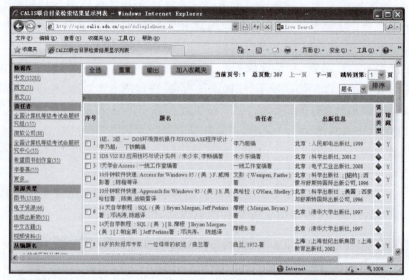

图 2-13　查看检索结果

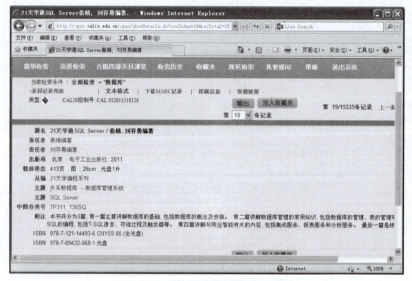

图 2-14　选中记录的具体检索结果

3. 其他途径

1）中国科技图书文献中心数据库

国家科技图书文献中心（NSTL）是根据国务院领导的批示于2000年6月12日组建的一个虚拟的科技文献信息服务机构,目的是面向全国开展科技文献信息服务。其发展目标是成为国内权威的科技文献信息资源收藏和服务中心；现代信息技术应用的示范区；同世界各国著名的科技图书馆交流的窗口。NSTL 网站的网址为 http://www.nstl.gov.cn/，如图 2-15 所示。

图 2-15　国家科技图书文献中心主页

该系统为用户提供了多种类型的文献信息服务，包括文献检索、原文传递、目次浏览、目录查询、热点门户、网络导航、参考咨询、代查代借等信息服务。

2）中国知网

中国知网的网址是 http://www.cnki.net/，提供全文数据库，如图 2-16 所示。数据库提供较多的检索方式，如初级检索、高级检索、专业检索、章节检索、出版社导航等。

图 2-16　中国知网主页

2.3 电子图书检索

电子图书又称 E-book,是指以数字代码方式将图、文、声、像等信息存储在磁、光、电介质上,通过计算机或类似设备使用,并可复制发行的大众传播体。其有电子图书、电子期刊、电子报纸和软件读物等类型,拥有许多与传统书籍不同的或者是传统书籍不具备的特点。

2.3.1 电子图书

1. 电子图书的概念

电子图书是指在计算机上阅读的一种新型的数字化书籍,是继纸质印刷出版物之后出现的一种全新的图书类型,它采用二进制的数字化形式将图书文献的文本存储在计算机可供阅读的磁盘或光盘载体上,在计算机软件的支持下形成电子图书数据库并在线供人们阅读,它是多媒体技术和超文本技术发展的产物。电子图书的文件格式有 EXE、PDF、CEB、PDG、CAJ 等。

2. 电子图书的特点

电子图书是无形的,阅读时需借助有关设备(如计算机、电子图书阅读器等)及相应的软硬件才能完成;电子图书是超文本的,可以包含图片、声音、电影、动画等内容,且支持超文本链接,信息量更加丰富,阅读更加方便;可以任意复制,便于传播和扩散,适合资源共享;有方便快捷的查找功能,可以迅速找到相关的内容,大大提高了资料的检索效率;支持剪切、复制等功能,对信息的利用方便快捷,省时省力,极大地提高了工作效率;不受阅读空间、时间的限制,可任意增删、批注和点评。当然,它也带来了版权保护等问题。

3. 电子图书的类型

电子图书的类型可按以下 3 种不同的标准进行划分。

1) 按内容划分

涉及各个学科,如数学、物理、化学、生物、经济、管理、文学、历史等。总体而言,涉及最多的应该是工具书(如辞典、百科全书等)、文学艺术类图书、计算机类图书等。

2) 按载体划分

主要分为 3 种:一种是光盘电子图书,只能在计算机上单机阅读;二是网络电子图书,可通过互联网访问阅读,包括免费网络电子图书、数字图书馆(电子图书服务系统,如 Net Library、超星等)等;三是便携式电子图书,特指一种存储了电子图书内容的电子阅读器。

3) 按存储的文件格式划分

主要有图像格式和文本/超文本格式:图像格式的电子图书就是把已有的传统纸张

图书扫描到计算机中,以图像格式存储;文本/超文本格式是指基于文本的电子图书,通常将书的内容作为文本,并有相应的应用程序。应用程序会提供华丽的界面、基于内容或主题的检索方式、方便的跳转、书签功能及语音信息等。

4. 电子图书的检索

电子图书的检索包括网上免费的电子图书和基于商业目的制作的电子图书系统。电子图书的检索主要是浏览式,其检索和浏览比较简单。通过访问网站就可对图书目录进行查找,以及通过网站对图书进行浏览。

电子图书一般分光盘电子图书和网络电子图书,检索和阅读光盘电子图书时,需进行本地机安装,网络电子图书直接登录网站进入检索系统。光盘电子图书主要有《中国大百科全书》《世界经典金榜系列》《经济管理图书大全》《中国传世山水名画全集》《中国传世花鸟名画全集》。

2.3.2 数字图书馆系统

数字图书馆(Digital Library)就是以数字形式存储和处理信息的图书馆,是将计算机技术、通信技术、微电子技术等合二为一的信息服务系统。它针对有价值的图像、文本、语音、影视、软件和科学数据等多媒体信息进行收集、组织和规范加工,不冉以纸介质或其他非数字介质为存储载体。它利用现代先进的数字化技术,将图书馆藏文献数字化,通过国际互联网上网服务,供用户随时随地查询,使处在不同地理位置的用户能够方便地利用大量的、分散在不同处存储的信息。只要在有网络的地方,就可以随时随地查询资料,获取信息。通俗地说,数字图书馆是因特网上的图书馆,是没有围墙的图书馆。

"数字图书馆"涉及两个工作内容:一是将纸质图书转化为电子版的数字图书;二是电子版图书的存储、交换、流通。这里重点介绍国内大型和著名的 3 个数字图书系统。

1. 超星数字图书馆

成立于 1993 年的超星数字图书馆,是国家 863 计划中中国数字图书馆示范工程项目,网址为 http://book.chaoxing.com,如图 2-17 所示。其收录年限为 1977 年至今,包括 51 个学科门类,涉及宗教、哲学、社科总论、经典理论、经济学、自然科学总论、计算机等,是全球最大的中文数字图书馆。读者可以通过互联网阅读,也可以将图书下载到用户本地机离线阅读。目前,大多数高校图书馆都购买了超星数字库并建立了镜像,可直接免费阅读和下载。

目前使用的超星数字图书馆,阅览器支持多种格式的电子图书和文档的阅读、下载、打印,还具有图书标签、网页采集、资源整理、E-book 制作、个人图书馆等多种功能。

1) 如何访问超星数字图书馆

访问超星数字图书馆,阅读及下载超星电子图书,可以通过以下两种途径:一是个人(广域网)用户购买超星读书卡,登录公司网站 http://www.ssreader.com/index.asp 访问;二是针对高校等用户,由学校购买数据库使用权供本校师生员工检索使用。超星公司

图 2-17 "超星"主页

以 IP 或用户名方式进行访问控制,同时允许满足条件的用户登录本单位的数据库镜像站点。

2)超星数字图书馆使用步骤

(1)进入方式。

通过网络,用户可直接登录公司主页。

(2)客户端下载。

阅览电子图书须下载并安装专用阅览工具超星阅览器。单击"客户端下载",显示如图 2-18 所示的页面。客户可以选择超星阅览器 Windows 版、超星阅览器 iPad 版、超星阅览器 Android Pad 版等。下载运行一次即可,以后再阅览时,会自动启动浏览器。浏览器的下载和安装可查看首页上方的"使用帮助"文件,或可依照"使用步骤"提示,完成阅览器

图 2-18 超星阅览器

的下载、安装。若新用户需要建立个人书签,则要先注册,以便下次登录后阅读做过书签的图书。

3) 超星数字图书馆电子图书的检索

超星数字图书馆提供图书的分类检索、简单检索和高级检索。

(1) 分类检索:即通过页面左侧的图书分类目录逐级查找图书,在首页左侧的"图书分类目录"栏目,将整个数字图书馆资源按《中图分类法》划分为"哲学""宗教""政治""法律""文学""艺术""综合性图书"等22个类目。在各个类目下又有若干个子类目,用户可以通过逐层浏览类目查找所需的文献资料。

(2) 简单检索:即快速检索,通过页面上方的快速检索工具进行图书查找,它提供图书的书名、作者、主题词检索途径,同时在检索框右侧进行图书检索范围——学科类目的限定,操作简单方便,用户只需在检索输入框下方选择检索途径,输入检索内容,单击"检索"即可。简单检索可实现按图书特定信息的精确检索,而分类检索只能实现按类索书的模糊检索。

(3) 高级检索:即通过页面上方的高级检索工具进行图书查找。

按上述方式选择字段,正确输入检索词,按检索需求选择逻辑组配符,同时还可以实现对图书的多种限定,字段间的逻辑组配限定,对图书出版年限、检索范围,以及检索结果的条目、显示顺序的限定,单击"检索",按检索要求和限定输出检索结果。

4) 超星阅览器功能

(1) 阅读:在上述检索的结果中,单击书名链接,即可自动启动并打开超星阅览器,显示该书的目录页。单击屏幕上方的工具栏或单击鼠标右键,可选择各种供逐页或定位到指定页面进行浏览的功能。

(2) 文字识别:单击"图书"菜单中的"区域选择"按钮,拖动鼠标选择要识别的区域,松开鼠标后即弹出一个对话框,对已识别的文字,用户可以对该识别的内容进行编辑、保存等。

(3) 做读书笔记:单击识别文字图标中的"加入采集",即可将 PDG 格式的文字内容通过 OCR 识别成文本格式,导入笔记本中。

(4) 添加个人书签:单击阅读界面上方的工具条书签图标或展开上方书签的下拉菜单,选择"添加书签"选项,弹出添加书签对话框,单击"确定"按钮即可实现"个人书签添加",同时保存阅读页码,便于下次继续阅读。

(5) 下载电子图书:阅读图书时展开"图书"下拉菜单或单击鼠标右键,在下拉菜单或功能菜单中选择"下载",确定存放路径,单击"确定"按钮,直接下载到所指定的位置,也可通过检索结果列表显示栏,单击"收藏到我的图书馆"链接,根据个人需求新建分类,如"文学""教育"等,以便下载后将电子图书存放到相应类目中。

2. 方正 Apabi 数字图书馆

方正 Apabi 数字图书馆是由北大图书馆和北大方正联合推出的。北大方正提供数字图书馆的软件支持,北大图书馆提供服务。方正 Apabi 数字图书馆提供了 6000 余种中国出版的电子新书,主要包括社会科学、计算机类和精品畅销书籍,学科涉及文学艺术、语言、历史、经济法律、政治、哲学、计算机等多个类别。方正Apabi电子图书制作精良，阅读方便，欢迎广大校园网用户使用。

方正Apabi数字图书馆的使用说明如下。

（1）方正Apabi数字图书馆的访问可以先进入北京大学图书馆，再进入方正Apabi数字，北京大学图书馆的网址为http://www.lib.pku.edu.cn/。

（2）下载方正Apabi阅读器：阅读方正Apabi电子书，需先下载并安装Apabi Reader。

（3）注册：下载并安装了方正Apabi阅读器的用户还需要进行注册，才能正常地阅读方正Apabi的电子图书，注册分为"无密码用户注册"（IP认证）和"有密码用户注册"两种。校园网上的用户一般采取"无密码用户"注册的方式，只要用户的IP是北京大学校园网的合法IP，单击"注册"后即可进行电子图书阅读。校园网之外的用户如需使用方正Apabi电子图书，需向图书馆申请个人用户名和密码，然后在注册时选择"有密码用户注册"，输入图书馆发放的用户名/密码和个人的图书证号、姓名、E-mail等信息即可完成注册。申请密码请联系图书馆技术部。

（4）安装Apabi Reader后，就会立即得到"Apabi Reader使用指南"，请仔细阅读，以便更好地使用Apabi Reader。

（5）每位读者每周最多下载册书为50本，每本书的借期为7天。

3. 上海数字图书馆

1997年启动的上海数字图书馆是上海图书馆馆藏文献数字化建设项目，包括古籍、地方文献、科技报告、中外期刊、音响资料、历史照片等。使用上海数字图书馆资源，需进行免费注册。上海数字图书馆的网址为http://www.library.sh.cn/，如图2-19所示。

图2-19 上海数字图书馆主页

2.3.3　网上虚拟图书馆

图书馆为进一步推进资源共享，纷纷把自己的电子文献上网，并建立了专门的网页，极大地丰富了网络文献信息资源。目前，国内的网上图书馆越来越多，有各大高校、研究机构等，如中国国家图书馆、中国科学院图书馆、清华大学图书馆等；国外网上图书馆有美国国会图书馆、W3 虚拟图书馆和英国国家图书馆——不列颠图书馆等。

虚拟图书馆或称无墙图书馆(Library Without Wall, LWW)，是指用户可通过互联网分享分散在世界各地众多图书馆的实体或虚拟的馆藏资源和服务，形成"无墙的"图书馆群体。故虚拟图书馆并不仅限单一的图书馆，并可同时提供虚拟馆藏资源，以及实体馆藏资源的书目信息。虚拟图书馆也可以是单一的无形图书馆，或为入门站点。这个图书馆或入门站点，创建了一种结合无数的网络电子或数字资源和服务的机制，用户可通过网络远程访问该图书馆提供或汇整的电子或数字资源，或使用该图书馆的服务。

网上免费电子图书的检索方法如下。

1. 用搜索引擎检索

电子图书是网上比较热门的免费电子资源之一，对网络电子图书感兴趣的读者可以免费阅读，利用搜索引擎是一个很好的途径，只要输入一些与图书有关的词汇，如电子图书、网络小说，或直接输入书名等，便可得到较多的相关信息。

2. 用网站上的电子图书目录或链接

用网站上的电子图书目录或链接等可更快捷地获得电子图书信息。可提供电子图书目录或链接的网站有很多，如新浪网(http://www.sina.com)等，就提供了很多中文电子图书的目录。另外，一些大学图书馆、信息机构等文献资源单位也把网络电子图书作为自身网络资源服务的一部分，并花费较大的精力建设这部分资源，这些都是可以好好利用的。

3. 通过网上大量的免费电子图书网站检索

目前，网上的免费电子图书网站越来越多，通过登录下列网站可直接获取免费的电子图书。

(1) 天涯在线书库(http://www.tianyabook.com/)，是一个综合性文学站点，包括古典文学、现代文学、外国文学、网络文学、武侠小说、言情小说等。

(2) 全国文化信息共享平台(http://www.ndcnc.gov.cn/)，提供大量的免费电子图书、免费电子期刊，以及大量的全国文化信息，为全国文化爱好者寻找和访问这些资源提供统一的检索平台。

(3) 亦凡书库(http://www.shuku.net/)，分为畅销书籍、当代小说、现代小说、科幻小说、古典文学、武侠小说、军事文学、外国文学、纪实文学、侦探小说、文学大家、现代诗文、人物传记、儿童文学、电脑科技、社会科学、自然科学、网络文学、英文经典、作家专栏等。

（4）书香中文网（http://www.sxcnw.net/xhtop.html），包括军事小说、魔法奇幻小说、武侠小说、推理灵异小说、科幻小说等。

（5）书生读吧（http://www.du8.com/），大型电子门户网站。

（6）三思藏书架（http://www.oursci.org/lib.htm），科普书籍很多。

（7）诗词专集下载（http://www.sczh.com/scdown.htm），分为常用古诗223首、英汉对照唐诗三百首、先秦、汉朝、魏晋、南北朝、宋朝、元朝、明朝、清朝、近代、现代、当代等。

（8）中华电脑书库（http://www.pcbookcn.com/），分两大类：电脑书籍和电脑文摘。

思考题

（1）图书馆的文献资源有哪些？你是如何利用图书馆文献资源的？

（2）图书馆的类型有哪些？试比较数字图书馆和传统图书馆的不同之处。

（3）图书馆馆藏资源包括哪些纸介质和电子资源？

（4）利用网上虚拟图书馆的馆藏目录检索有关"北京老照片"方面的图书有几种方式？写出该书的在馆信息和馆藏位置。

（5）常用的电子图书有哪些？

第 3 章　期刊信息检索

期刊的概念有广义和狭义之分。广义的期刊是指所有无限期出版下去的连续出版物。狭义的期刊是指年度出版一期(次)以上的定期连续出版物。联合国教科文组织于 1964 年 11 月 19 日在巴黎举行的大会上通过一项折中的关于期刊的定义：凡是用同一标题连续不断(无限期)定期或不定期出版,每年至少出一期(次)以上,每期均有期次、编号或注明日期的称为期刊。中国对期刊概念的最新阐述,参见中华人民共和国新闻出版署于 1988 年 11 月 24 日颁布的"期刊管理暂行规定"第二条,本规定所称的期刊,是指有固定名称,用卷、期或年、月顺序编号,成册的连续出版物。

长期以来,期刊都是以印刷型纸质为载体的。20 世纪 60 年代开始出现电子期刊(E-Journal),并可以通过计算机设备从本地或远程读取、使用。电子期刊包括以光盘、磁盘为载体的电子期刊和网上电子期刊。网上电子期刊是以电子媒介为存储方式,并且基于网络发行、订购、获取和阅读的各种期刊杂志。

3.1　中文期刊信息资源

3.1.1　期刊概述

1. 期刊概念

期刊(Periodical)是指围绕某一专题定期或不定期连续出版的一类出版物。它是记录、传播、保存知识和信息的主要载体之一,是供大众阅读的综合性杂志(Magazine)与供专业人员阅读的刊物(Journal)的总称。在所有的文献资源中,期刊是数量最大的一类,占所有文献资源的 65% 左右。一些最新的研究成果往往发表在期刊上。学术期刊内容比较专深,适合作为科学研究的参考之用,是获取某一学科领域发展动态信息的重要渠道。

期刊全文数据库是文献情报技术、数据库技术、网络技术、数据挖掘技术、网络计算技术不断发展的产物,由于其特有的优势,已逐渐成为人们不可或缺的信息资源。

2. 期刊的特点及类型

期刊的特点：出版周期短,报道文献速度快,时效性强；内容新颖、表现形式丰富,发行及影响面广；期刊数据库具有超文本链接功能,而且期刊容量不受限制；期刊是学术传播的重要工具,是交流学术思想最基本的文献形式,也是利用率最高的文献类型。

期刊的类型：从总体上说,世界各国历来出版的社会科学类期刊的品种和数量均大大超过科技类期刊。

1) 从内容上划分

（1）普及性期刊。

这类期刊为吸引读者,强调知识性和趣味性,一般均图文并茂,印刷和装帧较好,发行量较大,定价较低,畅销量高达数千万份,如中国的《读者》和《百科知识》,美国的《时代》和《读者文摘》等。

（2）学术性或技术性专业刊物。

学术性或技术性专业刊物主要刊载学术论文、研究报告、评论等文章。这类期刊均有特定的内容,以特定的读者为对象。印刷和装帧较严肃,一般不刊登广告。因学术性或技术性专业刊物的专业性很强,所以发行量较小,定价较高（包括学报和会刊等,如《北京大学学报》社会科学版,《历史研究》等）。

（3）情报资料性期刊。

情报资料性期刊通常刊载简短、及时的商情、数据,包括各种"消息""快报""通信"等,如《国外科技动态》。

（4）检索性期刊。

检索性期刊以文献题录和索引为主。因编者对大量资料进行再加工,所以读者对它的重复使用率较高。这类期刊的用户主要是团体单位和图书馆,其发行量很少,定价很高,如中国的《全国报刊索引》和美国的《工程索引年刊》等。

（5）时事政治性期刊。

时事政治性期刊如《瞭望》和《半月谈》等。

2) 从出版周期划分

有周刊、半月刊、月刊、双月刊、季刊和年刊等。

3) 从期刊等级划分

有核心期刊、重要期刊、一般期刊等,其中,国内中文核心期刊有CSSCI（南京大学）,北大中文核心期刊;国外有SCI、EI、SSCI等。

4) 从载体类型划分

有印刷型、电子型、网络型等。

3.1.2 期刊信息检索概述

期刊信息检索,就是运用各种载体形态的信息检索系统（检索工具）,根据课题要求,按照一定的方法、步骤和检索语言,利用各种检索途径,从文献信息集合中查找用户所需要的期刊文献信息的过程。

1. 国内主要期刊信息检索工具

（1）中国知识基础设施工程（CNKI）主项目"中国学术期刊网络出版总库""中国期刊全文数据库"和"中国期刊全文数据库"（世纪期刊）。

（2）重庆维普"中文科技期刊数据库""中文科技期刊引文数据库""中国科技经济新闻数据库"。该数据库收录有中文报纸1000种,中文核心期刊、重要期刊共12 000余种。

（3）中国高等教育文献保障系统（CALIS）的"中文现刊目次数据库"和"全国期刊联合目录数据库"。

（4）中国期刊网。

（5）万方期刊检索数据库。

（6）中国国家科技图书文献中心（NSTL）的期刊数据库。

（7）中国人民大学的"人大报刊复印资料全文数据库"。

2. 国外主要期刊信息检索工具

（1）Elsevier SDOS（Science Direct On Site）期刊全文数据库，是全球最大的出版商——荷兰的 Elsevier Science 公司出版的完全基于 Web 的期刊全文数据库。

（2）IEL（IEEE/IEE Electronic Library）电子全文数字信息系统，是美国电工电子工程师学会（Institute of Electrical and Electronics Engineers，IEEE）和英国电气工程师学会（Institution of Electrical Engineers，IEE）出版的电子全文信息系统，包括 IEL 自 1988 年以来出版的 120 多种期刊（IEEE Journals、IEE Journals）、600 多种会议论文集（IEEE Conference Proceedingls、IEE Conference Proceedings）及 900 种 IEEE 工业标准（IEEE Standards）电子全文资料。

（3）SpringerLink 全文期刊检索数据库，是世界上著名的德国施普林格（Springer-Verlag）科技出版集团，通过 SpringerLink 系统提供的期刊全文数据库和电子图书在线服务。

（4）Kluwer 期刊全文数据库，是具有国际声誉的荷兰 Kluwer Academic Publisher 学术出版商出版的，Kluwer Online 是 Kluwer 出版的 600 余种期刊的网络版，专门基于互联网提供 Kluwer 期刊全文数据库的查询、阅览服务。

（5）EBSCOhost 全文数据库，是由美国 EBSCO 公司出版的，两个最主要的全文数据库为学术期刊数据库（Academic Search Premier，ASP）和商业资源数据库（Business Source Premier，BSP）。

3.1.3 中文科技期刊信息检索系统介绍

1. CNKI

CNKI（China National Knowledge Infrastructure）是中国知识基础设施工程的简称，也称为"中国知网"，由清华大学、同方光盘股份有限公司、中国学术期刊网（光盘版）电子杂志社、光盘国家研究中心、中国科学文献计量评价研究中心和 CNKI 知识网络服务集团主办，于 1999 年 6 月启动并开展服务。2003 年 10 月正式启动建设"中国知识资源总库"及 CNKI 网络资源共享平台，实现了对全国各类知识资源的跨库、跨平台、跨地域的一站式检索。它的数据库主要有"中国期刊全文数据库"（CJFD）、"中国重要报纸全文数据库"（CCND）、"中国优秀博硕士学位论文全文数据库"（CDMD）、"中国重要会议论文全文数据库"（CPCD）、"中国基础教育知识仓库"（CFED）、"中国医院知识仓库"（CHKD）、"中国期刊题录数据库"（免费）、"中国专利数据库"（免费）等。2007年12月，中国知网进行了全新改版，推出数字出版平台，以及个性化的增值服务——个人/机构数字图书馆。

CNKI也称"中国知识资源总库"，目前收录的资源包括期刊、博硕士论文、会议论文、报纸等学术与专业资料；内容覆盖自然科学、社会科学、工程技术、农业、医学、哲学等各个学科领域。数据每日更新，支持跨库检索和单库检索。文献总量达8000万篇，根据用户需求打造出"中国学术文献网络出版总库"和"中国学术期刊网络出版总库"，并实现对收录资源——期刊论文等1000多种数据库的统一导航。资源涵盖基础科学、工程科技、农业科技、医药卫生科技、哲学与人文科学、社会科学、信息科技、经济与管理科学。用户可按专题库访问或订购资源，其主要数据库介绍如下。

"中国学术文献网络出版总库"：该库收录了1915年至今国内出版的18 516种学术刊物，其中核心期刊、重要评价性数据库来源期刊2460种，其他期刊4182种。期刊文献互联网的出版时间平均不迟于纸质期刊出版之后的两个月。每日更新五万多篇。

"中国学术期刊网络出版总库"：该库是目前世界上最大的连续动态更新的中国学术期刊全文数据库，以学术、技术、政策为指导，以高等科普及教育类期刊为主，内容涉及自然科学、工程科技、农业、哲学、医学、人文社会科学等各个领域，收录国内出版的近8200种学术期刊，学术期刊文献总量累计约2552万篇。其中核心期刊、重要评价性数据库来源期刊3000余种。产品也分十大专辑，十大专辑下分为168个专题文献数据库。收录文献期限为1915年至今。出版时间平均不迟于纸质期刊出版之后的两个月。

"中国期刊全文数据库"：该库收录了1994年至今9175多种期刊的全文文献，收全率超过99％；按学科分为168个专题，现有文献3000余万余篇，每日更新，日新增文献一万多篇。

"中国期刊全文数据库"：该期刊收录了回溯1979—1993年的4195种期刊，部分期刊回溯至创刊，最早回溯至1887年。按学科分为168个专题，现有文献数百万篇。

"中国优秀博士学位论文全文数据库"：该库收录了1999年至今420个博硕士培养单位的学位论文，现有论文十万余篇，每日更新。

"中国优秀硕士学位论文全文数据库"：该库收录了1999年至今652个博硕士培养单位的学位论文，现有论文近百万篇，每日更新。

"中国重要报纸全文数据库"：该库收录了2000年至今700多种重要报纸，现有文章近一千万篇，每日更新，年更新120万篇左右。

"中国重要会议论文全文数据库"：该库收录了2000年至今1220多家学术团体的会议论文一千余万篇，每日更新。

"中国年鉴全文数据库"：该库收录了1912年至今1100种国内中央、地方、行业和企业等各类年鉴的全文文献，内容覆盖基本国情、地理历史、政治、军事、外交、法律、经济、科学技术、教育、文化体育事业、医疗卫生、社会生活、人物、统计资料、文件标准语法律法规等各个领域。

目前，许多高校以不同的方式购买"中国期刊全文数据库"或不同的学科专辑。

2. 维普中文科技期刊

中文科技期刊数据库是由重庆维普资讯公司制作并提供服务的。它是我国最早进行数据加工出版的单位之一。该公司有"中文科技期刊全文数据库""中文科技期刊引文数据库""外文科技期刊数据库"（文摘版）"中国科技经济新闻数据库"等数据库产品。

收录范围：中文期刊12 000余种，含中文核心期刊1810种，中文报纸1000种、外文期刊5000种，内容涵盖自然科学、工程技术、农业、医药、经济管理、教育科学及图书情报学等学科。

特点：收录范围广、数据容量大、著录标准全、全文服务快等，目前已成为我国科技查新、高等教育、科学研究等单位必不可少的重要信息来源。

全文版和文摘版，是查找期刊文献的主要信息源。

维普中文科技期刊主要收录以下4种数据库。

1)"中文科技期刊全文数据库"

"中文科技期刊全文数据库"包含全文版、文摘版、引文版。该数据库收录自1989年以来国内公开出版的12 000余种期刊，其中含中文核心期刊1810种。至2008年8月，全文数据量达2 300余万篇，引文达3000余万条。按学科分为社会科学、自然科学、工程技术、农业科学、医药卫生、经济管理、教育科学、图书情报8个学科专辑36个专题。目前许多高校图书馆通过集团订购或网上专题订购等不同方式订购了"中文科技期刊全文数据库"，以镜像或远程登录方式，获取所需要的原文。

2)"中文科技期刊引文数据库"

数据以文摘版"中文科技期刊全文数据库"为依据，收录自1989年以来公开出版的科技类期刊5000多种，其中包括"中文核心期刊要目总览"核心期刊1810余种，是目前国内检索期刊种类最多的引文数据库。其按学科分为社会科学、自然科学、工程技术、农业科学、医药卫生、经济管理、教育科学、图书情报8个学科专辑。该数据库可查询论著引用与被引用的情况、机构发文量、国家重点实验室和部门开放实验室发文量、科技期刊被引情况等，是科技文献检索、文献量研究和科学活动定量分析评价的有力工具。

3)"外文科技期刊数据库"

文摘版"外文科技期刊数据库"提供1992年以来世界上30多个国家的12 000余种期刊，800多万条外文文献。文献以英文为主，数据每周更新，联合了国内20多个著名图书情报机构提供方便快捷的原文传递服务。其按学科分为自然科学、农业科学、医药卫生、工程技术、经济管理、教育科学和图书情报7个学科专辑。

4)"中国科技经济新闻数据库"

"中国科技经济新闻数据库"即维普行业剪报数据库，数据信息选自国内400多种重要报纸和12 000多种科技期刊。它按学科分为经济、农业、工业、工业A、工业B、工业C、商业、医药、科研9个专辑，内容包括各行各业的新产品、新技术、新动态和新法规的资讯报道。

3. 万方数据资源系统

万方数据资源系统是以中国科技信息研究所(即万方数据集团公司)的全部信息资源为依托建立起来的,是国内第一家以信息服务为核心的股份制高新技术企业,是在互联网领域集信息资源产品、信息增值服务和信息处理方案为一体的综合信息服务,旨在为广大高等院校、科研单位、图书信息机构、企业和个人提供权威、综合、便捷、高效的科技、商务信息检索查询服务。万方数据资源系统包括"中国学位论文全文数据库""中国学术会议论文全文数据库"(中文、英文版)"中国数字化期刊群""中国专利数据库""中国国家标准全文数据库""外文文献数据库""科技信息子系统"等120多个数据库,内容涵盖自然科学、社会科学、商务信息等各个领域。

2008年,万方数据知识服务平台全面升级。升级后的万方数据知识服务平台,检索更方便、服务更专业,界面提供各种功能区。

界面导航区:用户可以根据自己的需要选择相应的界面浏览或检索信息。比如,用户可以在导航栏选择学术期刊进入学术期刊的浏览和导航页面。

资源检索区:汇集学术论文、专利、标准、成果、法规等万方主要文献资源的检索,界面提供简单检索、分类检索及高级检索。

资源更新区:单击"资源更新"按钮区的各个数据库名进入相应的数据库页面实现单库检索。单击"更新"按钮,可以进入资源更新页面,了解更多数据库的资源更新信息。

科技动态区:位于界面底部,显示最新科技动态信息。通过单击科技动态区的各个文献标题了解其详细内容。单击"更多"按钮,进入科技动态页面了解更多的科技动态信息。

专题区:位于界面左侧,显示专题分类。单击各类专题按钮进入专题分类页面。例如,单击"体育"按钮,进入体育专题页面,在专题页面单击分类,如单击"排球"按钮,进入与体育项目"排球"相关的论文检索结果页面。

4. CALIS

CALIS是一个经国务院批准的,以中国高等教育数字图书馆为核心的中国高等教育文献保障体系,宗旨是为中国的高等教育服务。CALIS是一个三级联合文献信息保障体系,即全国性的专业文献信息服务中心→地区性的文献信息服务中心→211工程的重点院校图书馆,既是CALIS的终极保障基地,又是CALIS资源共享的骨干力量,更是CALIS提供文献信息服务的基层组织。通过CALIS的"中文现刊目次数据库"和"全国期刊联合目录数据库"可实现期刊文献信息的查询。

1) CALIS的主要服务内容

(1) 信息检索:指通过CALIS引进或自建的数据库,在网上提供检索服务。CALIS成员馆的用户可以根据需要,自己在网上检索这些数据库的信息资源,以及电子版全文。成员馆的用户或一般用户均可以利用联合目录数据库了解所需文献在成员馆的入藏情况,为进行馆际互借或文献传递奠定基础。

(2) 馆际互借:指对于本馆没有的文献,在本馆用户需要时,根据CALIS统一的制度、协议和办法,从其他有收藏的成员馆获取;反之,在其他成员馆用户提出需求时,也会将本馆收藏的文献借给对方。

(3) 文献传递:指对于本馆没有的文献,如期刊论文、学位论文等,在本馆用户需要时,根据 CALIS 统一的制度、协议和办法,从其他有收藏的成员馆获取;反之,在其他成员馆用户提出需求时,也会将本馆收藏的文献借给对方。传递方式有传真、电子邮件、邮寄等。

(4) 学科导航:指以学科为单元对网上的相关学术资源进行搜集、组织,使之有序化,并对其内容进行揭示,建立分类目录式资源组织体系,动态链接学科资源数据库和检索平台,为用户提供网上学科信息资源引导和检索线索的导航系统。目前已建成 265 个学科导航系统,其学科涵盖社会科学 75 个学科和自然科学 190 个学科的各个领域。

2) CALIS 数据库资源

CALIS 数据库资源主要包括两大部分:英文资源和中文资源,有以下几种。

(1) CALIS 的特色数据库。各成员馆根据本馆收藏的文献特色而建立的数据库。

(2) 中文现刊目次库。该库收录了 CALIS 成员馆收藏的国内出版的中文学术期刊,到目前为止收录期刊 5500 种,拥有期刊目次(或文摘)200 万条,内容涉及社会科学和自然科学的全部学科。CALIS 成员馆的用户可通过 IP 登录免费使用。

(3) 全国期刊联合目录数据库。该库收录了全国 300 多家文献信息服务机构(中国科学院系统、中国社会科学院系统、解放军卫生系统、科研系统、211 工程院校图书馆和公共图书馆系统)收藏的中、西、日、俄各语种期刊十万余种,内容涉及理、工、农、林、医、军事和社会科学领域。

(4) 高校学位论文数据库。收录了 211 工程 61 所高校的学位论文。

(5) 高等院校会议论文库。收录了国内大学每年召开的国际性学术会议文献。

(6) 联合目录数据库。收录了若干个国内收藏丰富的图书馆馆藏文献。

3.2 中文期刊数据库检索系统

3.2.1 中国期刊全文数据库

中国期刊全文数据库是目前世界上最大、连续动态更新的中国期刊全文数据库之一,收录国内近万种重要期刊,以学术、技术、政策指导、高等科普及教育类刊物为主,同时收录部分基础教育、大众科普和文艺作品类刊物。

1. 数据库的检索

1) 进入方式

对于学校用户,可以先进入本校的图书馆首页,一般从电子资源列表中选择"中国知网数字图书馆——中国期刊网全文数据库"链接或者直接登录"中国期刊全文数据库"网址 http://www.cnki.net/,进入其主页,如图 3-1 所示。

第一次使用 CNKI 时,往往需要下载并安装 CAJ 阅览器,才能看到文献的全文。

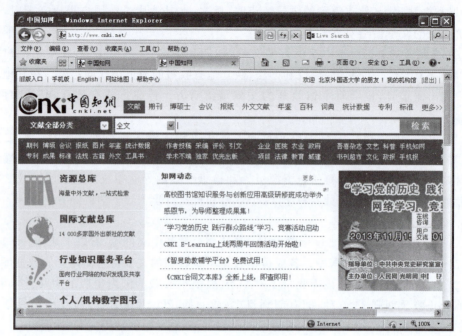

图 3-1　CNKI 主页

CNKI 的所有文献都提供 CAJ 文件格式,期刊、论文、报纸、会议论文等文献同时还提供 PDF 文件格式,推荐使用 CAJ 阅览器,其速度更快,针对学术文献的各种扩展功能更强,单击首页上方的"下载浏览器"按钮,下载后运行软件包,根据提示进行相应选择并安装浏览器。

2) 数据库检索方法

CNKI 除了提供传统的检索与导航(浏览)方式外,还对每一个检索后选中的文献做了丰富的链接,包括参考文献、引用文献、相似文献、读者推荐文献等,便于作者对该篇文章的来龙去脉有全面的了解。

分类检索是 CNKI 的特点。该数据库检索系统主页面的左方,提供了学科总目录、学科分类导航树。全部期刊按照学科划分为 10 个专辑,每个专辑又分三级子目录。在检索时可层层单击分类,逐步缩小主题,从最后一级类目下就可以看到该主题对应的具体文章的题名列表。例如:检索"软件测试"方面的文献。利用学科目录:计算机科学与技术→软件工程→软件测试,可以直接检索出其中与软件测试相关的文章。这种方式可以帮助用户查询到某一学科领域的所有文献,层次清晰,方便快捷。

(1) 简单检索方法。

简单检索方法,就是首先选择"期刊",其次输入要检索的信息,最后按 Enter 键。

例如,输入"信息技术",单击"检索"(或按 Enter 键),屏幕显示如图 3-2 所示的结果。

CNKI 检索出 3 994 080 个检索结果,这时候用户可以进一步检索,可以选择图 3-2 中的来源数据库、学科、发表年度、作者、机构、基金等,检索出的内容可以按主题、发表时间、被引、下载等排序。

图 3-2 "信息技术"的检索结果

(2) 高级检索。

在"中国期刊全文数据库"检索界面,选择"高级检索",进入高级检索页面,如图 3-3 所示。高级检索可实现多字段的复合检索,即根据检索需要首先选择要查询的专辑,分别选择系统给出的可检字段,在相应的检索框中输入检索词或词组,选择并确定各检索词之间的逻辑关系:"并且"(AND)、"或者"(OR)及"不包含"(NOT),同时还可对检索时间、检索期刊和检索结果的排序方式进行限定。最后单击"检索"按钮即可输出检索结果。

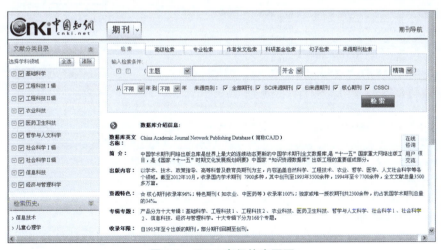

图 3-3 CNKI 高级检索页面

(3) 二次检索。

无论是初级检索还是高级检索,都可以根据检索结果进行二次检索。此系统可以连续操作,直到检出满意的结果为止。

具体的检索步骤如下。

① 选择检索范围。在上述检索系统界面右侧目录导航工具条中选择"全选"或选择某一专辑或子目录均可。

② 选择检索字段、检索起始年代、排序方式等检索条件。检索起始年代默认1979年至检索年。排序有相关度、时间、无序3种方式。提供的检索字段有主题、篇名、全文、关键词、作者、刊名等内容。

③ 在检索输入框中输入检索词。

④ 单击"检索"按钮即可显示检索结果。

例:欲查询2010—2012年以来发表的有关"信息技术"方面的文献。

① 选择检索途径为"篇名"。

② 时间范围选择"2010年1月1日~2012年12月31日"。

③ 输入检索词"信息技术",来源期刊范围选择"全部",支持基金选择"国家自然科学基金"。

④ 单击"检索",可查到满足条件的记录76篇,检索结果如图3-4所示。

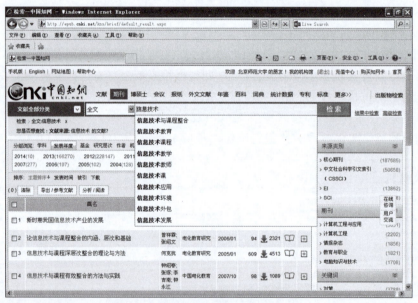

图3-4 "信息技术"的高级检索结果

例如:查找2010年以来在我国发表的有关"黑客技术"方面的相关文献,可得检索结果219篇,如图3-5所示。

检索结果以篇名列表的形式逐条显示。列表中的每条信息包括每篇论文的篇名、刊名、作者、时间等。

2. 检索结果及原文阅读

当需要原文阅读时,单击每条检索结果前的方框,可对每条记录进行标记。单击"全

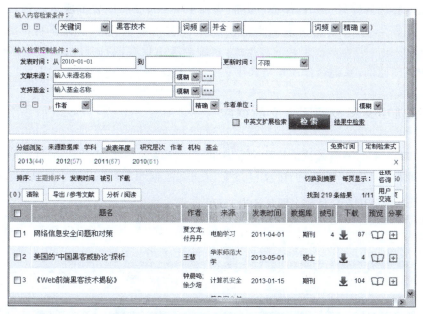

图 3-5 2010 年"黑客技术"的搜索结果

选"实现对整页全部记录的标记,单击"清除"清除已标记的记录,单击"存盘"对标记过的记录以"引文"、RefWork、EndNote、NoteExpress、"查新"等文献输出格式进行存储、打印,这样可以在很大程度上方便用户使用。

例如,在图 3-5 的结果中选择《Web 安全渗透测试研究》,即可了解该文章的详细信息,如图 3-6 所示。

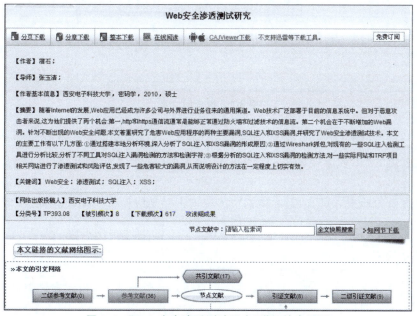

图 3-6 "Web 安全渗透测试研究"详细输出页面

信息内容包括篇名、作者、文摘、刊名、英文刊名等，没有摘要的则显示原文的前 300 字。如需查看全文，可单击检索结果页面上方任意一种格式的原文下载（CAJ 下载或 PDF 下载）按钮。若为本校定购的数据库，系统会提示保存或打开原文，根据需要做相应选择。若为广域网，系统会提示账号和密码登录，登录后方可进行原文的下载。

3.2.2　维普中文科技期刊全文数据库

根据 1998 年由中国科技信息研究所和北京大学等单位组织的"我国科技电子信息资源的开发和研究"结果，维普的"中文科技期刊全文数据库"是使用频率最高、收录种类最多的中文期刊数据库。

下面以"中文科技期刊全文数据库"为例，介绍该数据库的使用方法。用户进入公司主页 http://www.cqvip.com/，如图 3-7 所示。

图 3-7　维普网主页

通过主页提供的标题、关键字、高级检索、作者、机构和刊名等方式实施检索；也可单击主页左上角的"专业版"按钮进入专业检索首页。进入"专业版"检索首页，如图 3-8 所示。

维普提供的检索方式有"基本检索""传统检索""高级检索""期刊导航"和"检索历史" 5 种检索方式。

1. 基本检索

用户在维普主页或数据库专业检索首页直接选择检索入口，在搜索栏中输入检索词，单击"搜索"按钮即可。此种检索方法适用于对数据库特点不甚了解的新用户。此界面无任何条件限制，方便、快捷，其检索步骤如下。

图 3-8　维普网专业版网页

1) 选择检索入口

快速检索提供题名或关键词、文摘、作者、机构、刊名、参考文献、作者简介、基金资助、栏目信息、任意字段等检索入口。检索者可根据自己的实际需求选择检索入口。

2) 输入检索式

快速检索的表达式输入类似于搜索引擎,选择检索入口,直接输入需要查找的检索词,单击"搜索"按钮即可实现检索。

例如,"时间"选择为 1989 年至 2013 年,"范围"选择"核心期刊","学科"为全部。在检索框中输入关键词"数据库",同时选择"与",在"刊名"后的文本框中输入"清华大学学报",单击"检索"输出检索结果,如图 3-9 所示,检索到 26 篇相关论文。在检索结果进行二次检索可以实现复杂检索,大大缩小检索范围。

这里用到了复合检索中的"与"。复合检索模式就是根据检索需求按布尔运算的规则书写,该数据库支持布尔检索,检索算符的对应关系为与、或、非。

2. 传统检索

在专业检索界面,单击"传统检索"按钮,即可进入传统检索界面,如图 3-10 所示。

其检索步骤如下。

1) 选择检索入口

传统检索提供的检索入口与快速检索相同,也提供题名或关键词、题名、关键词、文摘、作者、机构、刊名、参考文献、作者简介、基金资助、栏目信息、任意字段 12 个检索入口,

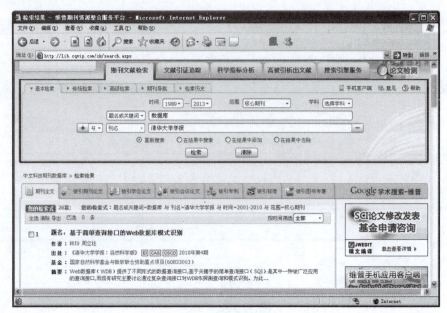

图 3-9　基本检索

检索者可根据自己的实际需求选择检索入口,输入检索式进行检索。

2) 限定检索范围

可进行学科类别、数据年限、期刊范围、同义词、同名作者的限定,具体介绍如下。

学科类别限制为分类导航系统,是参考《中国图书馆分类法》(第4版)进行分类的,每个学科分类都可以按树状结构展开,利用导航可缩小检索范围,进而提高查准率和查询速度。

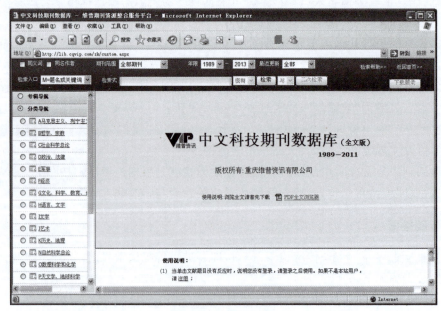

图 3-10　传统检索

数据年限限制根据收录年限从1989年至2011年,检索者可以自行选择所需文献的年限,如可以在检索框中选择"1989—2011"。

期刊范围限定,包括全部期刊、核心期刊和重要期刊3种,系统默认状态为全部期刊,检索者也可以根据需要选择。

同义词的限定为同义词库功能,只有在选择了关键词检索入口时才生效,系统默认状态为关闭,选中即打开。

例如,输入关键词"计算机"检索时,会提示"电脑"等是否同时选中作为检索条件,从而可提高检索的查全率。

同名作者限定为同名作者库功能,与同义词库功能类似,默认关闭,选中即打开。只有在选择作者、第一作者作为检索入口时该限定才生效。

3) 输入检索式和复合检索

简单检索直接输入检索词,单击"搜索"按钮,即可实现相应的检索。复合检索有两种实现方式:直接输入复合检索式;利用"二次检索"功能(即在第一次检索结果的基础上再次检索)。

3. 高级检索

选择"高级检索",即可进入高级检索页面,如图3-11所示。

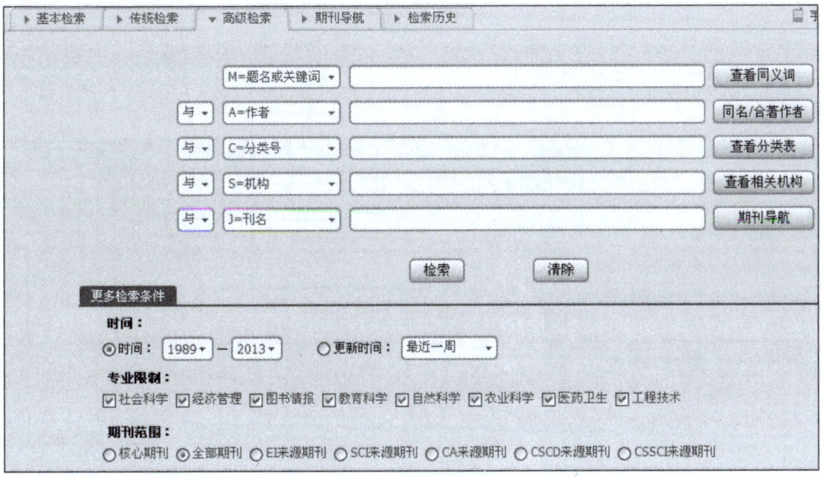

图3-11 高级检索

高级检索可以严格对检索条件进行限制,可以实现期刊文献标题/关键词、刊名、分类号、作者、第一作者、机构、文摘等的逻辑"与""或""非"的组配,也可实现对同一字段不同概念的"与""或""非"的组合检索,以扩大或缩小检索范围,满足对文献检索的复杂需求。高级检索提供向导式检索和直接输入检索式检索两种方式。

4. 期刊导航

通过单击"中文科技期刊数据库"分类检索界面上方的"期刊导航"或传统检索界面分

类导航浏览系统下方的"期刊导航",即可进入期刊检索页面,如图3-12所示。

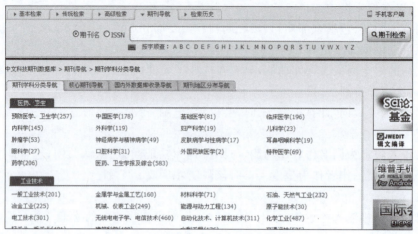

图 3-12　期刊导航

提供利用期刊名或 ISSN 的整刊检索。在输入框中输入期刊名或 ISSN,单击"期刊搜索"按钮,进入期刊名列表页,然后单击所需期刊名即可进入期刊内容页。

例如:单击 ISSN,输入 1006-4052,结果为期刊《电脑编程技巧与维护》,如图 3-13 所示。

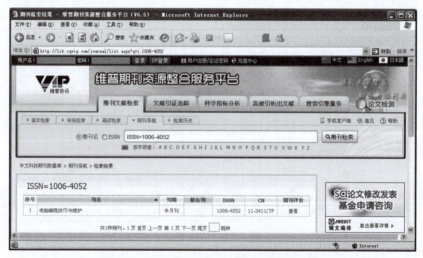

图 3-13　ISSN＝1006-4052 的期刊导航结果

使用者也可以使用分类检索途径。上述两种整刊检索界面上都有医药卫生、工业技术、自然科学、社会科学等不同学科分类的检索,检索者可以根据学科分类查找需要的期刊。单击下面的学科分类,即可列出该学科分类下所有期刊的刊名。

5. 检索历史

维普资讯网的第五种检索方法,即检索历史。

维普资讯网目前提供的原文献为 PDF 格式,阅读 PDF 文件需要安装 Adobe Reader。目前 Adobe Reader 有多种版本。可以从很多网站上免费下载,维普资讯网也提供 Adobe Reader 的下载链接。选择期刊《电脑编程技巧与维护》中的 2013 年第一期的一篇论文《超级计算机技术创造虚拟大脑》,如图 3-14 所示,从中可以看到"下载全文"图标,单击图标可以下载全文并通过 Adobe Reader 阅读。

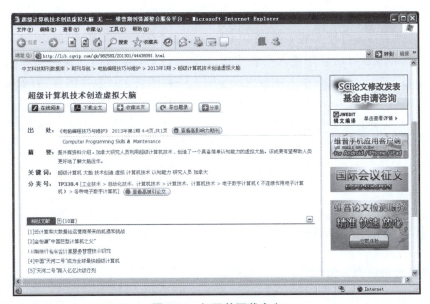

图 3-14 打开并下载全文

下面以 AdobeReader 为例来介绍其各项使用功能。

1) 打开 PDF 文档的两种方式

(1) 直接在数据库中打开

单击"下载全文"按钮,弹出一对话框,单击"单击此处开始下载"按钮,在弹出的对话框中选择"打开"即可。也可选择"保存"按钮便于以后阅读。

(2) 在阅读器中打开

首先选择"文件"→"打开"命令,然后选择需要阅读的以.pdf 为扩展名的 PDF 文件,最后单击"打开"按钮即可打开全文。

2) 编辑 PDF 文档

使用 Adobe Reader 可以选择 Adobe PDF 文档中的文本、表、图像和图形,将其复制到剪贴板,或将其粘贴到其他应用程序中的文档。

(1) 复制和粘贴文本

选择工具栏中的"编辑"下拉菜单中的"复制文件到剪贴板",或工具栏中的"工具"下拉菜单中的"选择和缩放"→"选择工具",均可用于选择 Adobe PDF 文档中的文本或文本块,通过"复制""粘贴"命令将选定的文本复制到剪贴板或其他应用程序。维普资讯网站采用 PDF 双层扫描模式,所以可以很轻松地将文字从 PDF 中分离出来。

(2) 复制图像

使用工具栏上方"工具"下拉菜单中的"选择和缩放"→"快照"工具,可以将选框中的内容(文本、图形或图文对象)复制到剪贴板或其他应用程序。文本和图像都作为图像被复制。

3) PDF 文档的搜索

使用"搜索 PDF"窗口可以查找当前 PDF 文档中的文字、短语或句子。

首先选择或打开要搜索的文档,在工具栏上选择"编辑"菜单下的"搜索"功能,或用快捷键,在弹出的搜索对话框中输入要搜索的文字或句子。然后用选择选项来限定搜索:"区分大小写"表示仅搜索与输入内容大小写完全一致的文字;"包括书签"表示仅搜索"书签"窗格和文档中的文本。在"书签"窗格中搜索到的内容显示在列表中的上半部分,并使用不同的符号区分在文档中搜索到的内容;"包括注释"表示搜索"注释"中的文本和文档中的文本。在"注释"文本中搜索到的内容包含注释图标、搜索文字及上下文文字,并在搜索列表中列出。选项确定后单击"搜索"按钮,搜索结果按页面顺序与搜索结果关联的上下文内容显示。

3.2.3 万方数据资源系统

1. 万方数据资源介绍

万方数据信息资源系统包括中国学位论文全文数据库、中国学术会议论文全文数据库(中文版)、中国数字化期刊群、中国学术会议论文全文数据库(英文版)、中国国家标准全文数据库等 120 多个数据库,内容涉及自然科学、社会科学、商务信息等各个领域。

万方数据既可以进行单库、跨库检索,也可以在所有数据库中检索,还可以按行业检索。下面以期刊论文检索为例,介绍数据库的使用方法。

2. 数据库的使用步骤及方法

万方数据知识服务平台主页(http://www.wanfangdata.com.cn/)如图 3-15 所示。

首页检索框上方列出了可检索的文献类型,主要包括学术论文、期刊、学位论文、会议、专利、标准、成果、法规等。选择"期刊"或单击界面导航区和资源更新区的"学术期刊"按钮,进入期刊论文的单库检索。

阅读器下载:由于在万方数据知识服务平台中的全文信息绝大多数是以 PDF 格式提供的,因此用户在阅读、下载此类全文时,应事先下载、安装 PDF 专业阅读软件 Adobe Reader。

1) 期刊检索

单击资源检索区上方的"期刊"按钮进入期刊检索页面,如图 3-16 所示。输入检索内容后,可以单击"检索论文",也可以单击"检索刊名"。

图 3-15 万方数据知识服务平台主页

图 3-16 "期刊"检索界面

2) 学位检索

单击资源检索区上方的"学位"按钮进入"学位"检索页面,如图 3-17 所示。输入检索内容后,单击"检索"按钮即可。

"学位"检索也可以分层次检索,例如,选择"教育学",再选择"高等教育学",如图 3-18 所示。"学位"检索结果如图 3-19 所示。

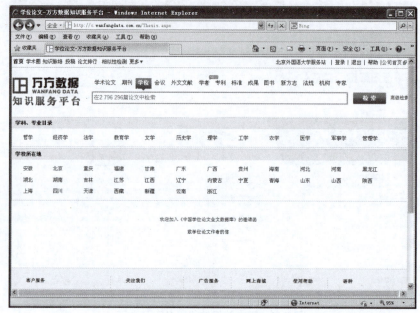

图 3-17 "学位"检索页面

```
【教育学】
    教育学原理         课程与教学论        教育史
    比较教育学         学前教育学         高等教育学
    成人教育学         职业技术教育学       特殊教育学
    教育技术学
【心理学】
    基础心理学         发展与教育心理学     应用心理学
【体育学】
    体育人文社会学       运动人体科学        体育教育训练学
    民族传统体育学
```

图 3-18 "学位"分层次检索

3）会议检索

单击资源检索区上方的"会议"按钮进入"会议"检索页面，如图 3-20 所示。输入检索内容后，单击"检索"按钮即可。也可以选择"学术会议分类"或"会议主办单位"进行检索。

4）高级检索

单击检索界面中检索框右侧的"高级检索"按钮即可进入"高级检索"页面，如图 3-21 所示。

高级检索提供标题、作者、来源、关键词、摘要等检索途径，默认组配关系为逻辑"与"，实现满足用户复杂要求的检索。同时，可以对文献的年份范围、被引次数、文献类型、检索结果排序、每页显示条数等进行限定，实现更加精确的检索。

图 3-19 "学位"检索结果

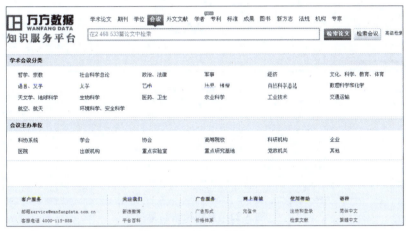

图 3-20 "会议"检索页面

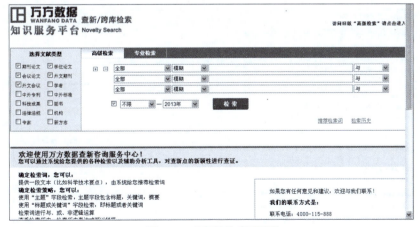

图 3-21 "高级检索"页面

检索结果按命中文献题录的列表形式显示。单击某一文献的题名链接,即可查看该篇文献的详细信息,包括篇名、作者、作者单位、文献出处、文摘等。单击"查看全文"即可实现全文阅读。

例如,查找清华大学 2011 年至 2012 年有关"网络技术"方面的所有文章。

高级检索的操作步骤如下。

(1)进入万方数据知识服务平台检索界面,单击右侧的"高级检索",进入高级检索界面。

(2)在检索区域先选择"关键词",在对应的输入框输入"网络技术";再在检索区域选择"作者单位",在对应的输入框输入"清华大学";同时,"时间"选择从 2011 年至 2012 年。

(3)选择其他限定条件,各选项之间默认为逻辑"与"关系。

(4)单击"检索"按钮或按 Enter 键,输出两条检索结果,如图 3-22 所示。

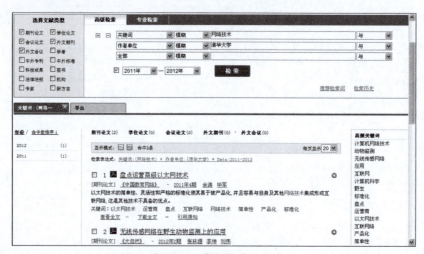

图 3-22 高级检索结果

(5)单击文献题名,如图 3-23 所示,可以阅读文摘等信息,也可直接下载或查看全文。

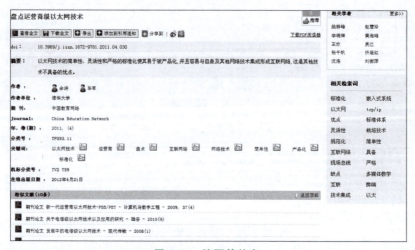

图 3-23 摘要等信息

5）专业检索

单击"专业检索",即可进入"专业检索"页面,如图3-24所示。

图3-24 "专业检索"页面

专业检索使用CQL(Cypher检索语言),检索界面由上、下两部分组成。上半部分为检索表达式输入区,下半部分为检索式编写提示区。当填写好检索式后,单击下面的"检索"按钮即可。

3.2.4 期刊信息检索的其他方法

以上是通过期刊数据库获取期刊信息及原文,除此之外,还可以通过其他途径来获取期刊的相关信息。

1. 通过访问期刊出版单位的主页

例如,综合性人文、社会科学类核心期刊。
中国社会科学(http://www.csstoday.net/Index.html);
北京大学学报即哲学社会科学版(http://web5.pku.edu.cn/xbss/);
中国人民大学学报(http://xsqks.ruc.edu.cn/Jweb_rdxb/CN/volumn/current_abs.shtml);
北京师范大学学报社会科学版(http://bjsf.cbpt.cnki.net/WKB/WebPublication/);
浙江大学学报人文社会科学版(http://www.journals.zju.edu.cn/soc/CN/);
……

2. 通过提供电子期刊链接的网站

1）龙源期刊网

龙源期刊网主页(http://www.qikan.com/)如图3-25所示。目前全文在线的综合性人文大众类期刊品种已达到3000种,内容涵盖时政、党建、管理、财经、文学、艺术、哲学、历史、社会、科普、军事、教育、家庭、体育、休闲、健康、时尚、职场等领域。龙源期刊网是北京龙源创新信息技术有限公司官方网站。

图 3-25　龙源期刊网主页

2) 通过搜索引擎获取

在查找不知网址的电子期刊时，通过搜索引擎查找仍然是常用的一种检索方法。有些搜索引擎提供了关于电子期刊的一些类目，直接单击它可以获得一些电子期刊的链接。

（1）Yahoo（http://www.yahoo.com）。Yahoo 的 Reference（参考资料）包含的 Journal 中，提供了各个学科的期刊链接点。此外，也可直接输入期刊名进行检索，但多数情况下，通过搜索引擎很难直接得到期刊中论文的具体信息。为了改变这一状况，参与学术性文献的提供，有的搜索引擎也做出了新的尝试，做得比较优秀的是 Northern Light 和悠游。

（2）Northern Light（http://www.northernlight.com）。Northern Light 中除一般性的网页信息外，还专门提供了称为 Special Collection 的学术性文献信息，其中收录了 7100 种出版物中的文献，主要是期刊论文。检索 Special Collection，可以得到相关文章的作者、篇名、出处、卷期、文摘、价格等信息，用户可以付费订购全文。

（3）悠游（http://www.goyoyo.com）。目前，悠游与重庆维普资讯公司合作推出了大型中文期刊咨询网站（http://www.vipinfo.goyoyo.com），提供维普公司的期刊数据库中的 7100 种期刊，400 余万篇文献的查询服务。用户可以在其中检索期刊论文，同时能够获得论文的作者、篇名、出处、卷期、文摘、价格等信息，并付费订购全文。

3.3　外文期刊数据库

3.3.1　EBSCOhost 全文数据库

EBSCOhost 数据库是由美国 EBSCO 公司出版的两个最主要的全文数据库：学术期

刊数据库（Academic Search Premier，ASP）和商业资源数据库（Bussiness Source Premier，BSP）。EBSCOhost 的网址是 http://search.ebscohost.com/，也可以通过单位图书馆的链接进入。例如，通过北京外国语大学图书馆的网址 http://lib.bfsu.edu.cn/进入 EBSCOhost，如图 3-26 所示，从中可以看到北京外国语大学图书馆只购买了"商管财经全文数据库"和"人文学全文数据库"。

图 3-26　EBSCOhost

1）期刊浏览与检索

通过 EBSCO 公司设在国内的镜像站点，选择学术期刊数据库或商业资源数据库即可进行检索。EBSCO 数据库提供 3 种检索方法：基本检索（Basic Search）、高级检索（Advanced Search）以及该数据库特有的视觉检索（Visual Search）。以 ASP 为例，可提供关键词检索（Keyword Search）、出版物检索（Publications Search）、主题检索（Subject Terms Search）、索引检索（Indexes Search）、引文检索（Cited References Search）和图像检索（Images Search）等多种检索途径。系统默认采用关键词检索方式。

2）检索方法与步骤

进入 EBSCO 数据库后，首先选择数据库。选择不同的数据库，检索界面略有不同。下面以选择"商管财经全文数据库"（Business Source Complete）进行检索为例，如图 3-27 所示。

检索又分高级检索和基本检索两种方式。进入系统后，默认采用高级检索方式。

高级检索：高级检索界面上部是"检索策略输入区"，下部是"精确检索条件限定区"。"精确检索条件限定区"包括限制检索结果选项和扩展检索选项。高级检索方式还可调用历史检索结果，再与当前检索进行组配，以简化检索步骤。

基本检索：基本检索与高级检索页面基本一致，它只提供一个检索文本输入框，可以输入一个或多个检索词或词组，并且可以加上检索字段代码。多个关键词或词组之间可以根据逻辑关系加入布尔算符（AND、OR、NOT）；输入的检索词越多，检索结果的准确度越高。

无论是基本检索还是高级检索，都可以使用布尔逻辑检索、截词检索、字段检索或位

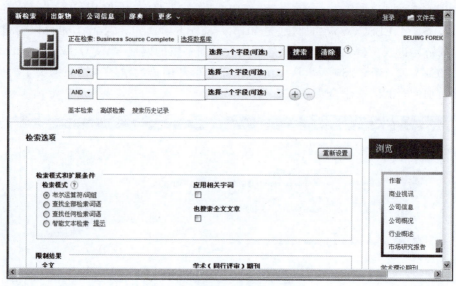

图 3-27　商管财经全文数据库

置检索算符来扩大或缩小检索范围；在"精确检索条件限定区"，既可以用全文、参考文献、刊名、出版日期、专家评审期刊、插图、封面报道等选项对检索结果进行限定，也可以利用扩展检索来扩大检索结果的命中范围。

3）检索技术

（1）布尔逻辑算符。

布尔逻辑算符表示关键词之间的逻辑关系。逻辑与（AND）指关键词必须同时出现，逻辑或（OR）指关键词可以出现任意一个或多个，逻辑非（NOT）指 NOT 后面的关键词不能出现。

（2）截词符。

通常采用＊和？作为截词符号。＊用于检索词的词尾，可以代替由任意个字符构成的字符串，表示后截断，也称前方一致。例如，输入 comput＊，将同时检索 computed、computer、computing、computable 等关键词。？表示中截断，用于检索词的中间，替代后一个字母或数字，例如：输入 m？n，同时检索 man、men 等词。

（3）优先级算符。

系统默认的逻辑运算优先级次序是"非""与""或"。如果要改变默认的优先级次序，可使用()嵌套。当检索式含有 AND 算符，又含有 OR 算符时，必须用优先级算符()来限定运算顺序，可以把位于 OR 前后的词放入括号中，系统将优先运算括号内的算符，例如 (financial or monetary) and stocks not (national debt)。

注意：优先级算符的左右两个括号必须一一对应，特别是当使用多层优先级算符时，左括号的数目一定要与右括号的数目相同。

（4）位置算符。

位置算符为 N 和 W，限定检索词之间的位置关系。

N 算符表示两词相邻,而词序不加限制。例如,information N management 的检索结果可以是 information management,也可以是 management information。

W 算符表示两词相邻,但词序不能改变。例如,information W management 的检索结果只能是 information management。

在 N 算符和 W 算符的后面都可以加上数字,来限定相邻两词中间允许间隔的词的数量。例如,information W2 management 的检索结果可以包括 information management,information technologies and management 或者 information system and management 等。

(5) 检索字段。

EBSCOhost 数据库提供的检索字段有 AU(作者)、TI(题目)、AB(文摘)、SU(主题词)、IL(插图、图表检索)、SO(文献出处,即杂志名称)、IS(ISSN)等。

例如,查找 Performance Testing,选择 AND 后输入 Stress Testing,单击"搜索"按钮,检索结果如图 3-28 所示,符合检索条件的有 15 篇。

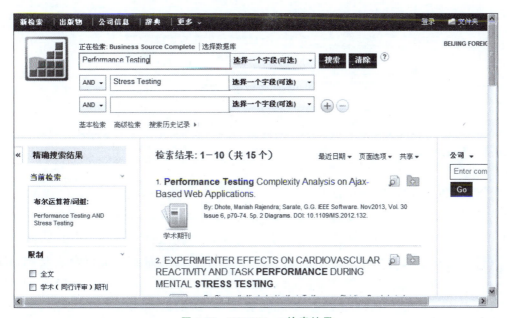

图 3-28　EBSCOhost 检索结果

浏览检索结果时,单击篇名链接,进入最终的检索结果页面,如图 3-29 所示,从中可以看到其文摘或全文。在文摘页面中,以粗斜体显示各检索词出现的位置。

最终的检索结果页面右侧包含打印、电子邮件、保存等选项。对于 PDF 格式的文件,选定"PDF 全文",单击鼠标右键,选择"目标另存为"下载全文;选择"打开"或者"在新窗口中打开",进入全文浏览状态,再单击 Adobe Reader 软件的"保存""打印"按钮,保存并打印全文。

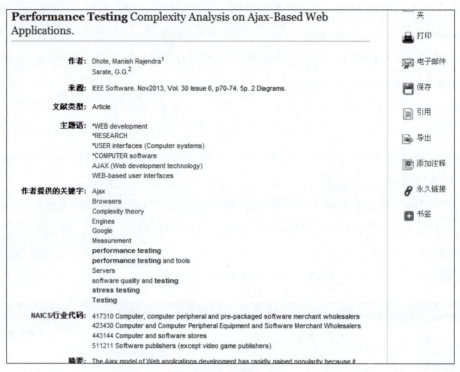

图 3-29 检索结果页面

3.3.2 IEL

IEL（IEEE/IEE Electronic Library）是美国电气和电子工程师学会（Institute of Electrical and Electronics Engineers，IEEE）与英国工程技术学会（Institution of Electronics Engineers，IEE）出版的电子全文信息系统，包括 IEEE 与 IEE 自 1988 年以来出版的 120 多种期刊（IEEE Journals、IEE Journals）、600 种电子会议论文集（IEEE Conference Proceedings、IEE Conference Proceedings）及近 900 种工业标准（IEEE Standard）电子全文资料。目前约有 750 000 篇文章，平均每月增加 25 000 页新资料。其全文采用 PDF 格式，全文影像与其印刷本完全一致，另外还有读者来信、投稿须知以及所有图标、照片等资料。IEL 的主页（http：//ieeexplore.ieee.org/Xplore/home.jsp）如图 3-30 所示。

由 IEL 主页面可见，IEL 实际上是 IEEE Xplore 的一部分，其期刊论文、标准以及会议录每日更新。IEEE Xplore 向全世界用户提供资料的免费浏览，但其检索功能以及全文获取仅对其会员和订购者开放，权限控制通常以账号限制或用地址锁定。

在主页面左侧的 Browse 和 Search 栏目下分别列出 IEL 数据库不同的检索方式，单击相应的选项可选择检索方式。

图 3-30　IEL 的主页

1. 期刊查询

期刊查询、会议录查询、标准查询和作者查询的文献检索方法基本相同,下面以期刊查询为例,介绍其检索方法。单击 Browse 栏目下的 Journals& Magazines 即可进入期刊查询页面,在该页面中系统显示前 10 个期刊名的列表,并提供按刊名字顺浏览和刊名关键词检索功能。

(1) 如果已知期刊名的第一个词的首字母,直接单击该字母,系统就会列出以该字母打头的期刊列表。

(2) 如果已知期刊名的某个关键词,在输入框内输入该词,单击 go 按钮,系统就会列出含有该关键词的期刊列表。

选定期刊后,单击该期刊刊名,系统会列出该刊当年的卷期和往年的年号。

再单击相应的年限和卷期,系统显示该期刊的目次;或在画面右侧的输入栏内输入检索词,在该刊的范围内查询符合检索条件的文献。

最后单击文献下方的 Abstract 或 PDF Full-Text 可浏览文摘或原文。

注意:期刊查询、会议录查询、标准查询和作者查询 4 种查询方式下,输入检索框内的词或词组之间不可使用任何逻辑算符。

检索示例:查询关于纳米二氧化钛的文章。

课题分析:纳米的英文为 nano material,二氧化钛的英文为 titania。

检索步骤如下。

(1) 在参考文献链接检索输入框内输入 nano titania。

(2) 单击 Search 按钮进行检索。

(3) 得到检索结果列表。

(4) 单击所需记录,链接到 Wiley InterScience,如果用户所在单位购买了该数据库,就可以直接下载原文。

2. 高级检索

单击 Advanced Search,进入高级检索页面,如图 3-31 所示。

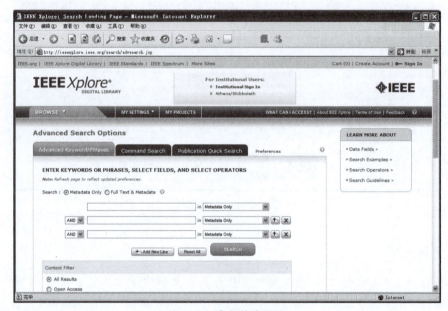

图 3-31 高级检索页面

1) 检索步骤

(1) 在输入框内输入检索词。

(2) 选择检索字段。

(3) 选择各字段之间的逻辑关系。

(4) 选择限制条件。

(5) 单击 Search 按钮,开始检索。

(6) 系统列出符合检索条件的文献,单击每篇文献下方的 Abstract 或 PDF Full-Text 可浏览文摘或原文。

2) 截词

:表示截断任意个字符,如 electro 可检索出含 electron、electrons、electronnic、electronnics、electromagnetic、electromechanical 及 electrolyte 的文献。

?:表示截断一个字符,如 cable? 可检索出 cables 或 cabled 的文献,但不包括 cable。

" ":如"cable"仅检索任意字段中含 cable 的文献,而不匹配 cables、cabled、cabling;"radar system"仅匹配 radar system,而不同时检索 radar systems。

系统可设置以下 4 类限制。

(1) 文献类型:文献类型有 3 种,即期刊、会议、标准,画钩为选中,默认状态为全选。

（2）检索年限：根据需要选择起始、终止年限，默认状态为 1988 年至今。

（3）检索结果排序：检索结果可按时间（year）、文献标题（publication title）、相关度（score）进行升、降序排列。

（4）每页显示的文献数量可选择 15、25、50。当查出的文献数量超过已定义的每页显示的文献数量时，可通过画面下方的数字及 Prev、Next 按钮翻页。

3. 其他搜索

其他搜索方式还有 Command Search（命令搜索）、Publication Quick Search（出版物快速搜索）、Saved Searches and Alerts（保存的搜索和通知）、Search History（搜索历史）等，如图 3-32 所示。

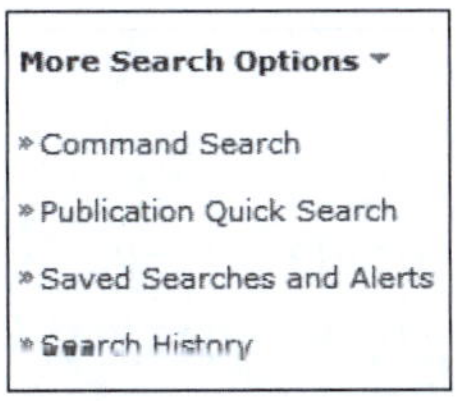

图 3-32　其他搜索

思考题

（1）期刊文献信息检索的途径有哪些？

（2）利用中文科技期刊信息检索系统选择与自己专业相关的期刊。

（3）利用维普数据库的快速检索或高级检索方式，检索关键词为"信息素养"的文献期刊，记录检索结果及文章信息。

（4）利用搜索引擎或直接利用网上免费的电子期刊网站获取自己感兴趣的免费电子期刊。

（5）外文期刊数据库有哪些？

第 4 章 特种文献信息检索

特种文献是指有特定内容和用途,出版发行渠道比较特殊的科技文献资料,一般不包括图书和期刊,它似书非书,似刊非刊。其主要包括专利文献、标准文献、会议文献、科技报告、学位论文、政府出版物、产品资料、科技档案等类型。特种文献内容广泛,类型多样,涉及科学技术、生产生活的各个领域。其在传递科技信息方面具有特殊的、其他文献不可替代的科技价值。由于特种文献收集较为困难,因此其在检索方面有别于图书和期刊。

4.1 专利文献

"专利"一词在《辞海》中的定义是"国家主管机关颁发的授予专利权的证明文件,即专利证书,又称专利权"。也就是说,专利是专利权的简称,是国家授予发明创造者独占实施其发明创造的权利。大多数情况下,人们常说的专利是指专利权。一项新的发明创造只有申请专利,取得专利权才能受到法律保护。而广义的专利具有 3 个方面的含义:专利权、专利技术和专利文献。

4.1.1 专利文献概述

1. 专利文献的概念

专利文献(Patent)是一切与专利制度有关的专利文件的总称,如专利申请书和专利说明书。专利文献主要指专利说明书,它是实行专利制度的国家在受理专利申请时,发明人所提交的书面文件。

专利一般分为发明专利、实用新型专利、外观设计专利 3 种类型。

1)发明专利

发明专利是指对产品、方法或者其改进所提出的新的技术方案。能取得专利的发明可以是产品发明,也可以是方法发明。

2)实用新型专利

实用新型专利是指对产品的形状、构造或者其结合所提出的适合实用的新的技术方案。实用新型专利申请必须是产品专利申请。

3)外观设计专利

外观设计专利是指对产品的形状、图案、色彩或其结合所做出的富有美感并适合工业应用的新设计。新设计可以是线条、图案或色彩的平面设计,也可以是产品的立体造型。

专利说明书是公开的文献,但只能由各国专利局发行,它反映当前最新的技术成果,包括发明专利的名称、所属的技术领域、背景技术、发明内容、附图说明和具体实施方式。

它对发明的描述比较具体,技术上比较新颖、可靠、实用。

专利文献的重要价值在于:它是科技人员学习、了解、借鉴国际先进技术水平的重要工具之一;是情报分析的重要信息资源;是判断发明是否具有新颖性和创造性的重要文献依据;是专利审查工作必备的查新文献,可避免重复劳动。

2. 专利文献的类型及特点

1)专利文献的类型

专利文献从狭义上讲,主要指专利说明书;从广义上讲,还包括专利信息检索工具,如专利公报、专利分类表等。专利说明书一般由3部分组成:扉页、正文和附图。

专利文献的著录项目包括专利号、申请号、名称、摘要、申请日、公开(告)日、分类号、主分类号、申请(专利权)人、发明(设计)人、地址等。

2)专利文献的特点

专利文献集技术、法律、经济情报为一体;其技术内容新颖、先进、实用;涵盖的内容广泛、完整和详尽;出版迅速,数量大;可靠性强,质量高;在时间上、地域上和内容上有局限性;形式统一,分类标准化。

3. 专利的申请条件

1)基本条件

满足新颖性、创造性、实用性(即"三性")的要求。

2)不可申请专利权的事物

除了对"三性"的要求外,我国专利法中还规定:科学发现、智力活动的规则和方法、疾病的诊断和治疗方法、动物和植物的品种、食品、饮料和调味品、药品和用化学方法获得的物质、用原子核裂变的方法获得的物质,不能被授予专利权。违反公共秩序或道德观念的发明,出于国家利益不能公布的发明(如军事工业的发明、原子能工业的发明等),也不会获得专利权。

4. 专利的审查制度

1)形式审查

只对专利申请做一般性的格式审查,审查申请手续、文件是否齐全等。不做实质性的"三性"审查,格式审查通过后,即给予公布,并授予专利权。

2)实质性审查

对专利申请做形式审查后,还要对专利申请的"三性"进行实质审查。

3)早期公开,延迟审查制

先对专利申请做形式审查,公布专利申请说明书,予以临时保护。专利申请人必须在规定的期限内提出实质性审查请求,若逾期不提出申请,则视为放弃申请。

5. 中国专利申请及其审批程序

我国专利法规定的专利申请、审批流程大体是:申请人或申请单位向中国知识产权局指定的受理处或代办处先提出申请,然后由专利局受理、收费,进行初步审查(实用新型专利和外观设计专利经专利局初步审查合格后,直接授予专利权),再对发明专利公布专利申请,提出实质审查请求后进行实质审查,再进行审查,合格后授予专利权,最后办理授权后的相关手续。

4.1.2 专利文献的信息检索

1. 专利文献信息检索概述

1) 专利文献信息检索的含义

专利文献信息检索是根据需要,以所掌握的专利文献的一项或多项特征为检索入口,从大量的专利文献数据库中查找符合要求的专利文献的过程。

2) 专利文献检索种类的选择

专利文献的检索,针对不同检索课题的需要,需采取不同的检索方式。

(1) 科研课题立项、技术难题的攻关,选择追溯和定题检索。

(2) 有了发明构思或获得新的发明创造时,为保护自身的利益准备申请专利时,为保证能够获得专利权时,都应选择新颖性检索。

(3) 有新产品开发出来,准备投放市场时,为避免新产品侵犯别人的专利权时,应选择防止侵权检索。

(4) 引进国外专利技术时,应选择专利有效性检索或技术引进检索。

(5) 产品出口时,应选择防止侵权检索和专利地域效力检索;若被告侵权,应选择被动侵权检索,其目的是找出对受到侵害的专利提供无效诉讼的依据。

(6) 要了解竞争对手的状况,应选择申请人、专利权人检索。

3) 中国专利的编号

专利从申请到批准共有5个号码,分别为申请号、公开号、公告号、审定号和专利号;实用新型专利或外观设计专利从申请到批准有3个号码,分别为申请号、公开号和专利号。

4) 中国专利检索工具

(1) 手工检索。

手工检索分为中国专利索引和专利公报两种。其中,中国专利索引为年度累积索引,分为《分类年度索引》和《申请人、专利权人年度索引》两个分册;专利公报又分为《发明专利公报》、《实用新型专利公报》和《外观设计专利公报》3个分册。它们是查找专利文献,检索最新专利信息和了解专利审查活动的主要工具书。

(2) 光盘数据库检索

光盘数据库包括"中国专利数据库光盘""中国专利说明书全文光盘""中国专利数据光盘""专利公报光盘""外观设计光盘""中国专利说明书分类光盘"等。

(3) 网上免费的中国专利数据库。

中国知识产权网(http://www.cnipr.com);

中华人民共和国国家知识产权局(http://www.cpo.cn.net/或 http://www.sipo.gov.cn);

中国专利信息网(http://www.patent.com.cn);

中国专利文摘数据库(http://www.exin.net/patent/),又称易信数据库;

万方数据资源系统(http://www.wanfangdata.com.cn);

国家科技图书文献信息中心(http://www.nstl.gov.cn/index.html);

中国专利网(http://www.cnpatent.com);

中国发明专利技术信息网(http://www.1st.com.cn);

中国专利信息中心网(http://www.cnpat.com.cn/)。

(4) Internet 检索工具——搜索引擎。

利用搜索引擎的特殊搜索功能,如百度、搜狗等搜索引擎。

2. 国家知识产权局专利数据库

中国国家知识产权局的网址是 http://www.sipo.gov.cn,其主页如图 4-1 所示。

图 4-1 中国国家知识产权局主页

专利局主页上提供专利快速搜索。检索技术有布尔检索和模糊检索。布尔检索:布尔逻辑算符是 AND、OR、NOT 或 *、+、-。各检索字段之间的组配关系是 AND。模糊检索,采用一个符号%,实现模糊检索。在输入检索词时,符号%替代未知或不能确认的内容。

选择"专利检索与查询",进入"专利检索与查询"页面,如图 4-2 所示。图中有 4 个选项:专利检索与服务系统(公众部分)、中国专利查询系统、中国专利检索系统和专利查询。

1) 专利检索与服务系统(公众部分)

上线时间:2011 年 4 月 26 日。

图 4-2 专利检索与查询

服务内容:专利检索、专利分析。

检索功能:常规检索、表格检索、概要浏览、详细浏览、批量下载等。

数据范围:收录了 103 个国家、地区和组织的专利数据,其中涵盖了中国、美国、日本、韩国、英国、法国、德国、瑞士、俄罗斯、欧洲专利局和世界知识产权组织。

更新时间:中国专利数据,每周六;国外专利数据,每周三。

特色:提供专业、个性化服务。

2)中国专利查询系统

中国专利查询系统包括两个查询系统:电子申请注册用户查询、公众查询系统。电子申请注册用户查询是专为电子申请注册用户提供的每日更新的注册用户基本信息、费用信息、审查信息(提供图形文件的查阅、下载)、公布公告信息、专利授权证书信息;公众查询系统为公众(申请人、专利权利人、代理机构等)提供每周更新的基本信息、审查信息、公布公告信息。

3)中国专利检索系统

上线时间:1985 年 9 月 10 日。

服务内容:专利检索。

检索功能:可以按照发明、实用新型和外观设计 3 种专利的类别进行检索。

数据范围:中国专利信息。

更新:每周三。

特色:页面简洁,功能简单。

4)专利查询

专利信息查询包括 9 个查询系统:专利公开公告、法律状态查询、收费信息查询、代理机构查询、专利证书发文信息查询、通知书发文信息查询、退信信息查询、事务性公告查询、年费计算系统,为公众(申请人、专利权人、代理人、代理机构)提供每周更新的专利公报信息、法律状态信息、事务件公告信息、缴费信息、专利证书发文信息、通知书发文信息、退信信息,以及代理机构备案信息、年费缴纳与减缓信息。

5) 高级检索

单击"高级检索"可进入专利高级检索页面。高级检索提供表格检索和国际专利分类法(International Patent Classification,IPC)分类检索两种方式。高级检索中数据库提供了六大类共 16 个检索字段。

主题检索(名称、摘要);

人名或机构检索(申请/专利权人、发明/设计人、代理人、专利代理机构);

日期检索(公开/公告日、申请日、颁证日、国际公布);

号码检索(申请/专利号、公开/公告号、优先权);

分类检索(分类号、主分类号);

地址检索,为了提高检索效率,可以着重限定检索范围在主题检索字段。

高级检索的步骤如下。

(1) 在一个或多个字段的文本框中输入关键词,为了提高查全率,可模糊输入。各个检索字段之间全部执行逻辑 AND(与)运算。

(2) 每个文本框内可以输入多个关键词,各个关键词之间允许使用布尔逻辑运算符(AND、OR、NOT 与优先运算符())。

(3) 根据选择专利文献类型的不同,可勾选输入文本框上面的发明专利、实用新型专利和外观设计专利前面的复选框。用来选择检索的专利文献类型既可选择其中一种类型,也可多选。

(4) 单击"检索"按钮,系统进行检索,数据库将自动产生一个检索结果列表。

该网站提供了 IPC 分类检索功能,在很大程度上提高了查全率,同时还具备与关键词组配的检索功能,以便根据需要缩小检索范围,提高查准率。

6) 检索结果处理

(1) 检索结果列表。在检索结果页面上方显示出命中的发明专利、实用新型专利,以及外观设计专利的数量。而显示页的检索结果按照发明专利、实用新型专利,以及外观设计专利顺序显示申请号和专利名称,每页最多列出 20 条记录,可以按页浏览相关记录,也可以跳到指定页浏览。

(2) 文摘及题录信息。单击专利检索结果列表页面上的专利名称,可直接进入该专利的文摘及题录信息显示页。通过浏览专利题录和摘要,用户可以大致了解该专利的基本内容。

(3) 专利说明书。单击专利文摘及题录信息显示界面上方的"(…页)"超链接,即可免费浏览本专利说明书全文。说明书由"扉页""权利要求书""说明书""附页"四部分组成。单击屏幕上方的"下一页"按钮,可逐页浏览。也可以在正上方的文本框中输入需要查阅的页码后,单击 GO 按钮浏览相应页码的内容。

3. 国外专利文献检索

1) 德温特专利检索系统

德温特公司是一家专门从事专利情报业务的私营机构。它收集了世界上 40 多个国家和地区、两个国际专利组织及两种国际专利出版物中的专利信息。德温特系列出版物采用统一的分类法，统一使用英语，以文摘、索引及多种载体的形式报道世界各国专利，构成报道范围较广、规模较大、检索体系较完善的专利文献检索体系。德温特公司所报道的专利信息量约占世界专利公布量的 85%，是目前世界上查找世界主要国家专利文献最权威和最系统的检索工具之一。

德温特发明的创新数据库(Derwent Innovation Index, DII)是一个综合性的数据库，是由 ISI 公司和德温特信息公司共同推出的一个基于互联网的专利信息资源。它将 Derwent World Patents Index(德温特世界专利索引)与 Patents Citation Index(专利引文索引)整合在一起，以每周更新的速度，提供全球专利信息，是目前全世界专利信息最全面的数据库之一。

德温特分类是从应用性角度编制的，它将所有的技术领域分为 3 个大类，分别是化学(chemical)、工程(engineering)、电子电气(electronic and electrical)。大类之下又分部(section)，总共有 33 个部，其中 A～M 为化学，P1～Q7 为工程，S～X 为电子电气。部又进一步分为小类(classes)，总共有 288 个小类。

如果你所在的图书馆购买了数据库，就可以通过图书馆的资源链接进入，也可直接输入 www.isiknowledge.com 进入，DII 采用 IP 地址限制，只要在授权的 IP 地址段，就可直接访问 ISI Web of Knowledge 的主界面，在该界面下选择数据库即可。由于其使用的检索系统与 Web of Science 一样，因此检索方法可以参考科学引文索引(SCI)的检索。

检索范围包括主题、标题、发明人、专利号、国际专利分类、德温特分类代码、德温特手工代码、德温特主人藏号、专利权人等。单击检索结果中的专利名称链接，可以看到该记录的详细内容，除了题录信息外，还包括文摘、专利权人代码、国际专利分类、德温特分类代码、公开日期、页数、语言、优先权申请信息和日期、申请详细信息等。

2) 美国专利文献检索

美国专利文献检索主要有 3 个专利数据库，即美国专利公报(Offcial Gazette of the United States Patent and Trade Mark Office)、专利索引(Index Patent)和美国专利与商标局专利数据库(United States Patent and Trade Mark Office, USPTO)。

3) 欧洲专利文献检索

欧洲专利局(European Patent Office, http://ep.espacenet.com)的 esp@cent 网站是一个提供专利文献免费检索及下载服务的网站，它涵盖的世界专利范围广泛，收藏量多达 6000 万件，还收录了 70 多个国家的专利信息，包括欧洲专利(EP)、英、德、法、奥地利等国家的专利，还可以检索世界知识产权组织(WO)专利和日本专利，其中以美国、英国、法国、德国、EP、WO 的收藏最全。欧洲专利局网站可浏览 20 多个国家专利全文说明书，其专利说明书都是以图形方式存储的，格式为 PDF，可用 Adobe 公司的免费浏览软件 Adobe Reader 浏览。欧洲专利局数据库由以下 3 个数据库组成。

(1) World Wide 数据库。用英文文摘报道 70 多个国家和地区的专利文献,并且可浏览多个国家专利的全文说明书。

(2) 欧洲专利局数据库。欧洲专利局在最近 24 个月内公布的专利申请,包括著录数据、文摘和全文说明书,每周更新。

(3) 世界知识产权组织专利。收录最近几年由世界知识产权组织(WIPO)公布的 PCT(专利合作条约)国际申请的专利著录数据、文摘和全文说明书,每周更新。

4. 检索举例

例 1 选择如图 4-2 所示"专利检索与查询"页面中的"专利检索与服务系统(公众部分)",再单击"专利检索",产生如图 4-3 所示的界面。

图 4-3 专利检索

在"检索"栏输入要检索的内容,从图 4-3 中可以看到,可以按检索要素、申请号、公开(公告)号、申请(专利权)人、发明人和发明名称等检索。

如要检索有关机械类的专利,则输入"机械",结果如图 4-4 所示。

例 2 当你知道申请号、公开(公告)号、申请(专利权)人、发明人和发明名称等内容时,可以直接输入相关的内容进行检索。如,在图 4-4 中选择"申请号"CN01821647,结果如图 4-5 所示,检索结果如下。

申请号:CN01821647

申请日:2001.12.20

公开(公告)号:CN1484807A

公开(公告)日:2004.03.24

发明名称:多功能机器人控制系统

⋮

例 3 检索"华为技术有限公司 1999—2008 与 CDMA 有关的发明专利"。

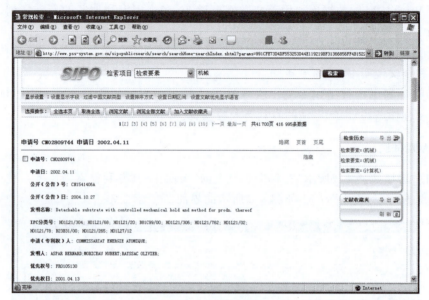

图 4-4 检索结果

图 4-5 CN01821647 号专利

检索步骤如下。

第一步：分析课题，选择高级检索方式。

第二步：输入相应关键词。

第三步：检索结果显示。

分析课题：这一课题可从 5 个方面分析。专利类型：发明专利；主题：CDMA；可选字段：摘要或名称字段；时间字段：1999—2008。工具选择：中华人民共和国知识产权局网站。

输入相应关键词：申请人字段为深圳华为技术有限公司，也可只输入"华为"。

检索结果：检出切题发明专利181条。选择其中一条"申请号：CN00127705.7 一种CDMA系统压缩模式控制的方法"，单击"专利名称"或"申请号"，查看文摘和全文。

4.2 标准文献

1972年，国际标准化组织（International Standard Organization，ISO）对标准的定义是：经过公认的权威当局批准的标准化工作成果。2001年，我国国家标准对标准的定义为：在一定范围内获得的最佳秩序，对活动或其结果规定共同的和重复使用的规则、准则或特性的文件。该文件经协商一致并经公认机构批准。标准的制定是由国家标准化组织认定的。

标准的制定和应用已经遍及人们日常生产和工作的各个领域，如工业、农业、矿业、建筑、信息、交通运输、科研、教育、贸易、文献、社会安全、广播、电影、测绘、海洋、医药、环境、金融以及土地管理等。

4.2.1 标准文献概述

1. 标准化和标准文献

1）标准化

国家标准化组织于1983年7月发布的ISO第二号指南（第4版）中对标准化的定义是：标准化主要是对科学、技术与经济领域内重复应用的问题给出解决办法的活动，其目的在于获得最佳秩序。一般来说，标准化包括制定、发布与实施标准的过程。

2）标准文献

标准文献是由各级标准化组织主持制定和颁布的，用来记录各类及其他有标准性质文件的文献，主要包括技术标准、管理标准、标准化专著、标准化会议文献、政府文件等。其中，技术标准是标准文献的主体。

2. 标准的类型及编号

1）按使用范围和适用地区分

（1）国际标准。

国际标准是经过国际标准组织认定的标准，或在一定情况下经从事标准化活动的组织通过的技术规范，是国际间的通用标准。常用的国际标准有ISO标准和IEC（国际电工委员会）标准。

ISO的标准编号形式是ISO→顺序号→年。

IEC的标准编号形式是IEC→顺序号→年。

（2）区域标准。

区域标准是世界某一区域标准化团体通过的标准，也包括参与标准化活动的区域团体通过的标准,如欧洲标准化委员会(CEN)及欧洲电工标准化委员会(CENELEC)制定的欧洲标准(EN)等。

(3) 国家标准。

国家标准是按照全国统一的需要,由国家标准化主管机构批准、发布的标准,是对全国经济技术发展有重大意义,需要在全国范围内统一技术要求而制定的标准,如我国的国家标准(GB)、美国国家标准(ANSI)等。

(4) 行业标准。

行业标准是指某一专业团体对其所采用的原材料、零部件、完整产品,以及有关工艺设备所制定的标准,适用于该行业和相关专业,如机械行业标准(JB)、美国材料与试验学会标准(ASTM)等。

(5) 企业标准。

企业标准是指一个企业或部门批准的在企业和部门内部实行的标准,如美国波音公司标准(BAC)等。

2) 按成熟程度分

(1) 强制性标准。

强制性标准是国家通过法律的形式,明确要求必须执行一些标准所规定的技术内容和要求,不允许以任何理由或方式违反、变更。强制性标准就是技术法规。

(2) 推荐性标准。

推荐性标准又称为非强制性标准或自愿性标准,是指在生产、交换、使用等方面,通过经济手段或市场调节而自愿采用的一类标准。

(3) 试行标准。

试行标准指的是由于标准中的某些数据、试验方法等不够成熟,需要试用一段时间后重新审核的标准。

3) 按标准内容分

(1) 基础标准。

基础标准一般包括名词术语、符号、代号、机械制图、公差与配合、标准尺度、产品分类、各种参数系列和产品环境条件试验、可靠性要求以及抽样方法等。

(2) 产品标准。

产品标准包括产品品种、规格、技术性能、试验方法、检验规则、包装、储藏、运输等。

(3) 工艺装备标准。

工艺装备标准包括工具、模具、夹具、专用设备及其零部件标准等。

(4) 原材料标准。

原材料标准包括材料分类、品种、规格、牌号、试验方法、使用范围、保管验收规则等。

(5) 方法标准。

方法标准是以试验、检查、分析、抽样、统计、计算、测定、作业等方法为对象制定的标准。

3. 标准的代号

各国标准都有各自的代号,了解标准代号便于人们检索各国的标准。

主要国家的国家标准代号如表 4-1 所示。

表 4-1 主要国家的国家标准代号

国 别	国家标准代号	国 别	国家标准代号
美国	ANSI	意大利	UNI
澳大利亚	AS	西班牙	UNE
英国	BS	瑞士	VSN
加拿大	CAS	荷兰	NEN
捷克	CSA	法国	NF
德国	DIN	希腊	NHS
墨西哥	DGN	葡萄牙	NP
丹麦	DS	挪威	NS
中国	GB	智利	NTH
阿根廷	IRAM	瑞典	SFS
日本	JIS	俄罗斯	SES
匈牙利	MSZ	朝鲜	TOCT
印度	IS	比利时	NBN

1) 中国标准的类型和代号

（1）中国标准的类型及代号概述。

《中华人民共和国标准化法》规定我国标准分为 4 级，即国家标准、行业标准（HB）、地方标准和企业标准。国家标准是四级标准体系中的主体，在全国范围内使用，其他各级标准不得与之抵触。标准的编号形式为：标准代号＋标准序号＋标准发布年代。标准代号用两个大写的汉语拼音字母表示。

① 国家标准：是由国务院标准化行政主管部门制定的。国家标准的编号形式为：标准代号＋标准序号＋标准年代。强制性标准的代号为 GB，推荐性标准的代号为/T。

② 行业标准：是对国家标准的补充，是专业性、技术性较强的标准。有国家标准后，相应的行业标准即行废止。其编号形式为：行业标准代号＋行业标准顺序号＋年代。行业标准代号由两个大写的汉语拼音字母组成。不同的行业有不同的代号，如铁路标准行业代号为 TB，冶金行业标准代号为 YB 等。

③ 地方标准：是国家标准、行业标准的补充。其编号形式为：地方标准代号＋地方标准顺序号＋年，如 DB11/T 199—1998，意为北京 1998 年发布的第 199 号推荐性标准。

④ 企业标准：也称"内控标准"。其编号形式为：企业产品标准的代号＋企业产品标准顺序号＋年代。企业产品标准的代号为 Q。

（2）标准有效期。

自标准实施之日起，至标准复审重新确认、修订或废止的时间，称为标准的有效期，又称标龄。国家标准的有效期一般为 5 年。

(3) 一项技术标准。

一项技术标准一般包括以下内容：①标准级别；②分类号；③标准号；④标准名称；⑤标准提出单位；⑥审批单位；⑦批准年月；⑧实施日期；⑨具体内容项目等若干项。

2) 中国标准文献分类法

《中国标准文献分类法》的类目设置以专业划分为主，共分 24 个大类，采取从总到分，从一般到具体的逻辑序列。分类体系由二级组成，一级类目与二级类目之间设置分面标识/，采用字母与数字混合标记。如表 4-2 所示为中国标准文献分类法一级类目表。

表 4-2 中国标准文献分类法一级类目表

A	综合	N	仪器、仪表
B	农业	P	建筑
C	医药、卫生、劳动保护	Q	建材
D	矿业	R	公路与水路运输
E	石油	S	铁路
F	能源、核技术	T	车辆
G	化工	U	轮船
H	冶金	V	航空、航天
J	机械	W	纺织
K	电工	X	食品
L	电子技术、计算机	Y	轻工、文化与生活用品
M	通信、广播	Z	环境保护

4.2.2 标准文献的信息检索

1. 中国标准信息资源检索工具

标准信息资源的检索需要借助一定的检索工具，主要的检索工具可分为以下 3 种。

1) 传统检索工具

标准目录、标准汇编、标准年鉴。

2) 光盘检索工具

中国国家标准汇编；

国家标准系列光盘；

中华人民共和国机械行业标准全文光盘；

中国国家标准文本数据库系列光盘；

常用基础国家标准光盘版。

3）标准网站

万方数据资源知识服务平台的中外标准数据库（http://www.wanfangdata.com.cn）。

中国标准服务网（http://www.cssn.net.cn）。

中国国家标准咨询服务（http://www.chinagb.org）。

中国标准咨询网（http://www.chinastandard.com.cn）。

标准网（http://www.standardcn.com）。

中国标准信息网（http://www.cnis.gov.cn/）。

中国标准化信息网（http://www.china-cas.org）。

标准信息服务网（http://www.standard.org.cn/）。

标准计量信息网（http://www.stdcn.com）。

上海标准化信息服务网（http://www.cnsis.info/）。

国家建筑标准设计网（http://www.chinabuilding.com.cn/）。

2. 检索方式

标准号或标准名称是提取标准文献原义的主要依据。寻找所需标准文献的标准号或标准名称，可通过不同的方式获取。

1）手工检索

可通过查找以下由中国标准出版社出版的标准二次文献。

中国标准化年鉴；

中华人民共和国国家标准目录；

标准化通信；

最新国家标准和国际标准目录；

世界标准信息；

中华人民共和国国家标准目录及信息总汇；

中华人民共和国行业标准目录；

国家标准代替废止目录。

2）光盘数据库检索

可利用"中国国家标准题录总览光盘"等数据库进行检索。

3）网络检索

利用网络进行标准文献信息的查询时，老用户可直接登录标准网站；新用户可利用搜索引擎找到标准文献信息的相关网站，如"标准网""质量网"等，选择并进入网站，利用不同的检索途径获取相关标准文献的标准号和标准名称，进而再通过标准工具或通过网络订购获取标准原文。

3. 标准文献检索举例

例1 查找"天然花岗石建筑板材"的国家标准。

方法1：利用手工检索工具查找。

课题分析：此题目给出的条件为特定标准内容，要求确切，选用手工检索时，用分类的方法查找较为快速。

检索步骤如下。

1）选择检索工具

"中国国家标准分类法"可解决题目分类问题；"中华人民共和国国家标准目录及信息总汇2003"也提供分类途径，用于查找国家标准题录信息；"中国国家标准汇编"提供所有正式发布的国家标准全文。以上3种工具配合使用，可满足题目条件要求。

2）确定分类号

利用"中国国家标准分类法"或者"中华人民共和国国家标准目录及信息总汇2003"的分类目录，确定题目的中标法分类号。

（1）按题目内容，先确定大类，在"中华人民共和国国家标准目录及信息总汇2003"的中标法一级大类表中选择相符的类号：Q部建材类，取类号Q。

（2）在"中华人民共和国国家标准目录及信息总汇2003"Q部的二级类目中查找适当的二级类目，从而确定类号为Q21的二级类目。

（3）查题录信息。在"中华人民共和国国家标准目录及信息总汇2003"Q部下级类目Q21中查找，Q21下有多条标准信息，逐条浏览，可查得：

Q21 GB/T 18601—2009 天然花岗石建筑板材。

此结果仅确定了符合题目条件要求的标准编号、名称信息，尚未得到标准全文。

3）获取原文

利用查得的标准编号，查找"中国国家标准汇编"，查得该标准全文。

方法2：利用标准网站查找。

课题分析：此题给出的条件为特定标准内容，要求确切，可用分类、标准名称或关键词3种方法查找。

按分类：属建筑材料。

标准名称：天然花岗石建筑板材。

关键词：天然花岗石，建筑板材。

检索步骤如下。

（1）登录"中国标准出版社（中国质检出版社）"，其网址为 http://www.spc.net.cn，如图4-6所示。

（2）选择相应的检索途径（如分类、关键词、标准名称等），输入相应的检索词，检索得到相关题录信息。

（3）获取原文：单击标准号链接进行此条标准信息的查询。此信息需进行用户注册。

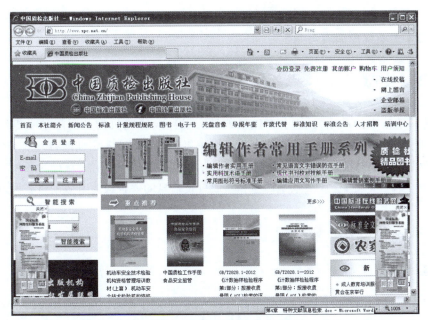

图 4-6　中国质检出版社主页

4. 国外标准文献及其检索

（1）ISO：建立于 1946 年，是世界上最大的非政府性的制定国际标准的机构，在国际标准化中占主导地位。ISO 集中了来自 80 个国家的 10 万多名专家，负责除电工领域外的一切国际标准化工作，每 5 年修订一次。

ISO 标准的编号形式为：ISO→顺序号→年份。

检索工具主要有"国际标准化组织目录""国际标准化组织通报""国际标准化组织新闻""国际标准化组织技术委员会情报""ISO 专题目录""ISO 标准手册"。

（2）IEC（International Electrotechnical Commission）标准：成立于 1906 年，是世界上最早的由非政府性国际电工标准机构制定的标准。该机构负责电气和电子领域中标准化组织的协调工作，制定电子、电力、电信及原子能学领域的国际标准，现有 85 个技术委员会，133 个分委员会。

IEC 标准的编号形式为：IEC→顺序号→年份。

检索工具主要是"国际电工委员会标准目录"。

（3）美国国家标准：美国国家标准（America National Standards Institute，ANSI），包括美国国际标准学会制定的标准（ANSI）、联邦规格与标准（FS）和军用规格与标准（MIL），其标准编号形式为：ANSI→分类号→顺序号→年份。检索它的主要工具是"美国国家标准目录""联邦规格与标准索引""标准语规格通报"等。

（4）英国国家标准：英国国家标准（British Standard，BS）由英国标准学会制定，其标准编号形式为：BS（+专业代码）→顺序号→制定或修订年份，主要利用"英国标准年鉴"，中文版"英国标准目录"等。

(5) 日本国家标准：日本工业标准即日本国家标准(Japanese Industrial Standard，JIS)，由日本工业标准调查会制定。

4.3 会议文献

随着科学技术的迅速发展，各个国家的学会、协会、研究机构及国际学术组织越来越多，为了加强科学家之间的信息交流，各学术组织每年都定期或不定期地召开学术会议。据美国科学情报所(ISI)统计，全世界每年召开的学术会议上万个，正式发行的各种专业会议文献5000多种。因此，会议文献是传递和获取科技信息的一种极为有效的重要渠道。

4.3.1 会议文献概述

1. 会议文献

会议文献(Conference Paper)是指在各种学术会议上交流、宣读或发表的论文、报告、讲演等文献，并经编辑整理后的正式出版物。会议文献一般情况下通过会议录的方式出版，有时也会刊载在期刊上。学术会议历来是人们交流研究成果的重要场所。目前，全世界每年大约要召开数千个学术会议。会议种类繁多，有大会、会议、学术讨论会、研讨会、讲习会、座谈会等，由此产生了大量的会议文献，即学术会议论文。

2. 会议文献的特点及类型

1) 会议文献的特点

会议文献是在各种学术会议上宣读的论文、产生的记录，以及发言、论述、总结等形式的文献，包括会议前参加会议者预先提交的论文文摘、在会议上宣读或散发的论文、会上讨论的问题、交流的经验和情况等经整理、编辑加工而成的正式出版物。许多学科中的新发现、新进展、新成就，以及所提出的新研究课题和新设想，都是以会议论文的形式向公众首次发布的。它反映了某些学科或领域的最新研究进展和成就，具有较高的研究价值，尤其通过参加相关的具有一定国际影响的学术会议，不仅能结识同行，把握科研动态，而且对启迪研究思路、寻找合作伙伴、传播与交流信息均具有相当重要的作用。

因此，会议文献具有以下特点：内容新颖，及时性强；学术水平高，专业性强；数量庞大，内容丰富；可靠性高；出版形式多种多样。因此，会议文献在主要的科技信息源中，重要性和利用率仅次于期刊。

会议文献是传播科技信息的重要渠道，许多新的发现或发明往往最先披露于会议或会议文献中。某些会议文献常常不在公开出版物上发表，内容与期刊、研究报告、图书等有一些重复。

2) 会议文献的类型

按出版时间的先后，会议文献有以下3种。

会前文献：指在会议进行之前预先印发给与会代表的论文、论文摘要或论文目录。

会前文献具体有 4 种：会议论文预印本、会议论文摘要、议程和发言提要、会议近期通信或预告。大约 50% 的会议只出版预印本，会后不再出版会议录，在此情况下，预印本就是唯一的会议资料。

会中文献：包括开幕词、讲演词、闭幕词、讨论记录、会议简报、决议等。

会后文献：主要指会议结束后正式发表的会议论文集。会后文献有许多不同的名称，如会议录（Proceeding）、会议论文集（Symposium）、学术讨论论文集（Colloquium Papers）、会议论文汇编（Transactions）、会议记录（Records）、会议报告集（Reports）、会议论文集（Papers）、会议出版物（Publications）、会议摘要（Digest）等。

3）会议文献的出版形式

其出版形式很多，一般有以下 4 种。

图书：多数以会议名称作为书名，或另加书名，将会议名称作为副书名。一般按会议届次编号，定期或不定期出版。

期刊：除图书形式外，相当部分的会后文献以期刊形式发表。它们大都发表在有关学会、协会主办的学术刊物中。有些会议文献作为期刊的副刊或专刊出版。

科技报告：部分会议论文被编入科技报告。

视听资料：会后文献出版较慢，因此国外有的学术会议直接在开会期间进行录音、录像，会后以视听资料的形式发表。

4.3.2　会议文献的信息检索

1. 会议文献的检索工具

由于会议文献的种类和形式多种多样，因此，所利用的检索工具也有所不同，一般分为以下 6 类。

预报举办会议消息的刊物；

报道会议录出版情况的刊物；

报道会议论文索引的刊物。

一般文摘刊物；

专门学会、协会出版物的索引；

报道馆藏会议录的目录。

2. 检索会议信息的工具

《世界会议》（World Meetings）是美国 Macmillan Publishing 编辑出版的，预报两年内将要召开的会议信息，共分 4 分册出版：《世界会议：美国和加拿大》；《世界会议：美加以外的国家和地区》；《世界会议：医学》；《世界会议：社会与科学、教育与管理》，以上 4 个分册均为季刊，内容包括自然科学、工程技术、医学和社会科学。《世界会议》各分册的正文部分内容有：登记号、会议名称、会址、主办单位、联系人或单位、讨论内容、出席人数、论文提交日期、论文截止日期、寄送地址、预定出版的会议资料，以及有无同时举办展览等。索引部分由 6 种索引组成：关键词索引、会议日期索引、会议地址索引、会议出版物索引、主办单位名称索引、论文截止期限索引。

3. 学术会议文献数据库

1) 国内会议文献

万方"中国学术会议论文全文数据库"(CACP)，收录了国家级学会、协会、研究会组织召开的全国性学术会议论文全文；每年涉及千余个重要的学术会议，增补论文15 000 余篇；收录范围有自然科学、工程技术、农林、医学等领域，内容包括数据库名、文献题名、文献类型、馆藏信息、馆藏号、分类号、作者、出版地、出版单位、出版日期、会议信息、会议名称、主办单位、会议地点、会议时间、会议届次、母体文献、卷期、主题词、文摘、馆藏单位等，总计约 50 万篇，年更新数据约 4 万条，是国内收集学科最全面、数量最多的学术会议论文数据库。

"中国重要会议论文全文数据库"(CPCI)是 CNKI 源数据库的重要组成部分。该数据库是收录我国国家一级学会、协会和其他学术机构或团体在国内召开的国际性和全国性学术会议的会议论文全文数据库，其中包括各论文集的完整资料，是国内最全面、收录质量最高的会议论文全文数据库。其现在已经收录 350 个一级学会、协会和相当的学术机构或团体主持召开的国际性和全国性会议的近 60 万余篇论文及相关资料，包括正式出版物和非正式出版物。收录单位包括中国物理学会、中国土木工程学会、中国地质学会、中华医学会、中国高等科学技术中心、中国质量管理协会等。数据库提供主题、题名、关键词、摘要、论文作者、会议录名称、会议名称、主办单位等 24 个检索入口。

国家科技图书文献中心(NSTL，网址为 http://www.nstl.gov.cn)的中国会议论文数据库收录了自 1985 年以来我国国家级学会、协会、研究会以及各省、部委等组织召开的全国性学术会议论文，数据库的收藏重点为自然科学各领域，每年涉及 600 余个重要的学术会议，年增加论文 4 万余篇，每季或每月更新。NSTL 的外文会议论文数据库主要收录了 1985 年以来世界各主要学会、协会、出版机构出版的学术会议论文，部分文献有少量回溯。学科范围涉及工程技术和自然科学各专业领域。每年增加论文约 20 余万篇，每周更新。

2) 国外会议文献

ISI Proceedings，美国 Thomson Science 公司基于 ISI Web of Knowledge 检索平台将科技会议录索引(Index to Scientific & Technical Proceedings, ISTP)和社会科学及人文科学会议录索引(Index to Social Sciences & Humanities Proceedings, ISSHP)集成提供会议论文的文摘索引信息。如果所在机构目前已经订阅了 ISI Proceedings，ISI 将自动把账号与 Web of Science 数据库整合，用户能同时检索会议录文献记录。通过这一增强功能，可充分利用 Web of Science 的强大功能来处理会议录数据。目前整合后的数据库分别为 Conference Proceedings Citation Index——Science(CPCI-S)——1996 年至今和 Conference Proceedings Citation Index——Social Science & Humanities (CPCI-SSH)——1996 年至今。

ISTP 的检索方法与 SCI 等 ISI 数据库的检索方法相同，其检索方式为：进入 ISI Web of Knowledge 平台，在"选择一个数据库"页面单击顶部的 Web of Science 检索会议录文献链接。转至页面的"当前限制"部分,选择一个或全部会议录文献引文索引。若订阅了 Web of Science,则可选择订阅的数据库。

OCLC FirstSearch 检索系统中的 PapersFirst(国际学术会议论文索引)和 Proceedings(国际学术会议录索引)数据库提供世界范围内的会议文献检索。FirstSearch 是 OCLC 的一个联机参考服务系统,包括 70 多个数据库。从 1999 年开始,CALIS 全国工程中心订购了其中基本组的 13 个数据库,PapersFirst 和 Proceedings 是其中的两个。

PapersFirst 数据库收录世界范围内各类学术会议上发表的论文的索引信息,它覆盖了自 1993 年 10 月以来在"大英图书馆资料提供中心"会议录中收集的所有大会、专题讨论会、博览会、讲习班和其他会议上发表的论文,每两周更新一次。

PapersFirst 中的每条记录对应 Proceedings 数据库的某个会议记录,Proceedings 是 PapersFirst 的相关库,收录了世界范围内举办的各类学术会议上发表的论文的目次,利用该数据库可以检索"大英图书馆资料提供中心"的会议录,了解各个会议的概貌和学术水平,每周更新两次。

4. 会议论文原文的获取

使用以上检索工具,可以查到会议录或会议论文的题目等信息。如果想进一步阅读原文,就需要了解会议文献在何处有收藏。除了向发行单位订购或本人联系外,还可以利用当地图书馆的馆藏目录、各大图书馆或情报所的馆藏目录和联合目录,查得馆藏索引号,即可借阅或复制会议文献。此外,还可以查阅有关的其他检索工具。

会议论文预印本的获取:如果所需要的会议论文只有预印本一种形式,由于一般图书馆大都没有收藏,因此应向中国科技情报所、中国科学院图书馆等国内大型情报所和图书馆联系复制。国内的会议文献大都收录在中国科技情报所主办的《中国学术会议文献通报》和中国科学院文献情报中心的《馆藏国内学术会议资料目录》中;国外的会议文献收录在中国科技情报所编辑的《国外科技资料馆藏目录》中。

以图书形式出版的会议文献的获取:如果所需要的会议论文发表在已知的会议录中,则应首先查阅本单位、本地区图书馆的馆藏图书目录。如果缺藏,可利用《西文科技会议录联合目录》进行查找。

《西文科技学术会议联合目录》:北京图书馆联合目录组编,书目文献出版社出版。已经出版三册:第一册报道 1976—1978 年全国 129 个图书馆收藏的西文科技学术会议录 4976 种;第二册报道 1979—1980 年全国 113 个图书馆收藏的西文科技学术会议录 3957 种;第三册是前两册的续集,收录了全国 94 个图书馆入藏的西文科技会议录 7100 余种(其中有少数会议录曾在前两册中被收录),包括英文、德文、法文、意大利文、西班牙文、波兰文、捷克文、罗马尼亚文、匈牙利文等文种,是查找我国各大图书馆收藏的西文科技会议录的大型目录。可利用该联合目录查出收藏单位并进行借阅和复制。

以期刊形式出版的会议文献的获取:如果所需要的会议论文发表在已知的期刊中,应首先查阅本单位、本地区图书馆的馆藏期刊目录。如果缺藏,可利用《西文期刊联合目录》进行查找。此外,国外也出版了很多查找会议文献的馆藏目录和联合目录,帮助查找原始会议文献的收藏地点。

《英国图书馆出借部馆藏会议出版物索引》：英国图书馆出借部(British Library Lending Division)编辑出版，1974 年创刊，月刊。曾经出版过《英国图书馆出借部会议索引，1964—1973》(*BLLD Conference Index*，1964—1973)累积本以及后来的年刊，另有月刊报道最新情报。本刊力图收全《世界会议》中所通报的学术会议上发表的文献，供读者借阅或复制。如果所需的会议录或会议文献已经绝版或国内馆藏不能确定，可使用此检索工具确定馆藏，然后向英国图书馆出借部提出复制的委托。

如果通过上述途径仍然无法获得原文，可以考虑直接与论文著者进行联系，或者与原文来源单位进行联系(许多检索工具都提供了会议论文第一著者的单位和地址)，来获得所需要的会议文献。

4.4 科技报告

科技报告(Report)是既像书又像刊的一次文献，它是科研工作的系统总结，是与政府部门签有合同的科研项目报告，是科技工作者围绕某一专题从事研究所取得的科技成果的总结，或是研究过程中每一阶段进展情况的实际记录。

4.4.1 科技报告概述

1. 科技报告的基本概念

科技报告是报道研究工作和开发调查工作的成果或进展情况的一种文献类型。科技报告传播研究成果的速度较快；注重详细记录科研进展的全过程。大多数科技报告都与政府的研究活动、国防及尖端科学技术领域有关。其撰写者或提出者主要是政府部门、军队系统的科研机构和一部分由军队、政府部门与之签订合同或给予津贴的私人公司、大学等。科技报告所报道的内容一般必须经过有关主管部门的审查与鉴定，因此具有较好的成熟性、可靠性和新颖性，是一种非常重要的学术信息资源。

2. 科技报告的特点

科技报告反映的是新兴科学和尖端科学的研究成果，能代表一个国家的研究水平。一个报告单独成册，且注有研究机构名称和统一编号；在内容上它叙述详尽具体，数据完整可靠，技术专深全面，可直接借鉴；在发表速度上快于期刊；它具有保密或控制发行的特点。目前，美国、英国、德国、日本等国每年产生的科技报告达 20 万件左右，其中美国占 80%。

3. 科技报告的出版形式

(1) 报告(Report)一般公开出版，内容较详尽，是科研成果的技术总结。

(2) 札记(Notes)内容不太完善，是编写报告的素材，也是科技人员编写的专业技术文件。

(3) 备忘录(Memorandum)内部使用,限制发行,包括原始试验报告,有数据及一些保密文献等,供行业内部少数人沟通信息使用。

(4) 论文(Paper)指准备在学术会议或期刊上发表的报告,常以单篇形式发表。

(5) 译文(Translation)译自国外有参考价值的文献。

4. 按研究进度划分的科技报告

(1) 初期报告(Primary Report),研究单位在进行某研究项目的一个计划性报告。

(2) 进展报告(Progress Report),报道某项研究或某研究机构的工作进展情况。

(3) 中间报告(Interim Report),报道某项研究课题某一阶段的工作小结以及对下一阶段的建议等。

(4) 最终报告(Final Report),科研工作完成后所写的报告。

5. 科技报告的保密性

保密报告(Classifical),按内容分成绝密、机密和秘密3个级别,只供少数有关人员参阅。非保密报告(Unclassifical),分为非密限制报告和非密公开报告。解密报告(Declassfical),保密报告经一定期限,经审查解密后,成为对外公开发行的文献。

4.4.2 科技报告检索

1. 国内的科技报告检索工具

在我国,科技报告主要是以科技成果公报或科技成果研究报告的形式进行传播交流的。

自20世纪60年代开始,国家科委(现国家科技部)就开始根据调查情况定期发布科技成果公报并出版研究成果公告,由国家科技部所属的中国科技信息研究所出版,名称为《科学技术研究成果公报》。这就是代表我国科技成果的科技报告。

2. 国内科技报告数据库

万方数据资源系统,是检索国内科技报告最有效的手段与途径之一。"万方数据资源系统"依托中国科技信息研究所的支撑,科技成果类数据库及检索是其最重要的也是最具特色的产品和服务类型之一。目前,"万方数据资源系统"可供在网上检索的科技成果数据库有以下两个。

1) 中国科技成果数据库

该库由中国科技信息研究所万方数据中心提供,收录了自1964年至今各省、市部委历年鉴定后上报国家科委的科技成果及星火科技成果,范围包括新专利技术、新产品、新工艺、新材料、新设计等技术成果项目。共计23万条记录,涉及化工、生物、医药、机械、电子、农林、能源、轻纺、建筑、交通、矿冶等学科,每年更新数据2万~3万条,是国家科委指定的一个新技术、新成果查新数据库。

2) 全国科技成果交易数据库

该库由北京市情报所提供,收录了自1985年至今的国内可转让的适用科技成果,包含机电仪表、化工医药、轻工食品、农林牧渔等新产品,数据来源于各省、市、自治区、计划单列市情报所机构。

3. 国外的科技报告检索工具

世界上著名的科技报告是美国的四大报告:美国政府的PB报告、军事系统的AD报告、国家宇航局的NASA报告,能源部的DOE报告。下面简单介绍在国际上最著名的美国政府的四大报告。

1) PB报告

PB(Publishing Board)报告来源于美国商业部NTIS,产生于第二次世界大战结束之后,当时美国政府为了整理和利用从战败国获得的数以千吨计的秘密科技资料,1945年6月由美国商务部出版局(Publication Board)负责收集、整理、报导、利用这些资料。

2) AD报告

AD(ASTIA Documents)报告来源于美国国防部。1951年,其由美国国防技术情报中心负责收集整理和出版。其报告号冠以AD,A原先为Armed、D则为Document之意,现在可理解为入藏报告(Accession Document)。

3) NASA报告

NASA(National Aeronautics and Space Administration)报告来源于美国宇航局,是美国国家航空航天局科技情报处编辑、出版的专业性检索刊物,它是检索航空航天科技报告的重要工具。

4) DOE报告

DOE(Department of Energy)报告来源于美国能源部,是由美国能源部技术情报中心编辑出版的半月刊。

这四大报告每年公开和解密的报告约6万件。科技人员对科技报告的需要量约占其全部文献量的10%～20%,特别是在发展迅速、竞争激烈的高科技领域。

此外,美国《政府报告及索引》(Government Reports Announcements & Index, GRA&I),也是检索美国科技报告的主要工具,1946年创刊,现由美国商务部国家技术情报服务局(NTIS)编辑出版,其以文摘的形式报道美国的四大报告,侧重于PB和AD报告,GRA&I分为现期期刊和年度索引两部分。GRA&I现期期刊为半月刊,每期报道2500多件,全部24期报道科技报告6万多件。

4. 国外的科技报告数据库

GrayLIT Network是由美国能源部(DOE)科技信息办公室(OSTI)联合美国国防技术信息中心(DTIC)、美国航空航天总署(NASA)、美国环保局(EPA)提供的科技报告数据库,由以下5个数据库组成。

Defense Technical Information Center(DTIC)Report Collection提供解密文件,超过42 000篇全文报告,内容涉及国防研究和基础科学。

DOE——Information Bridge Report Collection 能够检索并获得美国能源部提供的研究与发展报告,全文超过65 000篇报告,内容涉及物理、化学、材料、生物、环境科学及能源。

EPA——National Environmental Publications Internet Site(NEPIS)提供超过9000篇报告,内容涉及水质、废水、生态问题、湿地等。

NASA Jet Propulsion Lab(JPL)Technical Reports 提供超过11 000篇报告,内容涉及推进系统、外太空进展、机器人等。

NASA Langley Technical Reports 提供超过2500篇报告,内容涉及航天、太空科学等。

NTIS 数据库的网址为 http://www.ntis.gov。NTIS 报道的科技报告主要是美国的四大报告,另外包括美国农业部、教育部、环保局、健康与人类服务部、住房与城市部等的科技报告;同时也收录了世界其他许多发达国家,如加拿大、苏联、日本、德国和欧洲各国以及一些国际组织的报告。

4.5 学位论文

学位论文(Dissertation),是指高等院校和科研机构的本科生和研究生,为获得相应学位所提交的学术论文,如学士、硕士、博士论文等。博士论文具有较高的参考价值,一般偏重于理论,附有大量的参考文献,借此可以看出有关专题的发展过程和方向。

4.5.1 学位论文概述

《中国大百科全书·图书馆学 情报学 档案学》给学位论文的定义是:高等学校或研究机构的学生为取得学位,在导师指导下完成的科学研究、科学试验成果的书面报告。

由于各国教育制度不同,规定授予学位的级别不同,学位论文相应有学士学位论文、硕士(副博士)学位论文和博士学位论文之分,一般级别越高的学位论文,其学术价值越高,其中博士学位论文具有较高的学术参考价值。

学位论文的特点:一般具有一定的独创性,内容系统详尽,是启迪思路、开创新领域的重要研究资料;学位论文一般不出版发行,而是保存在授予学位单位的图书馆里。由于学位论文是非卖品,故一般不出版,只能提供复印件。

随着数字化进程,现在有电子文档和论文数据库。目前已经有不少专门收录学位论文的数据库,基本上收录博士、硕士论文。各高校和数据库网站也收录了不少学位论文的资源。

4.5.2 学位论文的信息检索

1. 学位论文获取的主要途径

1) 通过国内外专门收藏学位论文的单位和机构直接获取

(1) 国内学位论文收藏的主要单位有高校图书馆、科研机构图书馆和专业图书馆,如北京大学图书馆、清华大学图书馆、国家图书馆、科学院系统图书馆、北京文献服务处、中国科技信息研究所等。其中,中国科技信息研究所是国家法定的学位论文收藏机构。

(2) 国外学位论文收藏的主要单位有美国大学缩微品国际出版公司(University Microfilms Inc.),它专门负责出版学位论文信息;美国 UMI 公司的博士、硕士论文数据库——ProQuest Digital Dissertation,简称 PQDD(后改为 PQDT),是世界上最著名的网上专门的学位论文数据库,是查找国外博士、硕士论文最主要的检索工具。

2) 访问各专门信息提供的站点

世界上最著名的学位论文数据库(PQDD)(http://wwwlib.global.umi.com/dissertations);

中国学位论文数据库(http://c.wanfangdata.com.cn/thesis.aspx);

国家科技图书文献中心的中文学位论文查询系统(http://www.nstl.gov.cn/index.html);

论文资料网(http://www.51paper.net/);

中国民商法律网(http://www.civillaw.com.cn/jszx/)。

3) 访问各高等院校图书馆的站点

CALIS 学位论文库(http://www.calis.edu.cn/calisnew/);

中国高等学校学位论文检索信息系统;

北京大学的学位论文库(http://fulltext.lib.pku.edu.cn/was40/searchbrief.htm)。

4) 利用 Internet 检索工具——搜索引擎

(1) 当用户不了解网上资源的分布情况时,可利用各种搜索引擎,很方便地查找学位论文的相关信息,尤其是那些动态的、零散的信息。

(2) 利用搜索引擎的特殊搜索功能,如 Google 的学术搜索功能。

无论通过何种获取途径,即选择何种检索工具,数据库或论文网站都会提供不同的检索方式。

2. 检索方式

简单检索(或单字段检索)、分类检索和高级检索(或多字段的组合检索)。

举例:高校博士、硕士论文数据库的使用。

进入北京外国语大学图书馆主页(http://lib.bfsu.edu.cn),选择"特色数据库",打开如图 4-7 所示的页面。再选择"学位论文数据库",即可进入论文检索,如图 4-8 所示。

下面是北京外国语大学硕士论文记录样例。

```
论文语种:chi
学科代码:1201
学科门类:管理学
一级学科:管理科学与工程
学位:硕士
```

图 4-7　北京外国语大学图书馆的"特色数据库"

图 4-8　论文检索

学位级别：硕士
学位授予单位：北京外国语大学
保密级别：内部
作者：陈曦

> 学 校：北京外国语大学
> 院 系：国际商学院
> 专 业：外交学
> 研究方向：国际经济
> 第一导师姓名：张继红
> 第一导师院系：国际商学院
> 论文完成日期：2010-12-01
> 论文答辩日期：2010-12-27
> 论文题名(中文)：能源回购机制下企业生产定价策略研究
> 论文题名(外文)：Production and Pricing Strategy under Energy Buy-back Program

此外，还有关键词、论文摘要、论文参考文献数、论文格式、资源类型、馆藏位置、馆藏排架号、Calis-OID、分类号等。

3. 国内学位论文检索

1) CNKI 中国优秀博士、硕士学位论文全文数据库

CNKI 中国优秀博士、硕士学位论文全文数据库是目前国内相关资料最完备、收录质量最高、连续动态更新的数据库。中心网站及数据库交换中心每日更新，各镜像站点通过互联网或卫星传送可实现每日更新，专辑光盘每季度更新。该库与万方的中国学位论文数据库在自然科学领域有一定的交叉。该库集题录、文摘、全文文献信息于一体，可以实现一站式文献信息检索。

检索式及功能：用户可以从中国知网主页选择博士、硕士论文库，并可选择论文题名、论文著者、作者机构、论文授予单位等字段进行检索。前提必须是购买了博士、硕士论文库，用户还可以通过下载卡的账号、密码进行登录来查找和下载全文，但只能下载某一章节，不能整本下载。全文的格式是 CAJ，用户必须首先下载并安装这个软件，才能进行全文阅读、识别和格式转化等。

检索实例：检索有关"数字图书馆技术方面的学位论文"。

第一步：选择 CNKI 主页面中的"博硕士"，再单击"高级检索"。

第二步：选择检索项为"关键词"，输入检索词"图书馆"，选择"并且包含"逻辑运算，并在其后输入检索词"数据库"。

第三步：单击"检索"按钮，检索结果如图 4-9 所示，共检索出 21 篇论文。

检索结果可以按发表时间、被引、下载、学位授予年度等条件进行排序，以摘要和列表两种形式显示。也可以对检索结果进行二次检索，即在结果中检索，提高查准率。单击某条检索结果题名，即可查看详细信息，如图 4-10 所示，提供分页下载、分章下载、整本下载、在线阅读等功能。

2) 万方数据资源系统中国学位论文全文数据库

该库收录了博士、硕士以及博士后论文共计约 150 万篇，其中 211 高校论文收录量占总量的 70% 以上，每年约增加 30 万篇，内容涵盖自然科学、数理化、生物、医药、卫生、工业技术、航空、社会科学、人文地理等学科领域。该库提供论文题名、论文作者、分类号、导

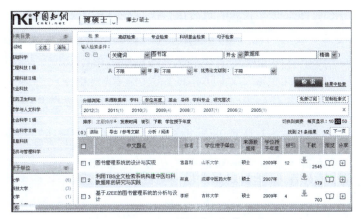

图 4-9　CNKI"博硕士"检索结果

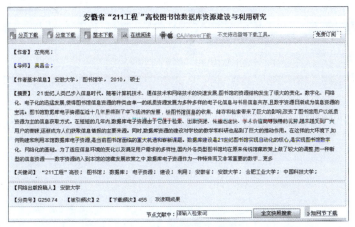

图 4-10　论文检索结果

师姓名、关键词、作者专业、授予学位、授予学位单位、出版时间等入口进行检索,可以使用逻辑组配进行检索。用户可以根据自己的需要进行选择,检索结果可选择按升降序排列,检索到的原文,采用简体中文版 Acrobat Reader 5.0 或其以上版本阅读 PDF 全文。Acrobat Reader 可免费得到,在互联网上很多网站均提供此软件的下载链接,也可以在万方数据库上下载。单击主界面上的"学位论文"即可进入学位论文的检索界面。

此外,还有 CALIS 高校学位论文数据库、国家科技图书文献中心(NSTL)学位论文数据库系统,以及各高校的学位论文库。

4. 国外学位论文检索

PQDT(ProQuest Dissertations & Theses),原名 PQDD(ProQuest Digital Dissertations)是世界上最著名的学位论文数据库,由美国 ProQuest 公司(原名 UMI 公司)出版,它收录了欧美 1000 余所大学的 300 多万篇博士、硕士论文,内容涵盖理工和人文社科的各个领域,是学术研究中十分重要的信息资源。其中,1997 年以来的部分论文不但能看到文摘索引信息,还可以看到前 24 页的论文原文,每周更新,是查找国内外博士、硕士论文最主要的检索工具,也是目前世界上最大和使用最广泛的学位论文数据库。

它包括两个专辑:A辑(The Humanities and Social Sciences 即人文社科版)和B辑(The Sciences and Engineering 即科学及工程版),每周更新。PQDT共提供14个字段的检索,常用字段包括题目(title)、文摘(abstract)、作者(author)、导师(advisor)、学校(school)、学科(subject)、年代(year)、语种(language)等,可以选择其中任意一个途径进行检索。

2004年12月,PQDD改名为PQDT,这表示该学位论文库更加重视硕士学位论文的收藏,在原有收录的基础上将大量收录硕士学位论文。同时,PQDT还开发了统一检索平台,最终使用户能够完成一站式检索。

检索方式如下。

进入数据库,在IE地址栏输入PQDD网址http://search.proquest.com/,进入PQDD页面,如图4-11所示。

图 4-11　PQDD 页面

PQDD 提供的检索方式有:基本(Basic)检索和高级(Advanced)检索。

1) 检索技巧

成功检索在很大程度上涉及精确度。下面介绍的提示、技巧和信息可帮助用户按精度检索,并查找所需的内容。

(1) 几项基本信息。

扩大检索范围:以 OR 分隔检索词。

缩小检索范围:以 AND 分隔检索词。

注:默认情况下,ProQuest 假定检索词为 AND 关系。

高级检索:用于在 ProQuest 中索引文档的特定字段中检索词语。

出版物检索：浏览各期报纸、期刊或杂志，或在特定出版物中检索文章。

短语检索：将短语放在引号内进行查找，例如"healthy eating"。

词语变体：检索某个词的特定变体，例如 colour 而不是 color，在检索框中输入词，并使用引号，如 colour。

限定检索：选中可用的限定条件复选框，例如全文文献或同行评议，以缩小检索范围。

注：可用限定条件随数据库和检索方式的不同而改变。

（2）ProQuest 解释的检索方式。

可以在检索框中输入字词进行检索，而不需指定检索字段。

ProQuest 将检索所有包含检索词（出现在任何字段，例如文档标题、作者、主题、全文等）的文档。

例如，检索 healthy eating 与检索 healthy AND eating 为相同检索。检索不会仅检索 healthy 或 eating。ProQuest 将在所有字段中查找 healthy 和 eating。

注：如果在默认情况下用户的账户不检索全文，基本检索搜索框的上方将显示一条通知对此加以说明。

（3）运算符、字段和特殊字符。

可以使用小写，也可以使用大写来输入运算符，OR 与 or 所起的作用相同。ProQuest 的运算符、字段和特殊字符如表 4-3 所示。

表 4-3　ProQuest 的运算符、字段和特殊字符

运算符	说　　明	示　　例
AND	查找包含所有字词或短语的文档 使用 AND 可缩小检索范围并获取较少的结果	food AND nutrition
OR	查找包含任何字词或短语的文档 使用 OR 可扩大检索范围并获取更多的结果	food OR nutrition
NOT	查找包含其中一个检索词语而不包含其他检索词语的文档	nursing NOT shortage
NEAR/*n* 或 N/*n*	查找包含间隔指定数量字词的两个检索词（任意顺序）的文档 将 ?*n*? 替换为数字。例如，3 表示在 3 个字词中单独使用时，NEAR 默认为 NEAR/4 重要信息：当将 NEAR 缩短为 N 时，必须提供一个编号 例如，internet N/3 media。如果检索 internet N media，ProQuest 会将 N 视为检索词，而非近似运算符	nursing NEAR/3 education media N/3 women

续表

运算符	说 明	示 例
PRE/n 或 P/n 或 -	查找包含一个检索词语先于另一个词语指定字数的文档 用一个数字替代 n？例如，4 表示第一个词先于第二个词 4 个字或更少 连字符(-)可连接检索中的两个词语，等同于 PRE/0 或 P/0	nursing PRE/4 education shares P/4 technologies 护理教育
EXACT 或 X	在全部内容中查找准确检索词语，主要用于检索特定字段，如"主题"。例如，su.exact("higher education")检索将返回包含主题词 higher education 的结果	SU.EXACT("higher education") SU.X("higher education")
LNK	通过在?词库?窗口选择适当的限定符，或通过在?基本检索?、?高级检索?或?命令行检索?中使用 LNK(或--)，将描述词链接到副标题(限定符) 此外，一起连接两个相关的数据元素，以确保用户检索适当的特异性	MESH(descriptor LNK qualifier) MESH(aspirin LNK "adverse effects") MESH(aspirin -- "adverse effects") IND("dry eye") LNK RG(Canada) 将检索已标识加拿大地区治疗干眼症的药物的文件

2）运算符优先级

使用运算符合并检索词的检索时，ProQuest 遵循默认顺序。如果用户的检索包含 AND 或 OR 等运算符，ProQuest 将按以下顺序合并它们：NEAR、PRE、AND、OR、NOT。

例如，检索 education AND elementary NOT secondary。

将按此顺序解释为(education AND elementary) NOT secondary。

由于 education AND elementary 是最先解释的，检索将返回讨论 elementary education 的 education 结果，而不是关于 secondary education 的结果。

注：若需要更多的控制性检索，请使用括号覆盖 ProQuest 的默认运算符优先级。

3）检索字段

将每个 ProQuest 数据库中的每个文档编入索引，以捕获有关文档的各种信息。用户可以使用索引检索字段创建非常精确的检索。

例如，AU(smith)将仅获取 smith 出现在作者字段的文档。同样，AU(smith)and TI(food)将仅获取标题字段含有 food，作者字段含有 smith 的文档。

使用逗号分隔代码可一次检索多个字段。

例如：

AB,TI(food)，获取标题字段含有 food 或摘要字段含有 food 的文档。

AB,TI(food or nursing)，获取标题摘要字段或标题字段中含有 food 或 nursing 的

文档。

若要进一步限定检索,则在一个检索查询中使用更多个字段代码。

AB,TI(food),获取标题字段含有 food 或摘要字段含有 food 的文档。

AB,TI(food or nursing),获取标题摘要字段或标题字段中含有 food 或 nursing 的文档。

4）通配符和截词字符

当查找包含拼写变体或以相同字符串开头的字词时,即可使用通配符和截词字符,具体内容、说明和示例如表 4-4 所示。

表 4-4　ProQuest 的通配符和截词字符

字　符	说　明	示　例
?	通配符,用于替换某个字词内部或结尾的任何一个字符。可使用多个通配符来表示多个字符	nurse? 可找到：nurses、nursed,但不是 nurse sm?th 可找到：smith 和 smyth ad??? 可找到：added、adult、adopt
＊	截词字符（＊）用于检索检索词的变体。在检索词开头（左侧截词）、结尾（右侧截词）或中间使用截词字符。每一个截词字符最多可以返回 500 个词的变体 标准截词（＊）检索检索词的变体,最多可替换 10 个字符 限定截词（［＊n］或 $n）可替换多达指定字符数的字符,例如［＊50］,可输入的最大字符数为 125	nurse＊ 可找到：nurse、nurses、nursed colo＊r 可找到：colour、color ＊old 可找到：told、household、bold ［＊5］beat 可找到：upbeat、downbeat、offbeat、heartbeat
$n or［＊n］	$n 和［＊n］是用来表示想截断多少个字符的等效运算符	nutr$5,nutr［＊5］可找到：nutrition,nutrient,nutrients
＜	小于,用于出版年份的数字领域	YR(＜2005)
＞	大于,用于出版年份的数字领域	YR(＞2005)
＜＝	小于或等于,用于出版年份的数字领域	YR(＜＝2005)
＞＝	大于或等于,用于出版年份的数字领域	YR(＞＝2005)
-	在检索数字字段（如出版日期）时,使用连字符表示检索范围	YR(2005—2008)

注意：根据相关性排序结果时,不考虑使用截词字符（＊）或通配符（?）检索到的任何词语。这是因为 ProQuest 无法评估此类词语与检索的相关性。例如,检索 bio＊ 可能会返回显示任何或所有以下词语：bionic 或 biosynthesis 或 biodegrade 或 biographic。其中可能有一个、部分、全部或没有词语与检索相关。

5）按主题检索

限定符帮用户将检索限制在某一主题的具体方面。例如，将 adverse effects 限定符与某一药品名共同使用查找有关该药品副作用的文档。例如，aspirin LNK "adverse effects"。

基本检索，进入 PQDD 页面，输入检索内容，按 Enter 键，就直接进入基本检索页面。

高级检索，如果需要进行更为复杂的检索，可以单击"高级检索"按钮进入高级检索页面，如图 4-12 所示。

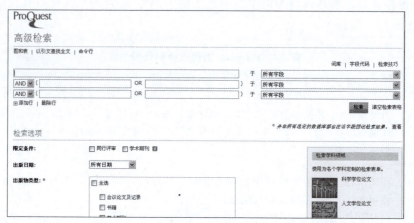

图 4-12　高级检索

例如，检索 CMM，选择 AND，再输入 CMMI，单击"检索"，结果如图 4-13 所示，符合条件的论文有 380 篇。

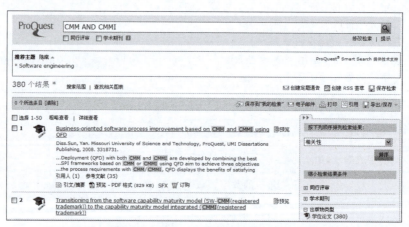

图 4-13　CMM AND CMMI 检索结果

图 4-13 的检索结果，包括题目、作者、学位、出处等简单信息。选择第一篇论文，可以看到 PDF 格式全文，如图 4-14 所示。

注：要求计算机上已安装 PDF 格式文件浏览器（如 Acrobat Reader）。

> **2.1. SOFTWARE PROCESS IMPROVEMENT AND SOFTWARE PROCESS ASSESSMENT**
>
> Starting from the mid 1980s, great attention has been given to the study of software processes. The goal is to analyze the process structures and to find the best way to improve them. Two related terms should be clarified: Software Process Improvement (SPI) and Software Process Assessment (SPA).
>
> Figure 2.1 shows the relationships among the process, process assessment, process improvement, and capability determination. As shown in the figure, process assessment is the starting point of process improvement. The result of process improvement is a changed (and hopefully better) process that can be assessed for further improvement. This relationship between SPI and SPA is concurred upon by the SPI

图 4-14　某论文的 PDF 样式

思考题

（1）简述专利文献的特点及类型。

（2）简述标准文献的分类及标准编号。

（3）利用检索工具查找一篇关于"素质教育"的会议文献记录全文。

（4）检索并下载一篇科技报告文献记录。

（5）国内外学位论文分别有哪些查找途径？

第 5 章　国外著名检索工具

如何在浩瀚的信息海洋中快速、有效地找到自己需要的信息,并且聚焦到自己所关注的问题上,仅仅依靠现有的免费资源是远远不够的,还需要借助许多重要的专业学术资源和检索工具。下面主要介绍 5 种重要的检索工具,即 EI(工程索引)、SCI(科学引文索引)、ISTP(科学技术会议录索引)、SSCI(社会科学引文索引)和 A&HCI(艺术与人文引文索引)。

科技部下属的"中国科学技术信息研究所"从 1987 年起,每年以国外四大检索工具 SCI、ISTP、EI、ISR 为数据源进行学术排行。由于 ISR(《科学评论索引》)收录的论文与 SCI 有较多重复,且收录的我国的论文偏少,因此,1993 年起不再把 ISR 作为论文的统计源。而其中的 EI、SCI、ISTP 数据库就是图书情报界常说的国外三大检索工具。本章将 SSCI、A&HCI 也纳入进来。

5.1　EI

5.1.1　EI 概况

1. 概况

工程索引(The Engineering Index,EI)创刊于 1884 年,是美国工程信息公司(Engineering Information Inc.)出版的著名工程技术类综合性检索工具。EI 检索每月出版一期,文摘 1.3 万~1.4 万条;每期附有主题索引与作者索引;每年还另外出版年卷本和年度索引,年度索引还增加了作者单位索引。收录文献几乎涉及工程技术的各个领域,例如电工、电子、计算机、自动控制、应用物理、光学技术、航空航天、动力能源、采矿矿冶、金属工艺、材料、土木、机械制造、汽车船舶、石油化工、管理、土建、水利、教育工程等。EI 检索具有综合性强、资料来源广、地理覆盖面广、报道量大、报道质量高、权威性强等特点。

EI 选用世界上工程技术类几十个国家和地区 15 个语种的 3500 余种期刊和 1000 余种会议录、科技报告、标准、图书等出版物。年报道文献量 16 万余条。EI Compendex 是全世界最早的工程文摘来源。EI Compendex 数据库每年新增的 50 万条文摘索引信息分别来自 5100 种工程期刊、会议文集和技术报告。EI Compendex 收录的文献涵盖所有的工程领域,其中大约 22% 为会议文献,90% 的文献语种是英文。EI 公司在 1992 年开始收录中国期刊。1998 年,EI 在清华大学图书馆建立了 EI 中国镜像站。2009 年以前,EI 把它收录的论文分为两个档次:EI Compendex 和 EI Page One。

EI Compendex 标引文摘,也称核心数据。它收录论文的题录、摘要,并以主题词、分类号进行标引深加工。有没有主题词和分类号是判断论文是否被 EI 正式收录的唯一标志。

EI Page One 题录,也称非核心数据,主要以题录形式报道。有的也带有摘要,但未进行深加工,没有主题词和分类号。所以,Page One 中的文摘不一定算作正式进入 EI。EI Compendex 数据库从 2009 年 1 月起,所收录的中国期刊数据不再分核心数据和非核心数据。

EI 有悠久的历史,不仅是一种经典的检索工具,而且也是当今世界上一种鉴定、评价科学研究人员、工程技术人员论文学术成果的权威性工具。

EI 公司开发了文献检索系统 EI Village 2。EI Village 工具有一个类似"搜索引擎"的检索界面,这种智能型的"搜索引擎"使用户在检索时,不必从一个检索界面跳到另一个检索界面。在 EI Village 2 中,对原 EI Village 检索语法中不够完善的部分进行了重新修订,使得检索结果更加全面和准确,以保证在最短的时间内获取更准确的检索结果。另外,EI Village 2 还提供了更广泛的检索范围,用户能快捷地检索到 Compendex、Website Abstracts 等数据库的相关信息。

2. 出版形式

EI 的出版形式有以下几种。

(1) 印刷型版本(The Engineering Index):由工程信息公司出版。

(2) 缩微版本(EI Microfilm):由工程信息公司出版。

(3) 机读版本(Compendex):包括光盘版、联机版和网络版。

(4) 光盘版(Dialog OnDisc Compendex Plus):光盘数据库由美国公司从 1985 年开始出版,按季度追加更新,每年累积为一张光盘。它使用 Dialog OnDisc 和 Odwin 检索软件,提供菜单检索和命令检索两种方式。数据库内容与印刷版本的 EI 对应,检索结果所显示的记录内容比印刷版要多一些数据项。该光盘可以在 Windows 和 DOS 下运行。

(5) 联机版(EI Compendex Plus):联机数据库被许多国际联机检索系统使用,如 Dialog、STN、ORBIT 等。在 Dialog 系统中,它是 8 号文档,有 423 万条收录自 1970 年以来的文献的记录。联机数据库使用命令检索方式,检索具体操作见实施 EI 的命令检索内容。

(6) 网络版(EI Compendex Web):网络版是 EI Village 工程信息中心的重要组成部分,可通过 Internet 访问其 WWW 版本。它收录 1980 年以来的 EI 数据,使用 Windows 界面,它还包括(EI Page One)数据库 20 世纪 90 年代以来的文献题录。

5.1.2 EI 检索方式与步骤

从网址 http://www.lib.tsinghua.edu.cn/chinese/EI-village.htm 可进入 EI Compendex Web 数据库的主页面。EI Compendex Web 提供的检索方式有快速检索和高级检索等。

或者,通过机构或团体网站进入。比如,先进入北京师范大学图书馆网站,其网址为 http://www.lib.bnu.edu.cn/index.jsp,选择"资源",再选择"电子资源",出现"数据库列表",从中单击 EI Engineering Village,如图 5-1 所示。

图 5-1 EI Engineering Village

1. 快速检索

快速检索(Quick Search)是系统默认的检索方式。用快速检索方式检索,可选择多个检索字段进行组合。下拉 All Fields,可进行字段的选择。

例如,在快速检索中输入 Single chip microcomputer(单片机),结果如图 5-2 所示。单击某一论文的 Detailed,其显示界面如图 5-3 所示。

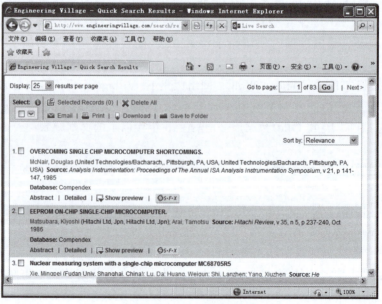

图 5-2 EI 检索结果

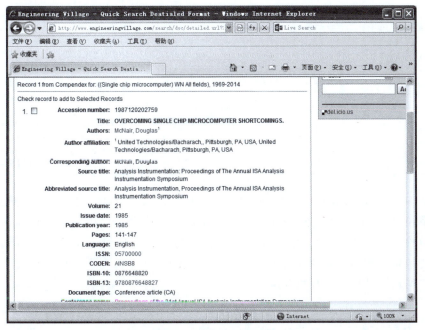

图 5-3　论文的 Detailed

2. 高级检索

在高级检索(Expert Search)方式下，系统支持的检索算符有以下几个。

（1）逻辑算符：AND、OR、NOT。

（2）位置算符(Near)：要求检出的文献同时包含 Near 算符所连接的两个词，且两词之间的距离不超过 100 个单词，词序不限。

（3）通配符(*)：用在单词中间(前面至少有 3 个确定的字母)或词尾，可实现对一个簇性词的检索。如输入 optic*，将检索出包含 optic、optics、optical 等词的记录。

（4）词根符($)：检索出与该词根具有相同语意的词。如输入 $manage，将检索出 managers、managerial 和 management 等词。

（5）用 WITHIN 规定检索字段时，应将检索界面上的字段选择菜单设置为默认值 All Fields。高级检索字段码及检索实例如表 5-1 所示。

表 5-1　高级检索字段码及检索实例

可检索字段	字段代码	检 索 实 例
All Fields	默认值	(wastewater treatment) AND (influnce of temperture WITHIN TI)
EI Subject Terms (Controlled Vocabulary)	CV	(wastewater treatment) AND (foam control WITHIN CV)
Title Words	TI	(wastewater treatment) AND (activated carbon WITHIN TI)
Authors	AU	(permanent magnets) AND (Liuying WITHIN AU)

续表

可检索字段	字段代码	检索实例
Author Affiliations	AF	(permanent magnets)AND(sichuan univ WITHIN AF)
Serial Titles	ST	(fuhe cailiao xuebao WITHIN ST)AND(Tumingjing WITHIN AU)
Abstracts	AB	(wastewater treatment WITHIN AB)AND(wastewater treatment WITHIN TI)
Publishers	PN	(IEEE WITHIN PN)AND(image processing WITHIN TI)

如图5-4所示,高级检索只有一个检索框,用户既可以在单一字段(检索框上方有一个字段下拉菜单)中进行检索,也可以使用布尔算符在多个字段中同时进行检索,使用的字段码及检索实例如图5-4所示。高级检索方式的检索步骤、限定方式、检索结果排序和阅读与传统检索相同。需要注意的是,在高级检索方式中,系统不自动截词,检索命令中的结果将与输入的检索式严格匹配。

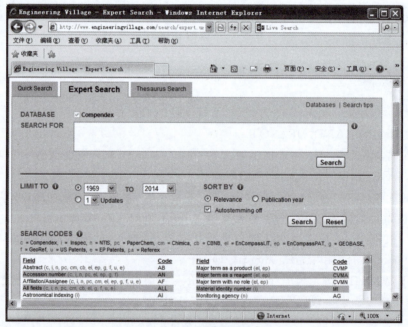

图 5-4　高级检索

由检索实例可知,除全文字段外,其他字段的代码前一律加上WITHIN算符,检索框上方的下拉菜单应设为All Fields状态。

3. 检索结果的输出与处理

1) 显示检索结果

命中记录以题录的形式显示。对于检索结果的排序,系统提供了两种检索选择方式:

按相关度排序(系统默认方式);按 EI 出版(收录)时间排序,从检索界面上可以设定。

(1) 单击某一条目下的 Abstract 项,可显示此条文献的文摘。

(2) 通过界面上方的 Display Format 下拉菜单,可以选择命中记录的显示格式。

(3) 单击条目前的方框,可对记录做标记,然后单击界面上的按钮,可显示标记记录。

(4) 每个页面上显示 10 个记录,通过单击 Next 或 Back 按钮,可前后翻页。系统每次最多显示 400 个命中记录。

2) 保存检索结果

单击 IE 浏览器工具栏中的 Print 打印图标,可以打印检索结果。选择 IE 浏览器上的 File 菜单下的 Save As(另存为)命令,可以将文件存为以.txt 为扩展名的文本文件,使用文字处理软件即可打开它。

5.2 SCI

5.2.1 SCI 概况

1. 概述

科学引文索引(Science Citation Index,SCI)是由美国科学情报所编辑出版的一种颇具特色的大型综合性检索工具,也是世界上极具权威性的评价自然科学研究水平的重要标准,创刊于 1961 年,初始为年刊,1966 年改为季刊,1979 年起改为双月刊,并出版年度累积本和五年度累积本。SCI 由引文索引(Citation Index)、来源索引(Source Index)、轮排主题索引(Permuterm Subject Index)3 个部分组成。其中,最重要、最能反映其特征的是"引文索引"。引文是指一篇学术论文中所引用的参考文献;引文作者是指参考文献的作者。引文索引便是从论文后面所附的参考文献入手,以参考文献作者姓名为序排列的,不但揭示了某作者于何时在何种刊物上发表了哪些论文,而且还表明这些文章曾经被哪些人引用,从而可以了解论文发表后,任何被后来者所发展、改进、证明、应用或否定的内容。从其学术水平及参考价值来看,一篇文献发表后,如果从未被人参考引用过,从某种意义上说,其参考利用价值不大或无人对此研究内容感兴趣。因此,论文所附的参考文献具有重要的价值与作用,这也是 SCI 被世人所公认的原因。

60 多年来,SCI(或称 ISI)数据库不断发展,已经成为当代世界最为重要的大型数据库,也是世界著名的期刊文献检索工具。它可以检索数学、物理学、化学、天文学、生物学、医学、农业科学以及计算机科学、材料科学等学科;收录了自 1945 年以来重要的学术成果信息;它不仅是一部重要的检索工具书,而且也是科学研究成果评价的一项重要依据。它已成为目前国际上最具权威的、用于基础研究和应用基础研究成果的重要评价体系。它是评价一个国家、一个科学研究机构、一所高等学校、一本期刊,乃至一个研究人员学术水平的重要指标之一。SCI 还被国内外学术界当作制定学科发展规划和进行学术排名的重要依据。

1) SCI 来源期刊的两个档次

nSCI：是 SCI 的核心库，产品代码为 K，即内圈。

nSCI-Expanded（简称 SCI-E）：又称 SCI-Research，是 SCI 的扩展库、产品代码为 D，即外圈。内圈与外圈都是精选的，同等重要。其区别在于影响因子、地区因素、学科平衡等。

2) SCI 的版本

SCI 产品有印刷版、光盘版、带有摘要的光盘版、磁带数据库、联机数据库、网络版 6 个版本。

（1）SCI Print 印刷版。1961 年创刊至今，双月刊，现拥有 3700 余种期刊，全为内圈。

（2）SCI-CDE 光盘版。季度更新，现在拥有 3700 余种期刊，全为内圈。

（3）SCI-CDE with Abstract，带有摘要的光盘版。逐月更新，现在拥有 3700 余种期刊，全为内圈。

（4）Magnetic Tape 磁带数据库。每周更新，现在拥有 5700 余种期刊，外圈。

（5）SCI Search Onlne 联机数据库。每周更新，现在拥有 5700 余种期刊，外圈。

（6）The Web of Science SCI 的网络版。每周更新，现在拥有 5700 余种期刊，外圈。

3) SCI 对稿件内容和学术水平的要求

（1）主要收录数学、物理、化学等学术理论价值高并且具有创新性的论文。

（2）国家自然科学基金项目、科技攻关项目、"863"高技术项目等。

（3）论文已达到国际先进水平。

2. SCI 数据库

目前，SCI 数据库分为引文索引（Citation Index, CI）数据库和现刊题录（Current Contents, CC）数据库两类。

1) 引文索引数据库

（1）CI 的内容。

① 期刊论文的相关信息——作者姓名、论文题名、出处、英文摘要。

② 论文所引用的参考文献。

（2）CI 的学术领域。

① 科学引文索引（Science Citation Index, SCI），其产品代码为 K，有 3500 种期刊。

② 社会科学引文索引（Social Science Citation Index, SSCI）（J），有 1700 种期刊。

③ 艺术与人文引文索引（Art & Humanities Citation Index, AHCI），有 1150 种期刊。

④ 其他专业引文索引，包括：

计算数学引文索引（CompuMath Citation Index）。

生物化学与生物物理引文索引（Biochemistry & Biophysics Citation Index）。

生物技术引文索引（Biotechnology Citation Index, BCI）。

化学引文索引（Chemistry Citation Index, CCI）。

神经科学引文索引(Neuroscience Citation Index,NCI)。

材料科学引文索引(Materials Science Citation Index,MSCI)。

2) 现刊题录数据库

现刊题录数据库共分 7 个组别,另外还有科学技术会议录索引(Index to Scientific & Technical Proceedings,ISTP)、社会及人文学会议录索引(Index to Social Sciences & Humanities Proceedings,ISSHP)。

5.2.2 SCI 的网络检索方法与步骤

1. 网络版"科学引文"的特征

"科学引文"网络版 Web of Science 是美国科学情报研究所(Institute for Scientific Information,ISI)开发的基于互联网环境的数据库。与"科学引文"光盘版相比,网络版"科学引文"有以下 3 个特点。

(1) 增加了文献的收录范围,光盘版收录的学术期刊为 3300 多种,网络版为 5600 多种。

(2) 提供了几个有效而实用的链接,通过它们可以查找某一研究课题早期、当时和最近的学术文献,同时获取论文摘要。如利用 Cited References 链接,可以很容易地获取完整的参考文献信息。利用 Related Records 链接,可以迅速得到相关文献的信息,即共同引用相同文献的论文信息。这种引用和被引用的文献可以客观地反映科学研究之间的内在联系,从而为用户提供更有价值的信息。

(3) 数据每周更新,并可实现全部年份、特定年份或最近一周、近两周、近四周数据的检索。

2. 检索方法与步骤

Web of Science 提供了基本检索、作者检索、被引参考文献检索、化学结构检索、高级检索和检索历史等检索方式。它们可以通过主页上的相关按钮来选择。数据库的主页如图 5-5 所示。

1) 基本检索

(1) 组配算符。

逻辑算符:AND、OR、NOT。

位置算符:SAME 或 SENT 所连接的两个检索词只能出现在同一个字段中。例如,在 Address 字段中输入 IBM SAME NY,系统将检索作者地址为 IBM's New York facilities 的文献。

通配符:*。例如,输入 Journal Of Cell*,将检索 Journal Of Cell Transplantation 中的文献。

禁用词:许多地址中经常采用一些缩略词。按照 Web of Science 的规定,不允许单

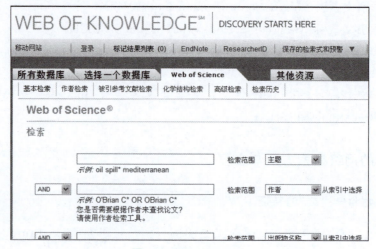

图 5-5　Web of Science

独用这些缩略词检索。例如,在地址字段中输入 UNIV 一个词检索是无效的,应该输入 UNIV PENN 或者 UNIV PA。

(2) 在地址字段中不能单独用于检索的缩略词有 UNIV、CHEM、COLL、CTRD、DEPT、DIV、ENGN、HOSP、INST、LAB、MED、PHYS、RES、SCH、SCI、ST 等。

(3) 检索结果。

对于检索结果,系统提供了显示、打印、下载和 E-mail 功能。

系统提供了 Format for print、Save to file、Export、E-mail 输出方式。Save to file 和 Export 输出方式需要专门的接口软件。

2) 被引参考文献的检索

在引文检索发送下,系统提供了被引作者、被引文献刊名、被引文献年代 3 个阶段字段。

(1) 被引作者(Cited Author)字段。输入被引文献作者,可使用算符(OR)。

(2) 被引文献刊名(Cited Works)字段。输入引文所在期刊刊名缩写、书名缩写或专利号,可使用算符(OR)。

(3) 被引文献年代(Cited Year)字段。输入四位数字,表示被引文献发表的年代,可使用算符(OR)。

5.3　ISTP

ISTP 与 SCI、EI 组成世界上三大重要检索系统,其收录文章的状况是评价国家、单位和科研人员的成绩、水平以及进行奖励的重要依据之一。我国被三大系统收录的论文数量逐年增长。学校在"1512 工程"建设及科技成果奖励方案中均十分重视这三大系统。

5.3.1 ISTP 概况

1. 概述

"科学技术会议录索引"(Index to Scientific & Technical Proceedings,ISTP)是由美国"科学情报研究所"编辑出版的,创刊于 20 世纪 80 年代末,为月刊,每年度有累积本,是一种检索多学科会议论文的索引。它每年报道 3000 多种会议录,会议论文约 10 万篇。本会议索引收录生命科学、物理化学、农业生物和环境科学、工程技术、管理信息、教育发展、社科人文和应用科学等学科的会议文献,包括一般性会议、座谈会、研究会、讨论会、发表会等。其中工程技术与应用科学类文献约占 35%,其他专业学科约占 65%。ISTP 被誉为全球核心期刊。

ISTP 的月刊和年度累积索引,均由会议录内容(Contents of Proceedings)和 6 种辅助索引两部分组成。

2. 会议录内容及辅助索引

1) 会议录内容

会议录内容是 ISTP 的主要部分,主要报道以期刊或图书形式出版的会议录。按照会议录编号的大小顺序排列著录内容,包括会议录名称、会议名称、会议日期、地点、主办单位、会议录的书名和副书名、丛书名和卷号、期刊名称、全部作者及第一作者的地址等。

2) 辅助索引

辅助索引有类目索引、轮排主题索引、主办单位索引、作者和编者索引、会议地址索引、团体索引 6 种。

(1) 类目索引(Category Index)。大约有 200 个类目,有些类目不一定每期都有,按照类目字顺排列,同一类目下按会议字母顺序排列。

(2) 轮排主题索引(Permute Subject Index)。使用主题词查找有关的著录内容。索引主题词可从已知课题的内容中选择,也可从会议的名称、论文标题等选择。该索引按第一主题词的字母顺序排列,第一主题词下按字顺排第二主题词,每个主题词都可在该索引中进行轮排。

(3) 主办单位索引(Sponsor Index)。按会议主办单位字母顺序排列。下面列出会议地址和会议录编号。

(4) 作者和编者索引(Author/Editor Index)。按作者和编者的字母顺序排列,可用于检索特定的论文和会议文集。

(5) 会议地址索引(Meeting Location Index)。按会议召开地点的国家名称字母顺序排列,国名下再按城市名称字母顺序排列。

(6) 团体索引(Corporate Index)。由地区和机构两部分组成。

5.3.2 ISTP 检索方法与步骤

1. 检索途径及检索步骤

ISTP 主要提供分类、主题、编者或作者 3 种检索途径。科技版和社科版数据库的检索途径和方法相同。有两种检索方式：简单检索（Easy Search）和全面检索（Full Search）。全面检索中又分一般检索（General Search）和高级检索（Advanced Search）。一般检索可按专题、作者、刊名、会议信息、作者单位等路径；高级检索则提供了布尔逻辑检索功能。

检索结果的显示分为简要格式和全记录格式。在简要格式下单击文献题目可以切换到全记录格式，在全记录格式下单击 summary 按钮则回到简要格式。在全记录格式中，除可以看见该会议文献的题录信息和文摘外，有的记录还有参考文献（Cited Reference）的超级链接，是此文献所引用的参考文献的列表。在这一列表中有些文献记录下有超级链接，只要单击该超级链接就可以看见该参考文献的全记录。另外，还有一些文献记录旁边有一个 GOTO Web of Science 按钮，表示该参考文献是被 ISI Web of Science 收录的文献，单击该按钮，在 ISI Web of Science 许可的 IP 范围，可以看见该文献在 Web of Science 中的全记录。从此按钮旁边还可以看见 Citing Articles 按钮，单击它就会连接到 ISI Web of Science 数据库中检索该会议论文被引用的情况。同时，还会看见 Related Record 按钮，单击该按钮就可以看见与该论文相关的其他会议论文。检索结果页面上方有 Mark 按钮，单击该按钮可对该记录做标记，此时，屏幕上方就会有 Marked List 按钮，单击该按钮后可显示所有标记记录的简要列表。在屏幕下方选择输出字段和排序方式后，再选择 Format for Print 进行显示。然后利用浏览器的存盘和打印功能输出；也可以选择 E-mail 方式，将检索结果发至电子邮箱；Save to File 可以将检索结果存成文本文件；Export to Reference Software 方式可以将检索结果直接输出到专门的文献信息管理软件（如 EndNote、ProCite、Reference Manager 等）。

2. 检索方式

系统提供 Full Search（全面检索）和 Easy Search（简单检索）两种检索界面。Full Search（全面检索）：提供较全面的检索功能。通过主题词、作者名、期刊名、会议信息（如会议的名称、地点、主办单位等）、会议录刊名或作者地址等途径展开检索，可限定检索结果的语种、文献类型、排序方式，可以保存和执行检索历史和检索策略。Easy Search（简单检索）：检索功能相对简单，可以从感兴趣的信息入手，选择需要查找的信息类型、特定主题（Topic）、人物（Person）或者地点（Place），按照其中的提示进行检索。

1）全面检索

进入数据库后，单击 Full Search 按钮进入 Full Search 检索界面，检索前先进行选择。

（1）选择数据库：科学技术会议录索引或社会科学及人文科学会议录索引，默认为两库都选。

(2) 选择年代范围：可以选择某年或最近几周上载的数据，默认为 All years(1998 年至今)。

单击 General Search 按钮进入检索词输入界面后，根据需要在以下 5 个字段中输入检索词，检索词间可用逻辑算符(AND、OR、NOT、SAME)连接。

Tpopic：主题词，在文献篇名、文摘及关键词字段检索，也可选择只在文献篇名(Title)中检索。

Author：作者姓名，标准写法为姓氏全拼＋名的缩拼，如检索"张小东"，就输入 zhang xd。

Source Title：来源出版物全名。

Conference：会议信息，如会议名称、地点、日期、主办者，如 AMA AND CHICAGO AND 1994。

Address：作者单位或地址。例如，输入 IBM SAME NY，检索作者地址为 IBM's New York facilities 的会议文献。

说明：

① 截词符为 *，例如，输入 automat *，可以检索到 automation、automatic 等词。

② 作者单位名称常常用缩写，例如 Univ Sci & Technol Beijing，如果不能确定缩写名称，可以用 univ * and Beijing and tech * 等检索。

③ 逻辑算符 SAME 表示检索词出现在一句话中。

输入检索词后，单击 Search 按钮检索，单击 Clear 按钮清除输入框中的所有内容。

Full Search 方式在输入框下方还提供了 3 组限定选项(按 Ctrl 键后单击可以进行多项选择)：

① 文献语种选项——默认为所有语种(All languages)。

② 文献类型选项——默认为所有文献类型(All document types)。

③ 命中结果排序选项——可以根据收录日期、相关性、第一作者姓名字顺、来源出版物名称字顺、会议名称字顺排序。默认为 Latest Date，即根据文献的收录日期排序。

2) 简单检索

与 Full Search 类似，首先选择数据库范围，然后选择需要查找的信息类型——主题(Topic)、人物(Person)、地点(Place)，分别进入各自的检索界面。

Topic Search(主题检索)：在篇名、文摘及关键词字段通过主题检索文献，步骤如下。

(1) 输入描述文献主题的检索词，用逻辑算符(AND、OR、NOT)连接。

(2) 选择结果排序方式——Relevance(相关度)或 Reverse chronological order(年代倒序)。

(3) 单击 Search 按钮，开始检索。

Person Search(人物检索)：对特定人物进行检索，步骤如下。

① 输入要检索的人名，标准写法为"姓氏全拼＋名的缩拼"，如检索"张小东"，就输入 zhang xd。

② 选择是检索该人物撰写的文献，还是检索有关该人物的文献记录。

③ 单击 Search 按钮,开始检索。

Place Search(地址检索):从著者所在机构或地理位置角度进行检索,步骤如下。

① 直接输入著者所在机构(如大学或公司名称中的关键词)或地理位置(如国别或邮编)。

② 单击 Search 按钮,开始检索。

3. 其他检索途径

会议的文献可以试试中国科学技术信息研究所网站(www.nstl.gov.cn),它是以会议文献为馆藏特色的,如图 5-6 所示。被 ISTP 检索不一定只 ISTP 的库中才有,CNKI 或万方数据都可以检索。

图 5-6　www.nstl.gov.cn 主页

5.4　SSCI

5.4.1　SSCI 概况

社会科学引文索引(Social Sciences Citation Index,SSCI),是由美国科学信息研究所(Institute for Scientific Information,ISI)编制的,如图 5-7 所示。它创立于 1956 年,后经 1994 年和 1998 年两次扩大调整来源期刊目录和数量后,共收录 1765 种人文社会科学领域的世界顶尖期刊,涵盖包括政治学、心理学、人类学、历史学、教育学、法学等运用社会科学实证方法进行研究的 50 多个社会科学分支学科。同时,该检索系统还包括个人推荐的有学术价值的其他 3300 多种国际性科学、技术和人文类期刊。

SSCI 选刊标准包括很多因素,如期刊的被引次数、影响因子、发表哪些国家的论文、哪些国家论文引用的、是否遵循国际通行的编辑惯例、被引文献项目是否齐全、每位作者

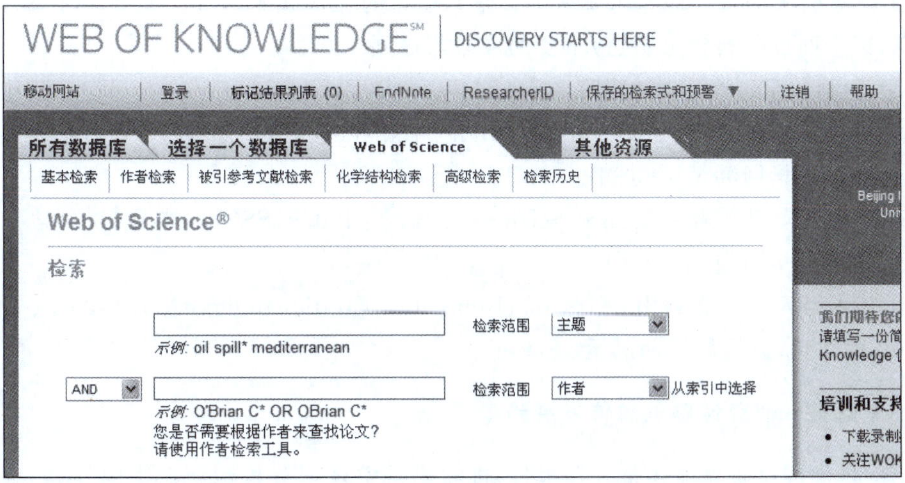

图 5-7 SSCI

是否有完整地址(包括电话号码与传真号码)、是否有英文撰写的能提供一定信息量的标题和文献及被引文献、是否采用同行评议方式审稿、所载论文研究结果是否具有新颖性、是否反映新的科学进展、期刊编辑委员会及论文作者是否具有国际影响力、新办期刊的主办单位是否具有声望、期刊是否具有地区代表性等。

此外,SSCI 的编辑顾问委员会成员都是各学科的杰出专家,他们构成的集体具备多学科的专业知识,在判断期刊内容质量,尤其是在判断新创期刊质量方面具有重要作用。SSCI 因其涵盖学科较全、评价专家权威、评价机制成熟,已成为西方学术评价的重要参照之一,在业界享有盛誉,为提高我国的研究水平提供了便利。

我国各大院校近年来每年都公布各科系被 SSCI 收录的论文数目,以及收录论文被引频次的排行榜,以此反映它们的科研水平;在发达国家大学的网页上就可以看到 2004 年 8 所高校发表的论文被 SSCI 收录情况的统计表格。许多单位也专门制定条例,对论文以及纳入 SSCI 的人员进行表扬并给予物质奖励;许多学者在罗列学术成果时也将其视为代表;甚至连大学进行排名时,也将是否被 SSCI 收录论文作为最重要的指标。由此可见,在我国,SSCI 并未限于用作数据库,而是正在成为我国社科研究成果的评价标准之一。

SSCI 最初是由其创始人尤金·加菲尔德(Eugene Garfield)为印证期刊和论文的重要性可以量化区分的理论而在美国设立的。之后,它又与 SCI、A&HCI 等数据库相继建立了"知识网络"ISI Web of Science,并收录网页资料。它虽在一定程度上可以证明被收录的期刊和论文的重要性,但它更重要的功能是数据库服务。

5.4.2 SSCI 功能说明

1. Web of Science 的基本概念

(1) 高质量的期刊——高质量的论文——值得信赖的高质量的信息。

(2)"布拉德福——加菲尔德法则"(学术信息的二八规律):20%的期刊汇集了80%的信息,以全面反映科技最新、最重要的成果与进展。

(3)包括以下3个引文数据库。

① 科学引文索引(Science Citation Index Expanded,SCIE),涉及176个学科,8608种期刊,数据最早回溯至1900年。

② 社会科学引文索引(Social Sciences Citation Index,SSCI),涉及56个学科,3121种期刊,数据最早回溯至1900年。

③ 艺术与人文引文索引(Arts & Humanities Citation Index,AHCI),涉及28个学科,1728种期刊,数据最早回溯至1975年。

2. 了解某一研究课题的总体发展趋势

无论是进行科研立项还是开题报告,都需要从宏观上分析和把握国内外某一研究领域或专题的总体研究态势。如何快速获取这些信息呢?可以通过生成课题引文报告或分析论文出版年的方式获得。

访问 Web of Science 数据库检索课题,登录 www.isiknowledge.com 进入 ISI Web of knowledge 平台;选择 Web of Science 数据库。

3. 生成引文报告

在检索结果界面上,通过右侧的生成引文报告功能,可以快速了解该课题的总体研究趋势,并且找到本课题国际影响力的年代变化情况。通过 Web of Science 提供的强大的引文报告功能,可以创建引文报告,自动生成课题引文报告,从而提高科研效率。

4. 利用检索结果分析功能,了解课题发展趋势

除了自动创建引文报告以外,还可以利用分析功能生成论文出版年的图式,并且可以利用分析功能任意查看某出版年的论文情况。

5. 结论

通过 Web of Science 提供的强大的引文报告功能,可以创建引文报告,自动生成课题引文报告,对总体趋势一览全局。而分析功能可以更清晰地了解本课题论文每年的发文量,分属于哪些学科,主要集中于哪些国家和地区,以哪些语种发表,哪些机构或哪些作者是本课题的引领者,收录本课题论文最多的期刊和会议有哪些等详细信息。

5.5 A&HCI

A&HCI(Arts & Humanities Citation Index(ISI web of knowledge)),即艺术与人文引文索引,创刊于1976年,收录数据从1975年至今,是艺术与人文科学领域重要的期刊文摘索引数据库。数据涵盖考古学、建筑学、艺术、文学、哲学、宗教、历史等社会科学领

域,涉及哲学、语言、语言学、文学、评论文学、音乐、诗歌、宗教、戏剧、考古学、建筑、艺术、亚洲研究、古典舞蹈、电影、广播、电视、民俗、历史等 28 个学科。

A&HCI 收录了 1100 多种世界艺术和人文科学领域的顶尖学术期刊,约 7000 种科学、社科期刊中的相关论文。它不仅可用于查找最新的研究成果(文摘和所引用的参考文献),还提供文献被引用情况的检索。数据库每周更新。独特的引文检索体系,使它成为普遍使用的学术评价工具。

利用 A&HCI 检索工具检索相关主题文献的步骤如下。

(1) 通过向 Topic 检索入口输入检索主题词获得相关主题文献。

(2) 通过向 Topic 检索入口输入检索主题词,然后对检索结果进一步分析获得相关主题文献。

(3) 通过向 Topic 和 Source Title 检索入口同时输入检索主题词,获得相关主题文献检索说明。

进入页面后,单击 Web of Science,在页面下方的"引文数据库"勾选 Social Sciences Citation Index (SSCI)或 Arts & Humanities Citation Index(A&HCI),IP 控制,无须账号和密码。

可以创建个人图书馆,利用数据库中的 Endnote Basic 功能——边写作边引用,与 Microsoft Word 无缝链接,可以实现自动生成文中和文后的参考文献;提供 3300 多种期刊的参考文献格式,同时可以提高写作效率。

按拟投稿期刊的格式要求自动生成参考文献,节约了大量的时间;

对文章中的引用进行增、删、改以及位置调整,都会自动重新排好序;

修改退稿,准备另投其他刊物时,可瞬间调整参考文献格式。

此外,还有 Researcher ID 功能,即全球科研人员的合作与交流平台:建立研究人员唯一的 ID 号;建立个人论文列表;生成个人的引文报告,如被引频次的时间序列分布,总被引频次,篇均被引频次等;观察自己科研的合作网络;找到对自己研究感兴趣的其他科研人员,把个人科研成果导入 Researcher ID 后,利用 Citation Metrics 生成个人的引文报告,从中可以看到自己的成果被引频次的时间序列分布、总被引频次、篇均被引频次等。

思考题

(1) EI 的出版形式有哪些?

(2) 简述 SCI 网络检索途径与步骤。

(3) ISTP 的检索方式有哪些?

(4) 简述 SSCI 的功能。

(5) 简述 A&HCI 的功能。

第6章 计算机信息检索与利用

计算机技术的发展极大地改变了人们获取信息的方法和途径,网络技术和Internet的广泛应用,使得计算机信息检索成为信息检索的主要手段。本章将系统介绍网络信息资源基础知识、计算机信息检索的技术与方法、主要搜索引擎的使用方法以及如何利用Internet网络资源等内容。由于网络信息以及搜索引擎变化速度快,因此各种检索原则也会随之发生变化,用户在使用时切忌生搬硬套,要灵活运用。

6.1 计算机信息检索概述

计算机信息检索一般是指以计算机技术为手段,通过光盘和联机等现代检索方式进行信息检索的方法。与手工检索一样,计算机信息检索应作为未来科技人员的一项基本功,这一能力的训练和培养对科技人员适应未来社会和跨世纪科研极其重要。一个善于从电子信息系统中获取信息的科研人员,必定比不具备这一能力的人有更多的成功机会。

6.1.1 计算机信息检索的含义

计算机信息检索(Computer Information Retrieval)是利用计算机系统有效存储和快速查找的能力发展起来的一种计算机应用技术。它与信息的构造、分析、组织、存储和传播有关。计算机信息检索系统是信息检索所用的硬件资源、系统软件和检索软件的总和,能存储大量的信息,并对信息条目进行分类、编目或编制索引。它可以根据用户要求从已存储的信息集合中抽取出特定的信息,并提供插入、修改和删除某些信息的能力。

计算机信息检索系统可分为:一次性信息检索系统和二次性信息检索系统。前者适合于单个条目,即信息量不大而需要经常修改的情况,如航空公司订票系统。后者适合于信息条目本身信息量较大而不常修改的情况,如图书或文献检索系统。

1. 计算机硬件

计算机硬件是系统采用的各种硬设备的总称,主要包括具有一定性能的主计算机、外围设备,以及与数据处理或数据传送有关的其他设备。

2. 软件

软件由系统维护软件与检索软件构成。系统维护软件,如数据库管理程序、词表管理程序等,其作用是保障检索系统高效运转。检索软件是用户与系统的界面,用户通过检索软件进行检索,检索软件功能的强弱直接影响检索效果。检索软件可以分为指令式、菜单式和智能接口等。

3. 数据库

根据 ISO/DIS 5127 标准，数据定义为：至少由一种文档组成，并能满足某一特定目的或某一特定数据处理系统需要的一种数据集合。通俗地说，数据库就是在计算机存储设备上按一定方式存储的相互关联的数据集合。

6.1.2 计算机信息检索系统的策略

计算机信息检索，实质上就是由计算机将输入的检索策略与系统中存储的文献特征标识及其逻辑关系进行类比、匹配的过程。信息需求本身具有不确定性，加之对数据库中的文献特征标识不能充分了解，以及系统功能的某些限制，都会不同程度地影响检索效果。但是，只要遵循一定的检索步骤，制定良好的检索策略，便可以减少各种不利因素的影响，尽可能地使检索提问标识与信息需求和检索系统保持良好的一致性，从而在系统中检索出满足用户需求的信息。

1. 计算机文献检索的策略

1) 检索策略的概念

所谓检索策略，就是在分析课题内容具有哪些概念单元的基础上，确定检索系统、检索文档、检索途径和检索词，并科学安排各检索词之间的位置关系和逻辑关系，以及查找步骤等。检索策略考虑得是否周全，直接影响文献的查全率和查准率。

2) 制定检索策略的步骤

制定检索策略的前提条件是明确数据库及整个检索系统的基本性能。不同数据库的收藏内容、标引方法和检索方法是不同的，不同的检索系统配备不同的技术性能和操作符。在制定检索策略之前，对这些检索途径的标引所遵循的规则必须有比较清醒的认识。如果在提问式中列出系统没有的检索点，是不可能检出文献的。

3) 制定检索策略

制定检索策略的基础是弄清检索课题的内容要求和检索目的。在这一基础上，才能对检索课题进行概念分析，如果课题属单一概念，就用单个检索词表达；如果课题概念复杂，就把复杂概念分解为若干个概念单元，再用逻辑运算符把表达概念单元的检索词组配起来。将概念单元转换为检索词时，应尽量选用规范化词。检索新课题、边缘学科或是比较含糊的概念时，应特别小心，因为这些词往往没有收入系统，这里应从专业范畴出发选用本学科内具有检索意义的关键词，即自由词，不然就会误检或漏检。

4) 正确地选词和配备逻辑符

检索策略构成的关键是正确地选词和配备逻辑符，如使用逻辑与、逻辑或以及逻辑非等。

5) 调整检索策略

在计算机检索过程中，常常会出现文献资料过少甚至为零，或文献资料过多的情况。检索人员应与用户进行分析，及时调整检索策略，以使检索达到令人满意的效果。文献资源过多或过少,均可通过增加检索项,运用布尔逻辑的组配,来增加或缩小检索范围,达到减少或增加命中文献的目的。通常来说,逻辑与总是缩小检索范围,达到查准的目的;逻辑或总是扩大检索范围,达到查全的目的。而逻辑非总是排他检索,缩小检索范围,达到查准的目的。

2. 计算机文献信息检索的步骤

1) 弄清信息需求,明确检索目的

信息需求是人们客观上或主观上对各种情报信息的一种需求。这种需求是人们索取情报信息的出发点,也是联机信息检索时选择数据库、确定检索策略,以及评价检索效果的依据。不同类型的课题,其信息需求的范围和程度也不尽相同。

有关信息的形式需求,要明确的问题有:

(1) 明确检索目的。检索是为了申报项目,还是为了了解学科的最新成果等,据此制定出符合查全或查准要求的检索策略。

(2) 明确所需的文献量。规定所需文献数量的上限,这是以后确定检索策略和控制检索费用时一个很重要的参数;同时还需对检索课题可能有的相关文献量做出估计。

(3) 明确所需文献的语种、年代范围、类型、作者或其他外表特征。

关于信息的内容需求要明确的主要问题有:

(1) 明确检索课题内容涉及的主要学科范围。

(2) 分析检索课题的主要内容,用自然语言来表达这些内容要求。

2) 选择数据库,确定检索途径

分析信息需求后,可根据已知的条件来选择合适的数据库,这一步隐含了检索系统的选择。如欲检索国外专利文献,则可以检索国内的 BDSIRS 系统的 GWZL 库。但其提供的检索途径及报道最新专利文献方面不及美国 DIALOG 系统的 WPI 库,当检索要求较高时,仍选用美国的 DIALOG 系统。

选择数据库时,需要清楚以下 5 个方面。

(1) 数据库收录的信息所涉及的学科领域。

(2) 收录的文献类型,最好能进一步了解文献的主要来源。

(3) 收录的时间范围。

(4) 数据库的检索费用,包括机时费和每篇记录的打印费。

(5) 数据库的基本索引及辅助索引,它们提供了检索途径及检索标识的特点。

数据库选定之后,其提供的检索途径也随之确定,并可根据已知的条件来确定某一个或几个检索途径。由于计算机存储容量大,运算速度快,又对比较多的字段建立了索引,因此它不仅可以从手工检索中常用的主题词、分类号及作者等途径检索,而且可以从篇名、文摘的自由词、文献类型、期刊名称等途径检索,并且还能利用各种途径的组配进行交叉检索,这些都是手工检索所不及的。

3) 确定课题的概念组面和检索标识

弄清信息需求,了解检索课题的主要内容后,确定其概念组面和检索标识是重要的一步。当检索课题包含较复杂的主题内容时,应明确组成课题内容的几个概念组面,并通过一定的逻辑组配形成一定的复合概念或概念关系来表达用户的信息需求。

确定了课题的概念组面,还须将概念组面转换成相应的系统能识别的检索标识。检索标识的表示应符合两方面的要求:一是切题性,即检索标识反映信息需求;二是匹配性,即检索标识与检索系统的存储特征标识相一致。

检索标识一般有以下3种形式。

(1) 规范词:从待检数据库的叙词表或主题词表中选取规范化的词或词组,因为词表是数据库标引和检索必须共同遵循使用的检索语言。为了使检索提问标识与文献特征标识相一致,获得最佳的检索效果,应优先选用规范词。

(2) 规范化的代码:索引代码是数据库系统为某些主题范畴或主题概念规定的索引单元。这类单元有很好的专指性,是一种有较好检索效果的文献特征标识,如国际专利分类号 IC=,PTS 数据库的产品代码 PC=,标准工业代码 SC=等。

(3) 自由词:使用自由词检索能够充分利用系统的全文查找功能。规范词或代码的选择需利用词表或分类表等进行自然语言到规范语言的转换,而标引人员和检索人员的思路不一致,也会影响检索效果。此时,用自由词在篇名、文摘甚至全文中查找显露出一定优越性,自由词直接、简明是科技人员易为接受、较为常用的一种方法。

(4) 拟定检索提问式,确定具体的查找程序:检索提问式,是指计算机信息检索中用来表达用户检索提问的逻辑表达式,由检索词和各种布尔逻辑算符、位置算符以及系统规定的其他组配连接符号组成。从某种意义上讲,检索式是检索策略的具体体现,它的质量好坏,将关系到检索策略的成败。

3. 提高计算机文献检索的效率

检索效率就是利用检索系统(或工具)开展检索服务时产生的有效结果。它直接反映检索系统的性能,影响系统在信息市场上的竞争能力和用户利益。检索效率包括技术效果和社会经济效果两个方面。技术效果主要指系统的性能和服务质量,系统在满足用户的信息需要时所达到的程度。社会经济效果是指系统怎样经济有效地满足用户需要,使用户或系统本身获得一定的社会效益和经济效益。下面讨论的主要是系统技术效果的评价问题。

在检索中最理想的是查全率和查准率都达到 100%,就是数据库中收录的全部相关文献都被检索出来,而且检索出来的文献全部都是相关文献。但事实上,检索中有许多因素使这个指标很难达到,总存在一定的误差,那么就出现了两个评价误差的指标——漏检率和误检率。

在评价工作中,最常用的是查全率和查准率,而且应同时使用,否则就难以反映检索系统的功能及检索结果的效率。查准率和查全率结合起来,描述了系统的检索成功率。查全率和查准率之间有着互逆的关系,也就是说,查全率提高,查准率就下降,反之亦然。在计算机检索中,一般认为查准率为 60%~70%、查全率为 40%~60% 是较为理想的。

系统的收录范围、索引语言、标引和检索等都是影响查全率和查准率的因素,这里就不再一一细讲。

提高计算机文献信息检索效率,需要采取以下措施。

（1）提高文献库的编辑质量，使它的收录范围更全面、更切合相应学科或专业的需要，著录内容更详细、准确。

（2）提高标引质量，标引前后要一致，用词要恰当，组配要合理，努力做到正确揭示主题——不错标；全面反映主题——不漏标；简练地使用标识——不滥标。

（3）提高索引语言的专指性和词表质量。加强对索引词汇的控制，完善词表的结构及其参照关系，使索引语言既有利于族性索引，又有利于特性检索。词表结构要完善，词与词之间关系正确，正确控制同义词和多义词，及时反映新学科、新技术的术语等。

（4）提高检索人员的工作水平和能力，了解数据库收集的内容并加深对词表结构的理解，正确做出主题分析，选择合适的检索文档，选择恰当的检索词查找主题内容，进行恰当的逻辑组配，找出最佳检索途径，从而制定出最优的检索策略。

（5）调整查全率和查准率。在实际的检索中可合理地调节查全率和查准率，根据不同的检索要求，使检索的结果最大限度地满足检索的要求。

6.1.3 计算机信息检索技术

信息检索技术是用户信息需求与文献信息集合之间的匹配比较技术。目前的计算机信息检索技术主要有布尔逻辑检索、截词检索、限制检索、位置检索、加权检索、超文本检索、多媒体检索等。

1. 布尔逻辑检索

布尔逻辑检索(Boolean Logical Search)是用布尔逻辑运算符将检索词、短语或代码进行逻辑组配，指定文献的命中条件和组配次序。凡符合逻辑组配规定条件的均为命中文献，否则为非命中文献。它是机检系统中最常用的一种检索方法。逻辑运算符主要有 AND（与）、OR（或）、NOT（非），如图 6-1 所示。

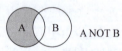

图 6-1 逻辑运算

1）逻辑与

逻辑与的运算符为 AND 或 ∗。检索词 A 和检索词 B 用"与"组配，检索式为 A AND B 或者 A∗B，它表示检出同时含有 A、B 两个检索词的记录。逻辑与检索能增强检索的专指性，使检索范围缩小，此算符适于连接有限定关系或交叉关系的词。

2）逻辑或

逻辑或的运算符为 OR 或 ＋。检索词 A 和检索词 B 用"或"组配，检索式为 A OR B 或者 A＋B，它表示检出所有含有 A 词或者 B 词的记录。逻辑或检索扩大了检索范围，此算符适于连接有同义关系或相关关系的词。

3）逻辑非

逻辑非的运算符为 NOT 或 －。检索词 A 和检索词 B 用非组配，检索式为 A NOT B 或者 A－B，它表示检出含有 A 词，但不含 B 词的记录。逻辑非和逻辑与运算的作用类似，可以缩小检索范围，增强检索的准确性。此运算适于排除含有某个指定检索词的记录,但如果使用不当,将会排除有用文献,从而导致漏检。

2. 截词检索

截词检索(Truncation Search)是指用给定的词干作检索词,查找含有该词干的全部检索词的记录,也称词干检索或字符屏蔽检索。它可以起到扩大检索范围、提高查全率、减少检索词的输入量、节省检索时间、降低检索费用等作用。检索时,若遇到名词的单复数形式、词的不同拼写法、词的前缀或后缀变化,均可采用此方法。

截词的方式有多种,按截断部位可分为右截断、左截断、中间截断、复合截断等,按截断长度可分为有限截断、无限截断。

1) 右截断

截去某个词的后部,是词的前方一致比较,也称前方一致检索。例如,输入 refer?(?为截断符号),将会把含有 referior、refernal、infero、refertile 等词的记录检索出来;若输入 PY=198?,就会把 20 世纪 80 年代的记录全部查出来。

2) 左截断

截去某个词的前部,是词的后方一致比较,也称后方一致检索。例如,输入?magnetic,能够检出含有 magnetic、electromagnetic、paramagnetic 等词的记录。

3) 中间截断

截去某个词的中间部分,是词的两边一致比较,也称两边一致检索。例如,输入 h?re,可以检出 here、hire;输入 f?? t,可查出 foot、feet。

4) 复合截断

复合截断是指同时采用两种以上的截断方式。例如,输入? chemi?,可以检出 chemical、chemist、chemistry、electrochemistry、electrochemical、physicochemical 等。

5) 有限截断

有限截断是指允许截去有限个字符。例如,输入 man? ?,表示截去一个字符,它可检出 man、mane,但不能检出 manacle、manage、management、manager 等;又如,输入 compu??? ?,可检出 compute、computer、computers、computing 等词,但不能检出 computable、computation、computerize 等。注意:词干后面连续的问号是截断符,表示允许截去字符的个数,最后一个问号是终止符,它与截断符之间要有一个空格,输入时一定要注意。

6) 无限截断

无限截断是指允许截去的字符数量不限,也称开放式截断。上面右截断、左截断所举的例子均属此类型。

所以,任何一种截词检索,都隐含着布尔逻辑检索的"或"运算。采用截词检索时,既要灵活,又要谨慎,截词的部位要适当,如果截得太短(输入的字符不得少于 3 个),将增加检索噪声,影响查准率。另外,不同的机检系统使用的截词符不同,各数据库所支持的截断类型也不同,例如,ESAIRS 系统用+,DIALOG 系统和 STN 系统用?,ORBIT 系统用:,BRS 系统用 $ 等。

3. 限制检索

限制检索(Limitation Search)是通过限制检索范围,达到优化检索结果的方法。限制检索的方式有多种,例如进行字段检索、使用限制符、使用限制命令等。

1) 字段检索

字段检索是把检索词限定在某个(些)字段中,如果记录的相应字段中含有输入的检索词,则命中记录,否则检索不到。例如,查找微机和个人计算机方面的文章,要求"微机"一词出现在叙词字段、标题字段或文摘字段中,"个人计算机"一词出现在标题字段或文摘字段中,则检索式可写为 microcomputer?? /ti,ab OR personal computer/ti,ab。

2) 使用限制符

使用限制符是指用表示语种、文献类型、出版国家、出版年代等的字段标识符来限制检索范围。例如,要查找1999年出版的英文或法文的微型机或个人计算机方面的期刊,检索式为(microcomputer?? /ti,ab OR personal computer/ti,ab) AND PY=1999 AND (LA=EN OR FR) AND DT=Serial。

3) 使用范围符号

例如,Less than,Greater than,From to 等。如果,查找 1980—1990 年的文献,则可表示为 PY=1980:1990 或者 PY=1980 to PY=1990;例如,如果查找 2000 年以来计算机方面的文献,则可表示为 computer?? AND Greater than1999;例如,如果查找在指定的文摘号范围内有关地震方面的文献,则可表示为 earthquake? /635000—700000。

4) 使用限制指令

限制指令可以分为一般限制指令(Limit)和全限制指令(Limit all)。一般限制指令对事先生成的检索集合进行限制。全限制指令是在输入检索式之前向系统发出的,它把检索的全过程限制在某些指定的字段内。例如,Limit S5/328000—580000,表示把先前生成的第 5 个检索集合限定在指定的文摘号内。

4. 位置检索

位置检索(Proximate Search)是在检索词之间使用位置算符,也称邻近算符,来规定算符两边的检索词出现在记录中的位置,从而获得不仅包含指定检索词,而且这些词在记录中的位置也符合特定要求的记录。这种方法能够提高检索的准确性。当检索的概念要用词组表达,或者要求两个词在记录中位置相邻或相连时,可使用该方法。机检系统中常用的位置算符(按限制强度递增顺序排列)如下。

1) (F)算符

要求被连接的检索词出现在同一字段中,字段类型和词序均不限。又如 happiness(F)sadness and crying;又如 robot(F)control。

2) (S)算符

要求被连接的检索词出现在同一句子(同一子段)中,词序不限。例如,original(S)design。

3）（N）算符

要求被连接的检索词必须紧密相连，词之间除允许有空格、标点、连字符外，不得夹单词或字母，词序不限；(nN)表示两个检索词之间最多可以夹 n 个词（n 为自然数 1,2,3,…，X）且词序任意。例如，software（N）testing 可以检出 software testing 和 testing software。

4）（W）算符

要求检索词必须按指定顺序紧密相连，词序不可变，词之间除允许有空格、标点、连字符外，不得夹单词或字母；(nW)表示连接的两个词之间最多可夹入 n 个词（n 为自然数），词序不得颠倒。例如，input（W）output 可检出 input output；而 wear（1W）materials 可检出 wear materials，wear of materials；例如，CD（W）ROM 可以检索出 CD-ROM 和 CD ROM。

采用位置算符检索时，通常最严谨的算符放在最左面，例如 european（W）economic（W）community（F）patio，又如 redwood（3N）deck?（S）(swimming（W）Pool?)。

需要注意的是，不同的机检系统，位置检索的功能及算符不同，应参看机检系统的说明，上述为 DIALOG 系统的位置算符。

位置检索可以反映出两个检索词在文献中的邻近关系。常用的表示有：中间可插入几个字、两词可否颠倒位置、紧密相连、在同一句话中等。这种检索技术常用在全文检索中，可以弥补布尔检索的不足。

5. 加权检索

加权检索（Weight Search）与布尔检索、截词检索、位置检索一样，也是信息检索的一个基本检索手段。不同的是，加权检索的侧重点不在于是否检索到某篇文献，而是对检索出的文献与需求的相关度作评判。因此，加权检索并不是所有信息系统都提供的检索技术。

加权检索中，检索者根据检索词在需求中的重要程度给定一个权值。在检索中，由系统先查找存在这些检索词的文献，并计算它们的权值总和。然后，检索者再给定一个阈值（Threshold）。只有当存在这些检索词的文献的权值之和大于或等于该阈值时，才算命中。加权技术有词加权技术和词频加权技术。前者由用户在提问式中给定权值，需要人工干预；而后者的权值则由词在文献中出现的频率决定，由系统自动赋值，不需要人工干预。

6. 超文本检索

超文本检索（Hypertext Search）是一种信息的组织方法。它把不定长的基本信息单元存放在节点上，这些基本信息单元可以是单个字、句子、章节、文献，甚至是图像、音频或视频。节点以链路方式链接。链路可以分为层次链、交叉引用链、索引链等，构成网状层次结构。超文本的特点是以联想式的、非线性的、链路的网状层次关系，允许用户在阅读过程中从其认为有意义的入口，直接快速地检索到所需要的目标信息。

超文本检索时其内容排列是非线性的，按照知识（信息）单元及其关系建立起知识结构网络，操作时用鼠标单击相关的知识单元，检索便可追踪下去，进入下面的各层菜单。这种检索方式常用在多媒体电子出版物中。这类出版物不仅采用超文本，而且常采用超媒体(Hypermedia)，提供文本和图形接口。Internet 上的 WWW 便是典型例子。

7. 多媒体检索

随着多媒体计算技术的迅猛发展，各种音频、图像、视频信息开始层出不穷，人们已不再满足于传统的文字检索，于是提出对多媒体信息的检索需求，因此，基于内容的多媒体信息检索应运而生。

基于内容的多媒体检索(Multimedia Search)是指根据媒体和媒体对象的内容及上下文联系，在大规模多媒体数据库中进行检索。它的目标是提供在没有人类参与的情况下能自动识别或理解声音、图像、视频重要特征的算法。

基于内容的声频检索包括以语音为中心，采用语音识别技术的语音检索；以音乐为中心，采用音符和旋律等音乐特征的音乐检索；以波形声音为对象的音频检索。基于内容的音乐检索系统主要针对音高、音长、音强等音乐特征的提取、识别和检索，包括音乐特征的规范化和提取、用户输入识别及特征提取、音乐特征的匹配检索及输出、相关反馈等。比较成熟的系统有卡内基-梅隆大学开发的 QPD、新西兰数字图书馆研究项目组所开发的 MELDEX、MUS-CLEFISH 等。

基于内容的图像信息检索的主要工作集中在识别和描述图像的颜色、纹理、形状、空间关系上。对于视频数据，还有视频分割、关键帧提取、场景变换探测，以及故事情节重构等问题。由此可见，这是一门涉及面很广的交叉学科，需要以图像处理、模式识别、计算机视觉、图像理解等领域的知识作为基础，还需从认知科学、人工智能、数据库管理系统、人机交互、信息检索等领域引入新的媒体数据表示和数据模型，从而设计出可靠、有效的检索算法、系统结构以及友好的人机界面。

视频结构的模型化或形式化是解决基于内容视频检索问题的关键技术，需要解决关键帧抽取与镜头分割、视频结构重构等问题。

基于内容的多媒体检索技术的日益成熟不仅将创造出巨大的社会价值，而且将改变人们的生活方式。因为它与传统数据库技术相结合，可以方便地实现海量多媒体数据的存储和管理；与传统 Web 搜索引擎技术相结合，可以用来检索 HTML 网页中丰富的多媒体信息。在可预见的将来，基于内容的多媒体检索技术将会在以下领域中得到广泛应用：多媒体数据库、知识产权保护、数字图书馆、网络多媒体搜索引擎、交互电视、艺术收藏和博物馆管理、遥感和地球资源管理、远程医疗、天气预报以及军事指挥系统等。

6.2 网络信息检索

要了解网络信息检索，首先需要对 Internet 的基本情况有一个大概的了解，然后熟悉网络信息资源的分类和特点，最后了解网络信息检索的原理和现状。

6.2.1 Internet 概述

计算机网络是为了实现计算机之间的通信交往、资源共享和协同工作，采用通信手段,将地理位置分散、具备自主功能的一组计算机有机地联系起来,并由网络操作系统进行管理的计算机复合系统。

计算机网络的迅速发展和普及,是因为它具有非常明显和强大的功能,主要表现在以下4个方面。

1. 资源共享

资源共享是指实现计算机的硬件资源、软件资源、数据与信息资源的共享。硬件为各种处理器、存储设备、输入/输出设备等,可以通过计算机网络实现这些硬件的共享,如打印机、硬盘空间。软件包括操作系统、应用软件和驱动程序等,可以通过计算机网络实现这些软件的共享,如多用户的网络操作系统、应用程序服务器。数据与信息包括用户文件、配置文件、数据文件等,可以通过计算机网络实现这些数据的共享,如通过网络邻居复制文件、网络数据库。通过共享使资源发挥最大的作用,同时节省成本,提高效率。

2. 数据传输

计算机网络可以使分散在网络各处的计算机共享网上的所有资源,还能为用户提供强有力的通信手段和尽可能完善的服务,从而极大地方便用户。这里的数据指的是数字、文字、声音、图像、视频信号等媒体所存储信息的计算机表示。在计算机世界里,一切事物都可以用0和1这两个数字表示出来。计算机网络使得各种媒体信息通过一条通信线路从甲地传送到乙地。数据传输是计算机网络各种功能的基础,有了数据传输,才会有资源共享,才会有其他的功能。

3. 实现协同工作

计算机之间或计算机用户之间协同工作,可达到均衡使用网络分布资源,发挥共同处理能力的目的。在有多台计算机的环境中,这些计算机需要处理的任务可能不同,经常有忙闲不均的现象。有了计算机网络,就可以通过网络调度来协调工作。还可以把庞大的科学计算或信息处理题目交给几台联网的计算机协调配合来完成。分布式信息处理、分布式数据库等只有依靠计算机网络,才能实现协调负载,提高效率。在有些科研领域,只有借助计算机网络的协同工作,才能完成一些计算处理任务繁重的工作。

4. 提供服务

随着Internet的普及,通过计算机网络可以向全球用户提供各类社会、经济、情报和商业信息。有了计算机网络,才有了现在风靡全球的电子邮件、网上电话、网络会议、电子商务等,它们给人们的生活、学习和娱乐带来了极大的方便。网络使得实时控制系统有了备用和安全保证,使得军事设施在遭到敌方攻击时指挥系统仍保持畅通无阻。

随着Internet的不断发展与完善,人类进入信息化社会的步伐大大加快。政府上网、电子商务、远程教育、远程医疗、网上娱乐都是信息时代产生与发展起来的新生事物,同时也是信息技术与各国信息化建设的必然产物。

1) Internet 的起源和发展

Internet 的前身是 ARPANET，它是由美国国防部高级研究计划局资助的，其核心技术是分组交换技术。现在的 Internet 就是在 ARPANET 的基础上经过不断发展变化而形成的。1969 年，美国国防部高级研究计划局资助建立了一个名为 ARPANET 的网络，这个网络把位于洛杉矶的加利福尼亚大学、位于圣芭芭拉的加利福尼亚大学、斯坦福大学，以及位于盐湖城的犹他州州立大学的计算机主机连接起来，位于各个节点的大型计算机采用分组交换技术，通过专门的通信交换机和专门的通信线路相互连接。ARPANET 就是 Internet 的前身。

1983 年，TCP/IP 正式成为 ARPANET 的网络协议标准。此后，大量的网络、主机与用户都连入 ARPANET，使得 ARPANET 迅速发展。随着很多地区性网络的连入，该网络逐步扩展到其他国家与地区。到 20 世纪 80 年代中期，人们开始认识到这种大型互联网的重要作用。20 世纪 90 年代是 Internet 历史上发展最快的时期，互联网的用户数量以平均每年翻一番的速度增长。

早期的 Internet 用户一般只限于教育和学术研究领域，其目的是从事教育和科学研究而不是谋求利润。到 20 世纪 90 年代初期，Internet 上的商业活动开始缓慢发展。1991 年，美国成立了商业网络交换协会，允许在 Internet 上不加限制地发布商业信息，各个公司也逐渐意识到 Internet 在信息传播、产品推销和电子商贸等方面的价值，于是 Internet 上的商业应用便迅速发展起来，其用户数量已经超出学术研究用户的一倍。Internet 规模的扩大、用户的增加、应用的发展和技术的更新，使得 Internet 几乎深入社会生活的每个角落，成为一种全新的工作、学习与生活方式。随着计算机网络的不断发展，各种类型的网络相继诞生，在 Internet 形成后，它们相继并入其中，成为 Internet 的一个组成部分，由此逐渐形成全世界各种网络的大集合，形成今天的 Internet。

1996 年，美国政府制定并启动了研究发展下一代互联网（Next Generation Internet，NGI）的计划。NGI 侧重研究事务处理安全性和网络管理等方面。美国国家科学基金会（NSF）、国防部（DOD）、能源部（DOE）、美国国家航空航天局（NASA），以及美国国家标准技术研究院（NIST）将成为此项计划的关键部门。1998 年，美国 100 多所大学联合成立了 UCAID（University Corporation for Advanced Internet Development），从事 Internet2 的研究工作。UCAID 建设了另一个独立的高速网络试验床 Abilene，并于 1999 年 1 月开始提供服务。

2) 中国 Internet 的发展

1988 年，中国科学院高能物理研究所采用 X.25 协议使该单位成为西欧中心 DECnet 的延伸，实现了计算机国际远程联网以及与欧洲和北美地区的电子邮件通信。1989 年 11 月，中关村地区教育与科研示范网络（NCFC）正式启动，由中国科学院主持，联合北京大学、清华大学共同实施。1993 年 3 月 2 日，中国科学院高能物理研究所接入美国斯坦福线性加速器中心（SLAC）的 64KB 专线正式开通。这条专线是中国部分连入 Internet 的第一根专线。

1994 年，随着美国政府取消了对中国政府进入 Internet 的限制，我国互联网建设全面展开，到 1997 年年底，已建成中国公用计算机互联网（ChinaNET）、中国教育和科研网

(CERNET)、中国科学技术网(CSTNET)和中国金桥信息网(ChinaGBN)等,并与Internet建立了各种连接。四大 Internet 主干网的相继建设,开启了铺设中国信息高速公路的历程。

中国互联网进入一个空前活跃的时期,应用和政府管理齐头并进。各种网络应用,如网上教育、网上银行、电子商务、网络游戏等服务空前活跃起来。目前,中国互联网进入普及和应用的快速增长期,正向着应用多元化方向发展,中国互联网逐步走向繁荣。

目前比较知名的网络应用主要有网络音乐、网络新闻、即时通信、网络视频、搜索引擎、电子邮件、网络游戏、博客/个人空间、论坛/BBS 和网络购物。这说明互联网基础应用是网民使用互联网的重要方面,在网民中有很强的生命力。

从 Internet 这几年的发展状况可以看出,Internet 在我国的发展速度越来越快,对国家政治、经济和社会生活各方面的影响也越来越大。

我国从 1994 年开始正式接入 Internet,并在同年开始建立与运行自己的域名体系。Internet 在我国的发展速度非常快,目前我国已建起八大 Internet 主干网:

中国公用计算机互联网(ChinaNET)。

宽带中国 China169 网。

中国科学技术网(CSTNET)。

中国教育和科研网(CERNET)。

中国移动互联网(CMNET)。

中国联通互联网(UNINET)。

中国铁路互联网(CRNET)。

中国国际经济贸易互联网(CIETNET)。

其中,ChinaNET 已覆盖 30 个省/直辖市、200 多个城市;CERNET 已联通 240 多所大专院校,使联网大学的教师与学生可直接访问 Internet。CSTNET 连接了中国科学院在内的一批中国科技单位;其他网络是近年开始建设的 Internet 主干网,它们的技术起点相对都比较高,并且都是面向公众服务的。

中国在下一代互联网的研究方面,也取得了很大的成绩。1998 年,中国专家就开始了这方面的研究工作。中国高速互联研究试验网络(NSFCNET)启动,该项目由清华大学、中国科学院计算机信息中心、北京大学、北京航空航天大学和北京邮电大学联合承担建设。2002 年成立了中国"下一代互联网发展战略研究"专家委员会,开展重大软课题研究。2004 年 12 月 25 日,中国第一个下一代互联网暨中国下一代互联网示范工程核心网(CERNET2)正式开通,标志着我国下一代互联网建设全面拉开序幕。第二代中国教育和科研计算机网是中国下一代互联网示范工程中最大的核心网和唯一学术网,它以每秒 100 亿比特的速率连接全国 20 个主要城市的核心节点,为全国几百所高校和科研单位提供高速 IPv6 网络接入服务。

3) Internet 的工作原理

(1) TCP/IP。

Internet 与局域网的工作原理完全相同。但是,局域网通常只有几十台到几百台计算机,计算机的类型也不是很多,分布距离一般不会超过 10km。这样,信息的沟通和资源的共享就只能在有限的计算机之间进行。由于 Internet 的规模巨大，要使 Internet 正常运行，必然要解决一些局域网根本不用考虑的问题。所以，与局域网相比，要使 Internet 正常运行，就必须解决几个问题：物理连接问题、协议问题、计算机的主机号与域名问题和数据的安全与防病毒问题等。

TCP/IP 是 OSI 七层模型的简化，共分为四层：应用层、传输层、IP 层和网络接口层，如图 6-2 所示。

| 应用层 |
| 传输层 |
| IP 层 |
| 网络接口层 |

图 6-2　TCP/IP 模型

从用户角度看，TCP/IP 提供一组应用程序，包括电子邮件、文件传送和远程登录。它们都是实用程序，用户使用它们可以方便地发送邮件，在主机间传送文件和以终端方式登录远程主机。从计算机工程师的角度看，TCP/IP 提供两种主要服务：无连接报文分组递送服务和面向连接的可靠数据流传送服务，这些服务都由 TCP/IP 驱动程序提供，程序员可用它们开发适合自己应用环境的应用程序；从设计角度看，TCP/IP 主要涉及寻址、路由选择和协议的具体实现。

（2）IP 地址。

Internet 地址能够唯一地确定 Internet 上每台主机的位置。地址有两种表示形式：IP 地址与域名。

在 TCP/IP 网络中，局域网或广域网中的计算机之间能够实现端到端的通信主要是通过 TCP/IP 进行的，TCP/IP 已经成为计算机之间通信的标准。在计算机网络体系结构中，网络层封装的是数据包，然后再进行传输，这个数据包具体往哪个方向传输只能通过数据包中封装的地址标识，如果是 IP 封装的数据包，则数据包内要有源 IP 地址和目标 IP 地址。比如，你要给一个朋友写信，当你要把这封信邮递到你朋友的手里时，需要写上你的地址和你朋友的地址，这样对方才可以收到你写的信。

在 Internet 上有千百万台主机，为了区分这些主机，人们给每台主机分配了一个专门的地址，称为 IP 地址。通过 IP 地址就可以访问到每一台主机。

① IP 地址的构成。

就像电话号码分为区号和具体号码一样，我们把 IP 地址分为两部分：网络地址（网络号）和主机地址（主机号）。其中，网络号用来标识一个逻辑网络，主机号用来标识网络中的一台主机。分配给这些部分的位数随着地址类别的不同而不同。IP 地址如图 6-3 所示。

图 6-3　IP 地址

IP 地址由 32 位的二进制（0 和 1）构成，例如 10000011，01101011，00000101，00011000。为了方便用户理解与记忆，通常采用 X.X.X.X 的格式来表示，每个 X 为 8 位，每个 X 的值为 0～255，这种格式的地址常称为点分十进制地址。使用点分隔的十进制地址，每个 32 位地址编号被视作 4 个不同的分组，每组 8 位。例如，11001010011011001111100111001110，可以转换为 202.108.249.206。

② IP 地址的分类。

根据不同的取值范围，IP 地址可以分为五类，依次是 A 类、B 类、C 类、D 类、E 类，如图 6-4 所示。IP 地址中的前五位用于标识 IP 地址的类别，A 类地址的第一位为"0"，B 类地址的前两位为"10"，C 类地址的前三位为"110"，D 类地址的前四位为"1110"，E 类地址的前五位为"11110"。其中,A类、B类与C类地址为基本的IP地址。由于IP地址的长度限定于32位,类标识符的长度越长,可用的地址空间就越小。其中,在互联网中最常使用的是A、B、C三大类,而D类用于广域网较多,主要用于多播,E类地址是保留地址,主要用于科研实验或将来使用。

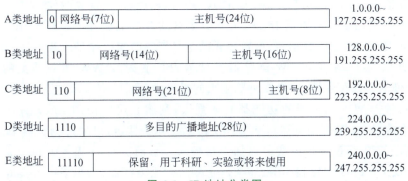

图 6-4　IP 地址分类图

对于A类IP地址,其网络号的最高位必须是0,地址空间长度为7位,主机号空间长度为24位。A类地址是1.0.0.0~127.255.255.255。A类IP地址结构适用于有大量主机的大型网络。

对于B类IP地址,其网络号的最高位必须是10,地址空间长度为14位,主机号空间长度为16位。B类IP地址是128.0.0.0~191.255.255.255。B类IP地址适用于一些国际性大公司与政府机构等。

对于C类IP地址,其网络号的最高位必须是110,网络号空间长度为21位,主机号空间长度为8位。C类IP地址是192.0.0.0~223.255.255.255。C类IP地址特别适用于一些小公司与普通的研究机构。

D类IP地址不标识网络,它是224.0.0.0~239.255.255.255。D类IP地址用于一些特殊的用途。

E类IP地址暂时保留,它是240.0.0.0~247.255.255.255。E类地址用于科研实验或将来使用。

4) Internet 的应用

Internet的主要应用包括信息浏览、文件传输、电子邮件功能、远程登录、新闻组、电子公告栏、网上电话、网络视频会议、网络游戏等。

(1) 信息浏览。

WWW(World Wide Web)又称为万维网,它的出现是Internet发展中的一个里程碑。WWW服务是Internet上最方便、最受欢迎的服务类型,它的影响力已远远超出了专业技术范畴,并且进入电子商务、远程教育与信息服务等领域。

万维网用链接的方法能非常方便地从Internet上的一个站点访问另一个站点,即所谓的"链接到另一个站点",从而主动地按需获取丰富的信息。

万维网是一个分布式的超媒体(Hypermedia)系统,它是超文本(Hypertext)系统的扩充。一个超文本由多个信息源链接而成,而这些信息源的数目实际上是不受限制的。

利用一个链接可使用户找到另一个文档,而这又可链接到其他文档(以此类推)。这些文档可以位于世界上任何一个连接在 Internet 上的超文本系统中。超文本是万维网的基础。

超媒体与超文本的区别是文档内容不同。超文本文档仅包含文本信息,而超媒体文档还包含其他表示方式的信息,如图形、图像、声音、动画,甚至视频图像。

WWW 浏览器是用来浏览 Internet 上的主页的客户端软件。WWW 浏览器为用户提供了访问 Internet 上内容丰富、形式多样的信息资源的便捷途径。我们使用 WWW 服务浏览主页时,客户端的 WWW 浏览器上显示的是主页,WWW 服务器上的主页是以 HTML 文件的形式存在的,这样在浏览主页的过程中就需要有人来沟通。

现在各种 WWW 浏览器的功能都非常强大,利用它可以访问 Internet 上的各类信息。更重要的是,WWW 浏览器基本上都支持多媒体特性,可以通过浏览器来播放声音、动画与视频,使得 WWW 世界变得更加丰富多彩。目前流行的 WWW 浏览器软件主要有 Google 的 Chrome 浏览器 Internet Explorer、火狐浏览器、苹果 Safari 浏览器、Opera 浏览器等。

(2)文件传输。

文件传输也是 Internet 的基本功能之一。FTP 可在 Internet 上传输任何类型的文档,例如文本文件、二进制文件、图像文件、声音文件和数据压缩文档等。FTP 服务有两种类型:普通 FTP 服务和匿名(Anonymous)FTP 服务。普通 FTP 服务向注册用户提供文件传输功能,匿名 FTP 服务向任何 Internet 用户提供文件传输功能。

(3)电子邮件功能。

电子邮件又称电子信箱,是 Internet 的一项基本功能。通过用户的信箱地址,人们可在互联网上快速、简便、廉价地交换电子邮件。

(4)远程登录。

Internet 用户可使用远程登录(Telnet)命令使自己的计算机进入远程主机系统。用户使用 Telnet 命令与远程主机建立连接后,就可像直接在远程主机上操作一样,使用远程主机的资源和应用程序。

(5)新闻组。

新闻组(Usenet)是针对某个主题的邮件组,可使趣味相投的人们通过电子邮件讨论共同关心的问题。当加入某个新闻组后,可浏览新闻组中的文章,回复别人的文章,也可发布自己的文章。

(6)电子公告栏。

电子公告栏(BBS)是 Internet 上的一种电子信息服务系统。它提供一块公共电子白板,可按不同的主题形成多个布告栏,每个用户都可在上面发布信息并提出自己的观点。

(7)网上电话。

用户可在 Internet 上打长途电话,费用比一般的长途电话要少得多。在使用前,用户需要正确安装声卡、音箱、麦克风并运行相应的软件(如 IP Phone)。利用 Internet,用户还可收发传真,在高速宽带的网络环境下收看广播视频节目、举行远程视频会议等。

(8) 网络视频会议。

人们可以使用各种软件(如 NetMeeting 等)实现实时网络视频会议。

(9) 网络游戏。

通过 Internet 网络,人们可以连接到世界上任何一个游戏网站玩网络游戏。

6.2.2 网络信息检索概述

信息是现代社会的重要资源,随着社会的发展,信息的价值也在不断提升。正如著名未来学家阿尔温·托夫勒预言:谁掌握了信息,控制了网络,谁就掌握了整个世界。而网络和计算机的发展使得信息检索的软硬件环境有了很大的改善,人们越来越多地利用网络信息资源来满足自身的信息需求,因此网络信息检索日益发展成为信息检索的主流。

1. 网络信息检索的发展过程

网络正将整个世界丰富的信息资源带到每个人的面前,成为知识经济时代不可缺少的重要工具。在网络上,几乎可以找到个人所需的任何信息。为了帮助每个人顺利检索和查找网络信息,网络信息检索应运而生。

1990 年以前,几乎没有任何网络信息检索能够检索互联网上的信息。应该说,所有的网络信息检索工具都是从 FTP 文件检索到的,随着 World Wide Web 的出现和发展,基于网页的信息检索工具出现并迅速发展起来。1995 年,基于网络信息检索工具本身的检索工具搜索引擎发明,拉开了网络信息检索的序幕。伴随着网络技术的发展,网络信息检索工具也取得了长足的发展。

信息检索主要研究信息的表示、存储、组织和访问,即根据用户的查询要求,从信息数据库中检索出与之相关的信息资料。信息检索已从手工建立关键字索引,发展到计算机自动索引的全文信息检索、自动信息文摘、自动信息分类,并朝着自然语言处理的方向发展。在信息检索领域,英语信息检索的发展较为迅速,中文信息检索系统的发展相对较慢,目前已有的中文检索系统绝大部分仍为关键词检索,不仅效率较低,而且信息检索的精度和准确性都很差。究其原因,是因为中文信息检索有自身的特点,比如中文语词之间没有空格,因此在索引前需要进行语词切分。另一方面,与英语相比,汉语句法分析和语义理解更为困难,造成中文信息检索的发展相对较为缓慢。

网络信息检索是现代网络技术带来的课题,当网络成为信息世界中的一种无所不在的承载体时,每个检索者都可以随时随地截取和输送最新的各种信息,面对这样一个庞大无比、动态变化的网络信息,要想获得某个用户所需的特定信息,必然还要依赖于网上的信息检索。网络信息检索是由众多站点、浏览器和搜索引擎及网络支撑组成的三角结构。其中的核心部分不是众多站点,而是网络浏览器和具有收集、检索功能的搜索引擎。众多站点、网页上的信息是 Internet 上信息的基本组成部分。在 Internet 发展初期,浏览器和简单的搜索引擎就可以帮助人们检索所需的文献信息。浏览器相当于提供了一个信息总目次,提供读者和用户对一个又一个网站进行直接的单击、浏览,通过超文本链接,选择自己所需的信息。浏览方法虽然简易、直接,但是随机性强、耗时久,对于搜索 Internet 上的信息来讲,时间较长,费用较高。因此,更科学的方法是借助搜索引擎。搜索引擎是 Internet 信息的网上检索工具,它可以帮助用户快速搜索所需的信息及相关信息。搜索引擎是 Internet 上设立的一种特殊类型的站点,通过用户输入所需信息的关键词,经由检索服务器处理内部数据库,找到相关资料并整理后送出,通过网络传给用户使用的主机,即可以通过如图 6-5 所示的简单流程图来表示。这是就其检索功能而言的,对 Internet 上的信息检索来说,它也离不开数据库的支持。

图 6-5　网络信息检索示意图

2. 网络信息检索的特点

网络信息检索是一种基于超文本方式的信息查询工具,其主要特点如下。

1) 分布式

网络信息检索以节点为单位,节点间交叉相连,复杂的信息连接结构能够按照不同的查询条件链接节点信息。信息资源在物理上分散于多个网络节点上,确保网络节点互联互通和快速可达,是在分布的网络环境中提供相关信息服务的首要条件。

2) 检索用户数量多

信息资源服务对象是多用户的,针对不同用户开展不同的信息检索服务,首要的是区分和管理检索用户的个性化信息需求,让有效信息能够正确汇总到用户面。

3) 海量的信息资源

互联网信息源众多,数据量巨大,信息丰富,但是同时也标志着无效数据呈爆炸性增长,高效率的信息检索方式和方法就成为沙里淘金的要素。此外,由于信息量极大,因此相应的处理分析时间也将大大延长。

4) 非专业人员的信息检索

网络环境下多数用户不具有专业的信息检索技能,虽然搜索引擎也支持逻辑组合,但是非专业用户更加需求灵活的问答式信息检索、个性化推送更加便捷和智能的信息检索服务。

3. 网络信息检索的策略

1) 选定主题,确定关键词

以陈述句或疑问句形式写下要检索的主题,并确定关键词或词组,把你认为最重要的概念定为检索关键词。注意检索词的同义词、单复数、拼写变异、单词结尾的不同等。确定包含检索主题的较广的类别,这对于应用分类方法检索信息很有用。选定可能包含检索主题的组织或机构。应用搜索引擎得到这个地址,然后浏览或检索这个网址。

2) 选择合适的搜索引擎

搜索引擎是指根据一定的策略、运用特定的计算机程序搜集互联网上的信息,在对信息进行组织和处理后,为用户提供检索服务的系统。它主要用于检索网站、网址、文献信息等内容。随着网络技术的发展，各种搜索引擎层出不穷，如 Google、百度、雅虎等。而搜索引擎按检索方式可分为目录搜索引擎、全文搜索引擎和多元搜索引擎等几种。检索界面是否允许应用布尔符、截词、自然语言或仅能用单个词检索？检索返回的结果标题、URL、整个网页、部分网页等都是影响选择搜索引擎的重要因素，引擎的大小、速度、帮助性能及检索结果显示的方式也将影响用户的选择。

3）选择适当的检索方法

确定搜索引擎后，接下来就是具体用哪种方法来实施检索过程。检索方法很多，下面简单介绍几种。

多元引擎检索：是检索信息的首选。它同时搜索几个独立的引擎，并把结果显示在同一页面上，是通过关键词和一些常用的运算符完成检索过程的。应用多元引擎加快了检索的全过程，返回相对较少的无关站点是其优点。其缺点是当进行复杂检索时有时不能有效地执行，可能产生一些奇怪的结果。

关键词检索：当要查找的一个特定信息或所用的引擎数据库容量很大时，应用关键词查询数据库，可得到较满意的结果。由于这类搜索引擎是应用计算机程序时刻在网络中巡视，并取回符合条件的网页存放在它的数据库中的，因此数据库更新快，检索的结果新。其缺点是对数据库中的内容所做的索引有时不精确，常常给查找所需信息带来困难。

分类目录检索：适用于分类明确的信息查找。它是一种可供检索和查询的等级式主题目录，以超文本链接的方式将不同学科、专业、行业和区域的信息按照分类或主题的方式组织起来。这些主题目录一般在大类下面分成若干个小类，类目之间按等级系统排列，然后用人工方法把搜集的网页连接起来，用户通过逐层单击主题目录找出需要的信息。由于经过了人工的筛选和系统组织，检索结果的质量较高，条理性较强。其缺点是采集信息的速度远远跟不上网络资源增长的速度，数据库往往较小，检索到的文献数有限。

分类目录加关键词联合检索：当不确定用分类检索好还是用关键词检索好时，应用分类目录加关键词联合检索是最佳选择。一般先找到所需信息所处的范围较窄的类别，再在该目录下应用关键词检索。该方法的优点是：检索范围更小，结果更精确、有效。但对于较难的检索，不易选择适合的关键词是其缺点。

4）如何处理检索结果

有时检索结果并不令人满意，要么太多，要么太少或未能找到相关信息，遇到这些问题，可试用下面的对策：只阅读搜寻结果的前面几条信息。因为大多数搜索引擎都将最符合要求的网页列在前面，虽然返回的搜索结果成千上万，但经常是需要的网页地址在最前面的一页。缩小搜索的范围：当返回的网页太多，而需要的网页不在最前面的几页时，可通过改变关键词、改变搜索范围、使用逻辑符等方法缩小查询范围。找不到网页的对策：首先检查是否有拼写错误，接着看搜索关键词之间有没有自相矛盾的地方，如果仍不能成功地搜索，换一种搜索引擎，也许会得到所期望的结果。因为每个搜索工具的功能虽大体相同，但检索方式和拥有资料的侧重点不同。

4. 网络信息检索的发展趋势

随着互联网的发展，网络信息资源多样化，并且在不停地发展、更新，使得信息检索系统更为丰富、全面和系统。

（1）信息检索的多样化。其具体趋势表现为：网络检索信息形态的多样化，多媒体信息检索开始普及，网上检索工具开始向其他服务范畴扩展，以各种形式满足大众信息需求。

（2）信息检索的可视化。一个可视化的信息检索过程使得检索更加有效，可以为用户提供更丰富的信息，帮助用户更好地掌握检索信息的过程。

（3）信息检索的智能化。智能化信息检索是当今信息检索技术研究的热点问题之一，也是未来信息检索的发展方向，可以使用户得到能够直接加以利用的信息，其特点是建立在一个或者多个专家系统基础上的信息检索系统。

（4）信息检索的个性化。个性化主要体现在两个方面：一方面是允许用户的个性化定制检索功能；另一方面是利用推送技术主动向特定用户提供所需要的互联网信息检索结果。

（5）信息检索的专业化。专业化信息检索是指面向某一特定专业和学科领域，提供高质量的专业信息检索服务功能，提高检索的查全率和查准率。

随着信息技术的进步，网络信息检索迅速发展，检索方法会更加灵活和智能化，而且检索结果也会更加丰富和准确，从而更好地为用户提供信息服务。

6.2.3 网络信息资源的分类和特点

网络信息资源（Network Information Resources，NIR）是通过计算机网络可以利用的各种信息资源的总和。网络信息资源以数字化形式记录、以多媒体形式表达、以分布式存储在网络计算机的各种介质上，并通过计算机网络方式进行传递的信息内容的集合。网络信息资源极其丰富，包罗万象，其内容涉及工业、农业、生物、化学、数学、天文学、航天、气象、地理、计算机、医疗、保险、历史、专利、信息技术、法律、政治、环境保护、文学、旅游、音乐、电影、图书和情报等几乎所有专业领域，是人类的资源宝库。

关于网络信息资源的种类，许多人从不同的角度给予了不同的分类。按照信息资源传播的范围可分为光盘局域网信息、传统的联机网络信息和 Internet 信息资源；按照信息加工层次可分为网络指南搜索引擎、联机馆藏目录、网络数据库、电子期刊、电子图书、电子报纸、参考工具书和其他动态信息；按照提供信息的机构可将信息资源分为图书馆提供的信息资源，专业信息服务机构提供的资源，企业、公司、团体甚至个人提供的信息资源；按照信息内容的表现形式和用途可分为全文数据、事实型数据、数值型数据、文献书目信息、实时交互活动型信息，以及图像、音乐等。

1. 网络信息资源传播范围的划分

根据网络信息资源的传播范围，可以分成光盘局域网信息、联机检索信息和 Internet

信息。

1) 光盘局域网信息资源

20世纪80年代以来，在计算机技术、激光技术和精密电子技术等现代科技成果的基础上发展起来一种新型电子出版物——光盘，以其存储信息密度高、容量大、读取速度快、存储的信息类型多等显著特点，深受用户的欢迎。1984年，世界上第一个商品化的 CD-ROM 光盘数据库问世。之后，随着网络技术的发展，特别是大容量的硬盘、光盘塔和光盘网络系统的出现和广泛应用，光盘的多用户检索和共享成为现实。供单机使用的光盘数据库，也可以实现局域网、广域网、Internet 上的共享，还可以与远程联机系统联网。

光盘技术与光盘产品的发展相当迅速，光盘数据库资源覆盖自然科学、社会科学和工程技术等各个学科，其信息量巨大。利用这些数据库光盘局域网，实现局域网内共享十分有效。而且这些数据库光盘在 Internet 上的共享涉及版权等问题，所以在有限范围内光盘资源共享仍然是不可替代的。

我国在光盘数据库方面的研究和开发起步较晚，但发展十分迅速。1992年，重庆微普公司推出我国第一张中文 CD-ROM 光盘版数据库——中文科技期刊数据库，它突破了传统中文信息的存储介质，在国内图书、情报界引起巨大反响。同年4月，我国第一家开发制作多媒体光盘电子图书的专业公司——北京金盘电子有限公司诞生。目前，国内已有一定规模的电子出版物制作企业100多家，生产了大量的光盘资源产品，如"中国企事业单位名录大全""中国法律法规检索系统""人大报刊复印资料""人民日报""中国学术期刊(光盘版)"收录我国各学科核心和有专业特色的3500多种期刊，开了我国电子期刊全文光盘的先河，同时它还开发出了先进的检索软件，建成全文电子期刊检索系统，在单机或局域网环境下提供给用户使用。1999年，利用大型存储设备在各地设立光盘镜像站点，为注册用户提供服务，方便了用户检索，提高了检索效率。

2) 联机检索信息资源

20世纪60年代至70年代，世界上发达国家和地区相继建立起计算机联机信息服务系统，如美国的 Dialog、德国的 STN 系统，均向世界范围内有限的用户提供信息检索服务。

这种传统的联机检索是一种集中式的网络系统，它由联机检索中心、通信网络和检索终端组成。联机检索中心主要包括中央计算机、联机数据库、数据库检索软件等，是联机检索网络的中心部分；通信网络是连接检索终端与检索中心的桥梁，其作用是保障信息传递畅通；而检索终端是用户与系统进行人机对话的设备。当用户通过检索终端，将一定的信息需求转化为特定的检索语言和检索表达式经由通信网络传至系统的主机时，主机将其与系统数据库中的存储数据进行匹配运算，并将检索结果按用户需求传至终端设备，再由终端设备显示或打印。在整个联机检索过程中，大部分工作都是在主机上完成的，因此联机检索对主机的处理速度和功能的要求相当高。

这种联机检索系统的优点和缺陷都十分明显。优点是整个系统都在系统管理员的集中管理下，安全、可靠。缺点是主机负担重，一旦出现故障，整个网络将瘫痪；网络扩展困难；由于所采用的技术标准不公开，因此相关技术缺乏发展动力，灵活性差。

由于 Internet 的发展和冲击，传统的联机网络的局限性日益明显，并严重制约其发展。经过多年的努力,世界知名的联机系统纷纷建立自己的WWW服务器,开发Internet接口;改善用户界面;增加服务项目与内容,将其服务对象从原来有限的用户扩大到世界各地,大大增加了数据库的使用率。

这些联机检索系统在信息加工上的优势和在信息服务方面的独到之处,使得联机网络信息资源以其加工标引规范、检准率高、数据库涉及学科范围广、专业性强而逐渐成为Internet上不可忽视的一种重要信息资源。由此看来,传统的联机检索系统面对Internet的冲击而进行的战略调整是十分成功的。

3) Internet 信息资源

Internet是近年来发展最迅速的信息资源,由于操作简便,检索界面友好,资源丰富多彩,其信息不仅包括目录、索引、全文等,还包括程序、声音、图像和多媒体信息。

这里所指的Internet信息资源是一个狭义的概念,是针对传统的联机网络资源而言的。这类资源大多是由机构、团体、协会、公司甚至个人提供。提供上网的信息并没有一个传统的信息过滤机制,信息质量参差不齐,而且这类信息在网络上的产生和消亡都十分频繁。正是这种松散的管理模式,使得Internet信息成为近年来异军突起的信息资源,其发展速度远远超出人们的想象。

总之,光盘局域网信息、传统的联机网络信息和狭义的Internet信息资源共同构建了Internet上的网络信息资源,它们的共同特点需通过计算机网络才能获取。

2. 按照信息加工层次划分

网络信息按照信息加工层次,可以分为联机馆藏目录、网络资源指南和搜索引擎、网络数据库、电子期刊、电子图书、电子报纸、软件资源、参考工具书和其他信息资源等。

1) 联机馆藏目录

网络上有许多机构提供的馆藏书目信息和中外文期刊联合目录信息,其中包括各图书馆和信息机构提供的公共联机检索馆藏目录、地区或行业的图书馆联合目录等,如中国的国家图书馆、中科院图书馆和许多高校图书馆的联机馆藏目录。中国的国家图书馆在网上提供图书目录在线检索,有题名、责任者、关键词、标准书刊号、分类号、出版地、出版国等10个检索途径。

2) 网络资源指南和搜索引擎

Internet信息检索工具有数千个,根据提供检索与否,有资源指南和搜索引擎之分。资源指南是按主题的等级排列的主题类目索引,类别目录按一定的主题分类体系组织,排列方法有字顺法、时序法、地序法、主题法等,或是各种方法综合使用。用户通过逐层浏览类别目录、逐步细化的方式来寻找合适的类别,直至具体资源。资源指南是人工编制和维护的,在信息的收集、编排、HTML编码以及信息注解上要花大量的人力、物力。搜索引擎强调的是它的检索功能,能提供布尔逻辑检索、短语或邻近检索、模糊检索、自然语言检索等方式查询信息。搜索引擎的数据库主要是机器人自动建立的,不需要人工干预。

3) 网络数据库

网络数据库包括综合性和专业性期刊数据库、专利数据库等信息资源。这类信息资源可分为商业性和非商业性的数据库。

许多著名的国际联机数据库检索系统都开设了与 Internet 的接口，用户可通过远程登录或 WWW 方式进行付费检索。另外，有许多从事传统信息服务的机构开发了网络数据库，这些数据库由专门的信息机构或公司专业制作和维护，信息质量高，是专业领域内常用的数据库。非商业性数据库因为免费使用，用户以较低的成本可获得所需的信息，所以也有很高的吸引力，如 IBM 公司的免费专利文献数据库，提供大量专利的免费检索，用户可检索到 1971 年以来的美国专利说明书的内容，包括专利书目和专利项，浏览 1974 年以来的专利文献中的附图。

4）电子出版物

由于网上信息传播速度快，越来越多的出版商注重网上报刊发行。目前国内外已有很多出版商和信息服务介入电子出版行业。电子出版物有电子图书、电子期刊和电子报纸。

5）软件资源

Internet 上的软件资源十分丰富，很多可供免费下载使用，有许多共享软件，可在一定时期内试用或一个软件的某些功能可试用，也有很多须在线注册购买的软件，还有很多程序代码供用户使用或二次开发，对广大计算机用户有较大的吸引力。

6）参考工具书

网络中许多参考资料是可以免费使用的，如英国大不列颠百科全书、汉语词典、学校或企业名录、中国国家统计局统计资料等大型工具书已加入 Internet。

7）其他信息

其他信息如各级政府机构、高等院校、团体、公司在网上发布的消息、政策法规、会议消息、研究成果、产品目录、出版目录和广告等。

3. 网络信息资源的特点

在网络环境下，信息资源与传统的信息资源有了显著差异，呈现出新的特点。

1）以网络为传播媒体

在网络时代，信息的存在需要借助一种不同于以往载体的信息载体——网络，为用户提供的信息是来自 Internet 的各种网络服务器上的虚拟信息，而不是实实在在的实体形式的信息。信息的存储和查询更加方便，而且存储信息密度高、容量大，可以无损耗地被重复利用。

2）以多媒体为特征

Internet 上的信息资源的存储和处理采用文本、超文本、多媒体和超媒体形式。超文本技术，尤其是多媒体和超媒体技术的发展和应用，网络信息资源也由传统的顺序、线性排列发展到可以按照信息自身的逻辑关系组成相互联系的、直接的、非线性的网状结构。Internet 能为用户提供各种形式的信息及其组合。文本形式的信息资源的知识单元是按线性顺序排列的。读者阅读时，是跟随文本的线性流向逐级向下浏览，当需要了解某一内容的全面或相关信息时，需要另外查阅相关的参考资料。超文本形式的信息资源是按知识单元及其关系建立的知识结构网络。它通过网上各节点把相关信息（文字信息、图片、地图和其他直观信息）有机地编织在一个网状结构内，检索用户能够从任何一个节点开始,从不同角度检索到感兴趣的信息。超文本信息资源是人机交互式的,可随时调用、检索和存储信息。

多媒体信息资源是包括文本、图像和声音在内的各种信息表达或传播形式的总称。它提供的信息集图、文、声于一体,可以为用户提供文本、图像、声音信息以及它们的组合。

3) 以现代信息技术为记录手段

网络信息以数字形式存在,可以借助网络进行远距离传播,从而使全球信息资源的共享成为可能。

4) 数据结构具有通用性、开放性和标准化

数据结构的通用性、开放性和标准化使得信息资源易于扩充,各个系统之间易实现互联和互操作。

5) 传播方式的多样性、交互性

传播方式的多样性、交互性,从多方面贴近人们的生活,它具有潜在活力,也最具表现力。

6) 信息缺乏管理、良莠不齐

由于 Internet 缺乏统一的管理机构,又由于 Internet 的分布式结构,网络信息的发布具有很大的随意性和自由性,缺乏必要的过滤、监管和控制。因此,大量的垃圾信息混于有质量的信息中,增加了信息获取的不便,影响了检索效率。

6.3 搜索引擎及其使用

信息检索主要研究信息的表示、存储、组织和访问,即根据用户的查询要求,从信息数据库中检索出与之相关的信息资料。信息检索已从手工建立关键字索引,发展到计算机自动索引的全文信息检索、自动信息文摘、自动信息分类,并朝着自然语言处理的方向发展。在信息检索领域,英语信息检索的发展较为迅速。目前已有的中文检索系统绝大部分仍为关键词检索,甚至许多系统还处于"字"索引阶段,不仅效率较低,而且信息检索的精度和准确性很差。究其原因,是因为中文信息检索有自身的特点,比如中文词语之间没有空格,因此在索引前需要进行词语切分。另一方面,与英语相比,汉语句法分析和语义理解更为困难,造成中文信息检索的发展较为缓慢。

6.3.1 搜索引擎概述

习惯上,人们认为网络搜索引擎是进行网站或网页信息查询的站点或工具,这是一种狭义的定义。广义上,搜索引擎是指在互联网上或通过互联网能够响应用户提交的搜索请求,返回相应查询结果的信息技术和系统,这里所说的信息可以是任意信息,如网站信息、商品信息等。

据中国互联网络信息中心发布的《第 30 次中国互联网络发展状况统计报告》显示,搜索引擎在网民中的渗透率为 79.7%,用户规模达到 4.29 亿。

1. 搜索引擎的主要性能评价指标

1) 搜索引擎建立索引的方法

数据库中的索引一般按照倒排文档的文件格式存放,在建立索引的时候,不同的搜索引擎有不同的选项。有些搜索引擎对于信息页面建立全文索引;而有些只建立摘要部分,或者是段落前面部分的索引;还有些搜索引擎,比如 Google 建立索引的时候,同时还要考虑超文本的不同标记所表示的不同含义。还有,粗体字或大号字体显示的东西往往比较重要;放在锚链中的信息往往是它所指向页面信息的概括,所以用它来作为所指向页面的重要信息。Google 等还在建立索引的过程中收集页面中的超链接。这些超链接反映了收集到的信息之间的空间结构,利用这些结果信息可以提高页面相关度判别时的准确度。由于索引不同,在检索信息时产生的结果也不同。

2) 搜索引擎的检索功能

搜索引擎所支持的检索功能的多少及其实现的优劣,直接决定了检索效果的好坏,所以网络检索工具除了要支持诸如布尔检索、邻近检索、截词检索、字段检索等基本的检索功能之外,更应该根据网上信息资源的变化,及时地应用新技术、新方法,提高高级检索功能。另外,由于中文信息特有的编码不统一问题,所以如果搜索引擎能够实现不同编码之间的自动转换,用户就会全面检索全世界的中文信息。这样不但提高了搜索引擎的质量,而且会得到用户的支持。

3) 搜索引擎的检索效果

检索效果可以从响应时间、查全率、查准率和相似度等几个方面来衡量。响应时间是从用户输入检索式开始查询到检出结果的时间。查全率是指一次搜索结果中符合用户要求的数目与和用户查询相关的总数之比;查准率是指一次搜索结果集中符合用户要求的数目与该次搜索结果总数之比;相似度是指用户查询与搜索结果之间相似度的一种量度。由于无法估计网络上与某个检索提问相关的所有信息数量,所以目前尚没有定量计算查全率更好的方法,但是它作为评价检索效果的指标还是值得保留的。查准率也是一个复杂的概念,一方面表示搜索引擎对搜索结果的排序,另一方面体现了搜索引擎对垃圾网页的抗干扰能力。因此,一个好的搜索引擎应该具有较短的响应时间、较高的查全率和查准率,以及极好的相似度。

4) 搜索引擎的受欢迎程度

搜索引擎的受欢迎程度体现了用户对搜索引擎的偏爱程度,知名度高、性能稳定和搜索质量好的搜索引擎很受用户青睐。搜索引擎的受欢迎程度也会随着它的知名度和服务水平的变化而动态地变化。搜索引擎的服务水平和它所收集的信息量、信息的新鲜度和查询的精度相关。随着各种新的搜索技术的出现,智能化的、支持多媒体检索的搜索引擎将越来越受用户欢迎。

2. 搜索引擎检索信息的局限性

一个网络调查指出,36%的互联网用户一个星期花费超过 2 小时的时间在网上搜索;71%的用户在使用搜索引擎时遇到过麻烦;平均搜索 12 分钟以后发现搜索受挫。另一项调查显示,31%的人使用搜索引擎寻找答案,在网上查找答案的用户半数以上都不成功。从这些调查数据中不难看出,目前的搜索引擎仍然存在不少的局限性,概括起来大致有以下 5 方面。

1) 搜索引擎对信息标引的深度不够

目前,大多数搜索引擎检索的结果往往只提供一些线性的网址和包括关键词的网页信息,与人们对它的预期存在较大的差距,或者返回过多的无用信息,或者信息丢失,特别是对特定的文献数据库的检索显得无能为力。

2) 搜索引擎的查准率不高

由于网上信息数量巨大、内容庞大、良莠不齐,因此信息的质量得不到保障;还有就是由于大多数搜索引擎的索引工作由程序自动完成,根据网页中词频及词的位置等因素确定关键词,有的网站为了提高点击率,将一些与网页主题并不相关的热门词汇以隐含方式放在页面上,并重复多次,从而造成查准率低。

3) 搜索引擎的信息量不足

搜索引擎必须占有相当大的信息量,才能具有一定的查全率和实用性。目前还没有一种覆盖整个 Internet 信息资源的搜索引擎。

4) 搜索引擎自身的技术局限性

部分搜索引擎不能支持对多媒体信息的检索,原因在于搜索引擎对要检索的信息仅仅采用机械的词语匹配来实现,缺乏知识处理能力和理解能力。也就是说,搜索引擎无法处理用户看来非常普通的常识性知识,更不能处理随用户不同而变化的个性化知识、随地域不同而变化的区域性知识,以及随领域不同而变化的专业性知识等。

5) 检索功能单一、缺乏灵活性

目前,许多搜索引擎的查询方法比较单一,一般只提供分类查询方式和关键词查询方式,不能从文献的多个方面对检索提问进行限制,只能就某一关键词或者概念进行比较笼统的检索。

3. 搜索引擎的发展方向

目前,许多搜索引擎由于效率低下,使得用户对那些提供搜索引擎服务的网站产生了不满情绪。但是,搜索引擎技术作为一项专门技术已经成长起来了,并且将会更加成熟,向着更广、更深的方向发展。

1) 更精确的搜索引擎

搜索引擎技术一个最重要的发展方向是提供更精确的搜索。当前的搜索引擎很多是"关键词搜索",而且不能处理复杂语义信息,功能比较强的也只能提供一些基本的条件组合查询功能和简单的语义查询。要想大幅度地提高搜索引擎的效率和搜索结果的准确度,必须建立在对收录信息和搜索请求的理解之上,即必须处理语义信息。未来人工智能技术将在搜索引擎方面大有作为。

2) 个性化搜索

提高搜索精确度的另一方面是提供"个性化搜索",也就是将搜索建立在个性化的搜索环境之下,个性化将使搜索更符合每个用户的需求,而不仅仅是准确。

3) 更专业化的搜索引擎

各种专业搜索引擎和专门信息搜索引擎如雨后春笋般迅速发展起来。专业化的搜索引擎在提供专业信息方面有着大型综合引擎无法比拟的优势,它可以在某一个专业面上做得更好、更完善。

6.3.2 搜索引擎的特点和分类

互联网上的搜索引擎种类很多,但它们的技术基础都是互联网技术和数据库技术,以及一些人工智能技术和多媒体技术。按照搜索引擎提供的功能和使用的技术来划分,目前互联网上的搜索引擎主要有以下 4 种。

1. 分类目录搜索

分类目录将网站信息系统地分类整理,提供一个按类别编排的网站目录,在每类中,排列着属于这一类别的网站站名、网址链接、内容提要,以及子分类目录,这就像一本电话号码簿一样,典型代表是 Yahoo。可以在分类目录中逐级浏览寻找相关的网站,分类目录中往往还提供交叉索引,从而可以方便地在相关的目录之间跳转和浏览。也可以使用关键词进行检索,检索结果为网站信息,这种检索也称为网站检索。

2. 网页搜索

网页搜索引擎同分类目录的最大区别是搜索结果不是网站信息,而是符合检索条件的网页信息。依据搜索引擎获得网页信息的方式不同,软件的复杂度差别较大。常见的获取信息的方法包括以下两种。

(1) 检索递交的网页(并不是整个网站),这种情况下仍然需要用户登录自己的网页地址等信息,但搜索引擎系统程序会对提交的网页全文进行处理,建立索引,以提供全文检索。

(2) 使用 Robot 在互联网上自动漫游搜寻网页信息,搜索引擎系统程序自动对 Robot 访问的网页进行处理,建立用于提供全文检索的索引。

无论哪种情况,网页搜索引擎都要对网页建立索引,并将搜集到的网页信息加入系统的数据库中,索引的建立则是网页搜索引擎的核心技术之一。

3. 图形图像搜索

图形图像搜索引擎是专门搜索图形、图像或照片的搜索引擎,但是现在的图形图像搜索引擎仍然是通过文本关键词查询相关的图形图像信息,它所采用的基本技术同传统的网站搜索引擎或网页全文搜索引擎基本相同,唯一的区别是多了一些专门针对图形图像的处理技术,例如生成图像微缩图标的技术、多媒体数据库技术等,但是这些技术归属于多媒体技术范畴更加合适,而不属于搜索引擎技术。

当前的图形图像搜索引擎从信息来源划分主要包括两类:一类是门户网站提供的图形图像搜索,它们往往采取同网站和网页搜索引擎类似的技术获得信息源,也就是依靠用户登录和 Robot 自动寻找收集，它们使用的都是同一个软件；另一类是一些图库提供的图形图像搜索引擎，这些图库一般都由专门的机构维护，收录了某一方面的珍贵图像信息。

4. 元搜索

元搜索自己并不收集网站或网页信息，通常也没有自己的数据库，而是将搜索请求同时发送到多个传统的搜索引擎，然后对各个搜索引擎的反馈结果再进行整理后返回给查询者。元搜索引擎向其提交查询请求的搜索引擎称为目标搜索引擎。

元搜索引擎是一种很有用的搜索工具，它特别适合两种搜索应用。

（1）使用单个关键词或词组进行查询，通过元搜索引擎一次提交就可以获得来自多个引擎的综合结果，显然比单独访问各个搜索引擎方便得多，而且元搜索引擎还可以自动过滤掉大量的重复信息。

（2）测试某个关键词查询在多个搜索引擎中的效果，使用元搜索显然是最方便的途径。

元搜索引擎也存在很大的局限性。

首先，由于不同的搜索引擎所能支持的高级查询不同，处理方式也差别很大，因此现在的元搜索引擎只能进行简单的关键词查询，不支持复杂的高级条件查询。

其次，由于搜索处理时间的限制，现在的元搜索引擎一般在某一个目标搜索引擎上花费的时间都不长，所以一般对每个目标搜索引擎只获取了大约 10% 的信息。因此，当确实需要完整的信息时，元搜索引擎就无能为力了。

鉴于这种情况，现在出现了一些专门的搜索软件，通过这样的软件可以向上百个搜索引擎提交请求，然后再对结果进行处理。由于没有时间和带宽上的限制，所以可以长时间运行，以得到更加丰富的综合结果。

6.3.3 搜索引擎的工作原理

1. 搜索引擎的数学模型

搜索引擎需要从大量信息中筛选出符合用户需求的信息。根据搜索引擎查找相关信息方式的不同，可将信息检索分为布尔逻辑模型、模糊逻辑模型、向量空间模型以及概率模型等。

布尔型信息检索模型，是最简单的信息检索模型，用户可以根据检索项在文档中的布尔逻辑关系提交查询，搜索引擎根据事先建立的倒排文件结构，确定查询结果。标准布尔逻辑模型为二元逻辑，所搜索的文档要么与查询相关，要么与查询无关。查询结果一般不进行相关性排序。如查询"计算机"，只要文档中出现关键词"计算机"，则全部包含在查询结果中。为了克服布尔型信息检索模型查询结果的无序性，在查询结果处理中引进了模糊逻辑运算，将所检索的数据库文档信息与用户的查询要求进行模糊逻辑比较，按照相关的优先次序排列查询结果。例如，查询"计算机"，那么出现"计算机"较多的文档将排列在较前的位置。

与布尔型信息检索模型不同，向量空间模型用检索项的向量空间来表示用户的查询要求和数据库文档信息。根据向量空间的相似性，排列查询结果。向量空间模型不仅可方便地产生有效的查询结果，而且能提供相关文档的文摘，并进行查询结果分类，为用户提供准确定位所需的信息。

基于贝叶斯概率论原理的概率模型不同于布尔和向量空间模型，它利用相关反馈的归纳学习方法，获取匹配函数。

虽然不同检索模型使用的方法不同，但所要达到的目标是相同的，即按照用户要求，提供用户所需的信息。实际上，大多数检索系统往往将上述各种模型混合在一起，以达到最佳的检索效果。

2. 搜索引擎的工作过程

搜索引擎是 Internet 上的一个网站，它的主要任务是在 Internet 上主动搜索 Web 服务器信息并将其自动索引，其索引内容存储于可供查询的大型数据库中。当用户输入关键字查询时，该网站会告诉用户包含该关键字信息的所有网址，并提供通向该网站的链接。

对于各种搜索引擎，它们的工作过程基本一样，具体包括以下 3 个方面。

1) 在网上搜寻所有信息

访问网络中公开区域的每一个站点并记录其网址，从而创建出一个详尽的网络目录。各搜索引擎工作的最初步骤大致都是如此。

2) 将信息进行分类整理，建立搜索引擎数据库

在进行信息分类整理阶段，不同的系统会在搜索结果的数量和质量上产生明显的不同。首先分析数据库中的地址，以判别哪些站点最受欢迎（比如：通过测定该站点的链接数量），然后再用软件记录这些站点的信息。记录的信息包括从标题到整个站点所有文本内容以及经过算法处理后的摘要。当然，最重要的是数据库的内容必须经常更新、重建，以保持与信息世界的同步发展。

3) 通过 Web 服务器端软件，为用户提供浏览器界面下的信息查询

每个搜索引擎都提供了一个良好的界面，并具有帮助功能。用户只要把想要查找的关键字或短语输入查询栏中，并单击"搜索"按钮，搜索引擎就会根据用户输入的提问，在索引中查找相应的词语，并进行必要的逻辑运算，最后给出查询的命中结果。用户只需通过搜索引擎提供的链接，马上就可以访问到相关信息。有些搜索引擎将搜索的范围进行了分类，查找可以在用户指定的类别中进行，这样可以提高查询效率，搜索结果的"命中率"较高，从而节省了搜寻时间。

3. 搜索引擎的语法规则

搜索引擎一般是通过搜索关键词来完成自己的搜索过程的，即填入一些简单的关键词来查找包含此关键词的文章或网址。这是使用搜索引擎最简单的查询方法，但返回结

果并不是每次都令人满意。如果想得到最佳的搜索效果,就要使用搜索的基本语法来组织要搜索的条件。

1) 使用＋和－连接号,以及通配符＊和？

要求的单词:如果要求特定单词包含在索引的文档中,可以在它前面加一个＋号,如Tool＋Internet,并且＋号和单词之间不能有空格。

排除的单词:如果要排除含有特定单词的文档,可以在它前面加一个－号。如果想查找武侠小说且同时不含有古龙的作品,写法为:武侠小说－古龙。

通配符:进行简单查找的时候,可以在单词的末尾加一个通配符来代替任意多个字母组合,通配符一般为＊号;通配符代替任意单个字符,通配符一般为？号。例如:Compu＊可以代表Computer、Compulsion、Compunication等。

2) 使用逗号、括号或引号进行词组查找

逗号的作用类似于OR,也是寻找那些至少包含一个指定关键词的文档。一般"越多越好"是它的原则。因此,查询时找到的关键词越多,文档排列的位置越靠前。例如,查询关键字"计算机,多媒体,Office",结果同时包含"计算机""多媒体"和"Office"的文档将出现在前面。

括号的作用和数学中的括号相似,可以用来使括号内的操作符先起作用。例如,若(网址 OR 网站)AND(搜索 OR 查询),则实际查询时,关键词就是"网址搜索""网址查询",或者是"网站搜索""网站查询"。

使用引号组合关键词,可以告知搜索引擎将关键词或关键词的组合作为一个字符串在其数据库中进行搜索。例如,要查找关于电子杂志方面的信息,可以输入"electronic magazine",这样就把 electronic magazine 当作一个短语来搜索。相反,如果不加双引号,搜索引擎就会查出包含 electronic(电子)及 magazine(杂志)的网页,会严重偏离主题。

3) 不要滥用空格

在输入汉字作关键词的时候,不要在汉字后追加不必要的空格,因为空格将被认作特殊操作符,其作用与 AND 一样。比如,如果输入了关键词"高　中",那么它不会被当作一个完整词"高中"去查询,由于中间有空格,会被认为需要查出所有同时包含"高""中"两个字的文档,这个范围要比"高中"作关键词的查询结果大多了,更重要的是它偏离了本来的含义。

6.3.4 常用搜索引擎及其使用

Internet 上的信息浩如烟海,如何在有限的时间内搜索到期望的信息是上网者最关心的问题。而搜索引擎犹如金钥匙,帮助用户打开信息宝库的大门。下面介绍 Internet 上几款著名的搜索引擎,如 Google、Baidu、AltaVista、InfoSeek、Lycos、Yahoo 等,并对它们的检索方法、检索特点和技巧做比较详细的介绍,希望对用户查找网上信息资源有所帮助。

1. Google

Google 是一个非常成熟的搜索引擎，但大多数用户都没有完全地利用到它的功能。一般人就是在 Google 的搜索框中输入一两个关键字，然后单击"搜索"按钮，等着 Google 显示出搜索结果。这是一个相当简单的模式匹配算法的搜索，不幸的是，通常此时出现的大部分都是并不需要的结果。

1）学习使用正确的方法

第一，想好寻找什么。哪些词能够最好地描述要寻找的信息或者概念？哪些词是能够用来替换的？哪些词是可以不包括在想要搜索的更好地定义需求之内的？

第二，构建搜索要求。使用尽可能多的所需要的关键词，越多越好。比如，当搜索有关土豆的信息时，可以使用的关键词有土豆、马铃薯、山药蛋等。或者，可以使用高级搜索页面。

第三，单击"搜索"按钮进行搜索。

第四，评估搜索结果页面上的匹配程度。如果一开始的结果与想要的不一致，再精炼搜索要求并重新搜索，或转向更合适的搜索站点再进行搜索。

第五，选择想要查看的匹配的页面，单击进行浏览。

第六，保存最符合需求的信息。

换言之，这需要在搜索之前思考清楚，接着在获得最初结果后精炼你的搜索。这些多做的努力都是轻微的，但确实很值得。

2）合理利用一个"与""或"的搜索

大多数的用户都没有意识到，Google 会自动假定一次搜索要求中所有的词之间都是一种"和"的关系。也就是，如果输入两个词，它就会假定你所寻找的页面是包含这两个词的。它不会反馈给你仅包含其中一个词的页面。

这就使得你无须在输入搜索要求时输入一个"和"。如果想搜索包括 foreign 和 language 的内容，你所需要做的就是输入 foreign language 即可。Google 会自己假定一个"和"，并自动地将它包括在内部的索引搜索内。结果包含的页面有些单独提到 foreign，也有些单独提到 language，还有一些共同提到它们两者。这存在着微妙的差异，但却很重要。

3）搜索中包括或不包括的词

关于这些 and 和 or 的词，Google 会自动将这些在你输入的搜索要求中不重要的、普通的词忽略掉。这些被称作"忽略的单词"，包括 and、the、where、how、what、or 和 a 等。

在搜索中包含忽略的单词并没有什么大碍，不过会使搜索速度下降，这就是 Google 将它们剔除的原因。举一个例子，你想要搜索的是 How a microcomputer works？Google 会移除 how 和 a 两个词，并自行按新的、更短的关键词 microcomputer work 进行搜索。

如果你想让这些一般的词包含在搜索要求内，可以通过让 Google 必须在搜索中包含这些特定的词，使它不去排除"忽略的单词"。想要做到这点，可以在确实需要的词之前加上一个＋符号。例如，要在搜索要求中包含 how，应该输入 ＋how。请确保在＋符号之前有一个空格符，而不是在它之后。

从另一方面来说,有时你会想通过排除一些包含特定词的页面来精炼搜索结果,这时可以通过使用一个-号来去掉搜索结果中不想要的词。同样地,也请记住在-符号之前留一个空格符。

4) 搜索近似的词

Google 通过使用~符号能够搜索近似的词或同义词。只要在想要搜索的词之前加上~符号,Google 就会搜索所有包括这个词以及合适的近义词的页面。

例如,要搜索类似 company 的词,输入 ~company 所得到的页面就会不仅包括 company 这个词,还会包括 firm、corporation 等词的页面。

在此还有个额外的技巧:如果要只是列出近义词的页面,而不需要给出许多原先输入的那个词的页面,可以用-符号来连接~操作,例如~elder -elder,这样就能在近义词所得的结果中排除原先输入的词。

5) 搜索特定的词组

当搜索一个特定的词组时,如果只是简单地输入词组中所有的词,是无法得到最好的结果的。Google 也许能够反馈包含这个词组的结果,但它也会列出包含所输入的所有词的结果,却未必让这些词按照正确的顺序。如果要搜索一个特定的词组,应该将整个词组放在一个引号内,这样就能让 Google 搜索规定顺序的、精确的关键词。

6) 列出相似的页面

当发现一个网页是你很喜欢的,同时又想知道是否还有与它类似的其他网页时,可以使用 Google 的相关功能来寻找:这个操作算符所显示的页面会与特定的页面在某些方面相似。例如,当你很喜欢看 CNKI 上的论文时,可以通过输入 http://cnki.net 来寻找类似的页面。

7) 搜索特定的事实

如果要搜索一些客观事实,Google 会反馈给一个匹配你指定的搜索要求的清单,你可以在搜索结果页面的最顶端得到所需要的精确信息。例如,诞生日、诞生地、人口等。你所需要做的就是输入想要知道的描述事实的搜索要求,例如:

要查询纽约的人口,则输入"人口 纽约"。

要查询克林顿在哪里出生,则输入"出生地 克林顿"。

要查询总统里根什么时候出生,则输入"生日 里根"。

要查询马丁·路德·金什么时候去世,则输入"去世 马丁·路德·金"。

8) Google Directory

由于质量较数量更为重要,因此可以绕过主要的 Google 搜索引擎而使用 Google Directory。Google Directory 是一个网页清单相对较小的数据库,它们都是通过一个人工编辑团队手动精心挑选的。Google Directory 是被注释和组织到相关的话题类目下的,可以通过类目来浏览网页目录,或是搜索指定的项目。Google Directory 是一个可用来搜索大量 Google 网页索引的实用选择。Google Directory 的结果更为集中且高质。

要进入 Google Directory,单击 Google 主页上的"更多"链接,在接下来的页面中选择类别即可。当然,可以直接进入 Google 的 Directory,只要在浏览器中输入 directory.google.com 即可。

2. Baidu

Baidu（百度）是目前中国大陆市场占有率最高的搜索引擎，网址是 http://www.baidu.com。Baidu 首页如图 6-6 所示。

图 6-6　Baidu 首页

1）选择适当的查询词

搜索技巧，最基本同时也是最有效的，就是选择合适的查询词。选择查询词是一种经验积累，在一定程度上也有章可循。

表述准确时，百度会严格按照您提交的查询词搜索，因此，查询词表述准确是获得良好搜索结果的前提。

一类常见的表述不准确的情况是，脑袋里想着一回事，搜索框里输入的是另一回事。另一类典型的表述上的不准确，是查询词中包含错别字。

例如，要查找张艺兴的照片，用"张艺兴照片"，当然没什么问题；但如果写错了字，变成"范彬彬照片"，搜索结果就差远了。

2）查询词的主题关联与提炼

目前的搜索引擎并不能很好地处理自然语言。因此，在提交搜索请求时，最好把自己的想法提炼成简单的，而且与希望找到的信息内容主题关联的查询词。

还是用实际例子说明。某小学五年级的学生，想查一些关于时间的名人名言，他的查询词是"小学五年级关于时间的名人名言"。

这个查询词很完整地体现了搜索者的搜索意图，但效果并不好。

绝大多数名人名言，并不分小学、中学、大学，更不分年级，因此，"小学五年级"事实上和主题无关，会使得搜索引擎丢掉大量不含"小学五年级"但非常有价值的信息；"关于"也是一个与名人名言本身没有关系的词，多一个这样的词，又会减少很多有价值的信息；"时间的名人名言"，其中的"的"也不是一个必要的词，会对搜索结果产生干扰；"名人名言"，名言通常就是名人留下来的,在名言前加上名人,是一种不必要的重复。因此,最好的查询词应该是"时间名言"。

3）下载软件

日常工作和娱乐需要用到大量的软件,很多软件属于共享或者自由性质,可以在网上免费下载。

（1）找下载页面是最直接的方式。软件名称,加上"下载"这个特征词,通常可以很快找到下载点。

例如：Photoshop 下载。

（2）在著名的软件下载网站找软件。由于网站质量参差不齐,下载速度也快慢不一。如果我们积累了一些好用的下载网站,如天空网、华军网、电脑之家等,就可以用 site 语法把搜索范围局限在这些网站内,以提高搜索效率,写法是：网际快车 site:网址。

4）搜索产品使用教程

我们装了一个新软件,或者家里买了新的产品,如笔记本计算机、数码相机等,往往需要一个细致的教程。类似的教程在书店可以买到,在网上也可以搜索到。教程的搜索有两个要点：第一个要点是,这个教程是针对什么产品做的,这点比较好确定。比如说,想找 Office 2010 的教程,第一个要点就是 Office 2010 了；第二个要点是,这类教程通常会有一些什么样的特征关键词。也就是说,如果某个网页是某类产品的教程,这个页面上会有一些什么样的词汇,来表明这个网页是教程。对教程类网页而言,常出现的特征关键词有教程、指南、使用指南、使用手册、从入门到精通等,而在 URL 链接中,通常会有汉语拼音的 jiqiao 来标注这个页面是技巧帮助性页面。通过一次搜索就达到目的通常会有些困难,但多次试验,总会构建出一个非常好的搜索关键词。

例如：3ds max 使用技巧。

例如：数码相机 使用指南。

5）英汉互译

每个人都有英文词典,但翻词典一是麻烦,速度慢,二是可能对某些词汇的解释不够详尽。中译英就更是如此了。多数词典只能对单个汉字词语做出对应的英文解释,但该解释在上下文中也许并不贴切。利用搜索引擎进行英汉互译的一个长处在于,可以比较上下文,使翻译更加精确。

百度本身提供了英汉互译功能。对找到释义的汉字词语或者英文单词词组,在结果页的搜索框上面会出现一个"词典"的链接,单击链接,就可以得到相应的解释。

6）搜索专业报告

很多情况下,我们需要权威性的、信息量大的专业报告或者论文。比如,我们需要了解中国互联网的状况,就需要找一个全面的评估报告,而不是某某记者的一篇文章；我们需要对某个学术问题进行深入研究,就需要找这方面的专业论文。找这类资源,除了构建合适的关键词之外,还需要了解重要文档在互联网上存在的方式(往往不是网页格式,而是 DOC 文档或者 PDF 文档)。我们都熟悉 DOC 是 Office 中的 Word 文档,PDF 文档是 Adobe 公司开发的一种图文混排的电子文档格式,能在不同平台上浏览,是电子出版的标准格式之一。

百度以filetype：这个语法来对搜索对象做限制，冒号后是文档格式，如PDF、DOC、XLS等。

例如：金庸 武侠 filetype：PDF

7）查找论文

(1) 找论文网站。

网上有很多收集论文的网站。先通过搜索引擎找到这些网站，然后再在这些网站上查找自己需要的资料，这是一种方案。找这类网站，简单地用"论文"做关键词进行搜索即可，如中文网站有CNKI、万方和维普等。

(2) 直接找特定论文。

除了找论文网站，也可以直接搜索某个专题的论文。看过论文的都知道，一般的论文都有一定的格式，除了标题、正文、附录外，还需要有论文关键词、论文摘要等。其中，"关键词"和"摘要"是论文的特征词汇。而论文主题通常会出现在网页标题中，例如，关键词 摘要 intitle：软件。

8）查找范文

(1) 写应用文的时候，找几篇范文对照着写，可以提高效率。

找市场调查报告范文、市场调查报告的网页，有几个特点：第一是，网页标题中通常会有"×××调查报告"的字样；第二是，在正文中通常会有几个特征词，如"市场""需求""消费"等。于是，利用intitle语法，就可以快速找到类似范文。

例如：市场 消费 需求 intitle：调查报告。

(2) 找申请书范文。

申请书多种多样，常见的有国外大学申请书。申请书有一定的格式，因此只要找到相应的特征词，问题也就迎刃而解。比如，国外大学申请书最明显的特征词就是"我申请某某大学"。

(3) 找工作总结范文。

首先要了解总结会有什么样的特征词？总结有一定的固定模式，"一、二、三"，"第一，第二，第三"，"首先，其次，最后"，而且总结的标题中通常会出现"总结"两个字，于是问题就很好解决了。

例如：第一 第二 第三 intitle：总结。

9）找医疗健康信息

互联网上有大量健康和疾病治疗方面的资料信息，它就像一个三级甲等医院。

(1) 根据已知疾病查找治疗方式。

这类资料通常有这样的特点：在标题中会注明疾病的名称，同时会有诸如"预防""治疗""消除"等特征性关键词。于是，用疾病名称和特征性关键词，就可以搜到相关的医疗信息，如减肥，又如预防感冒。

(2) 找专业疾病网站。

对于某些综合类疾病，如心脏病、高血压等，可以先用搜索引擎查找这类疾病的权威专业网站，然后到这些专业网站上求医问药，获取有关知识。找这类网站很简单，就是用疾病名称作关键词搜索。搜索引擎通常会把比较权威、质量比较高的网站列在前面，如心脏病。

（3）根据症状找疾病隐患。

经常会有这样的需求，已知身体不舒服的症状，希望知道可能的疾病隐患是什么。这也可以通过搜索引擎解决问题。一般的疾病介绍资料通常会有疾病名称、疾病症状、治疗方法等部分。我们描述的症状如果和某个网页中的疾病症状刚好符合，搜到这样的网页，疾病名称也就知道了。做这类搜索的关键是，如何把症状现象用常用的表达方式提炼出来。

例如：经常打嗝。

例如：经常胸闷。

10）找明星资料

很多年轻人都有偶像。搜罗这些偶像的资料，是对偶像表示崇拜的一种方式。如何查找偶像的资料呢？

（1）搜索明星官方网站。

很多大牌明星都有自己的官方网站，用于发布自己的最新消息，以及与崇拜者做线上交流，这样的网站叫 Official Site（官方网站）。还有一些崇拜者，收集的偶像资料比较丰富，就自己做了一个网站以示崇拜，这样的网站叫作 Fans Site。而大型的门户网站，通常为明星建有专门的娱乐频道。这些网站或者频道，通常信息比较丰富。直接找到这类网站，资料收集也就轻松很多了。找这类网站很简单，就是在搜索引擎中输入明星的名字，排在前列的网站通常都具有比较丰富的内容。

例如：成龙。

（2）搜索明星图片。

明星图片除了在官方网站、Fansite、明星频道中出现，还会在其他的图片网站栏目中出现。用明星的名字，加上"图片""写真""相册""图集"等图片特征关键词进行搜索。

例如：章子怡 写真。

（3）搜索明星档案。

想了解明星的生日、主要成就？除了到官方网站和门户网站的明星频道中找，也可以通过网页搜索直接获取。这些档案页面，通常有一些特定的词汇，如"身高""籍贯""生日"等；而明星的名字，则通常出现在网页标题中。用明星名字加上这些特征词，就可以快速找到明星档案。

例如：施瓦辛格 身高。

例如：档案 intitle：史泰龙。

11）查找产品信息

对于高价值的产品，我们在购买之前通常会做一个细致的研究，通过对比，择优而购。研究过程中，会需要很多资料，如产品规格、市场行情、别人对产品的评价，等等。如何通过搜索引擎获取这些资料呢？

（1）到制造商的官方网站上找第一手产品资料。

对于高价值的产品，制造商通常会有详细而且权威的规格说明书。很多公司不但提供网页介绍，还把规格书做成 PDF 文件供人下载。利用前面谈到的企业网站查找办法找到目标网站,然后利用 site 语法直接在该网站范围查找需要的产品资料。

例如:MP3 播放器 site:Samsung.com.cn。

(2) 找产品某个特性的详细信息。

我们可能非常关注特定产品的某个特性。例如,想了解一下著名剃须刀品牌吉列产品的情况,就可以直接用产品型号,以及"旋转"这个特征词或者其他用户对这个产品的这个特性的评价搜索媒体。

例如:吉列 旋转。

12) 查找网上购物信息

(1) 直接找商品信息。

网络商城的页面都具有一定的特点,除了商品名称会被列举出来外,页面上通常会有一些肯定会出现的特征词,如"价格""销量"等。于是,用商品名称加上这些特征词,就能迅速地找到相关的网页。

(2) 找购物网站。

除直接搜商品信息外,也可以先找一些著名的购物网站,然后在站内进行搜索。找这类购物网站比较简单,就是用类似"购物"这样的查询词进行搜索。

例如:购物。

13) 查找企业或者机构的官方网站

很多时候,我们需要到企业或者机构的官方网站上查找资料。如果不知道网站地址的话,首先就需要通过搜索引擎获得企业或者机构的网站域名。通过企业或者机构的中文名称查找网站,这是最直接的方式。可以直接用企业在网络用户中最为广泛称呼的名称作为关键词进行搜索。

例如:海尔电冰箱。

例如:奥迪汽车。

3. InfoSeek

InfoSeek 是 1995 年 2 月由 InfoSeek 公司推出的搜索引擎。2001 年 2 月,InfoSeek 改用 Overture 的搜索结果。InfoSeek 公司之后被 Disney 公司兼并,InfoSeek 搜索引擎成为 Go.com 的一部分。百度创始人李彦宏就是 InfoSeek 的核心工程师之一,1996 年,在硅谷的一次学术会议后,搜索引擎公司 InfoSeek(搜信)的威廉·张极力说服李彦宏去 InfoSeek。威廉·张创造了第一代 InfoSeek,而 Robin(李彦宏的英文名)则创造了第二代 InfoSeek。InfoSeekr 的网址是 http://go.com,如图 6-7 所示。

InfoSeek 不仅提供网站检索,还提供图像文件、视频和音频文件、时事新闻、公司名录、用户新闻等信息服务,以及地图、人物、电话号码、股票行情、共享软件等的检索。InfoSeek 搜索结果页面的内容全面,一般包括 Web 主题式分类目录和 Web 搜索结果两部分。Web 主题式分类目录部分列出了若干个与检索词相匹配的主题,每个主题都可以通过超级链接连续访问次主题直到最底层的站点。Web 搜索结果部分包括命中网页的标题、网页提要、相关程度、网页创建或更新时间、网页大小、网址、相似网页及更多结果的链接。InfoSeek 提供英语与法语、德语、意大利语、西班牙语、葡萄牙语之间的

图 6-7　InfoSeek 首页

互译功能。

1) 目录检索方法

如果用户一时难以精确确定检索命题,可选择主题式分类目录检索途径,进行浏览式检索。

InfoSeek 主页上一共设置了 18 大类,即 Arts Humanities(人文艺术)、Automotive(汽车业)、Business(商业)、Careers(职业)、Computing(计算机)、Government Politics(政府与政治)、Health(健康)、Living(居家生活)、Marketplace(商场)、Money(金融)、News(新闻)、People(名人录)、Real Estate(房地产)、Chat(聊天)、Games(游戏)、Movies(电影)、Music(音乐)、Travel(旅游)。用户在使用主题式分类目录体系检索时,需逐级单击,直到查询到分类目录最底层类目链接的网站和网页。

InfoSeek 主页的检索框上方有以下内容可供选择。

ABC(美国广播公司):Daytime(白天)、Video(视频)、News(新闻)、Sports(体育运动)、Games(游戏)、Shop(商店)。

ABCnews(美国广播公司新闻):Good morning America(早安美国)、World news tonight(今晚世界新闻)、20/20、primetimelive(全盛时期生活)、lightline(轻线)。

Disney Online(迪士尼在线):Home(家)、Shop(商店)、Playhouse(剧场)、Disney's Blast(迪士尼火爆)、Toontown、KidsIsland(孩子岛)、Entertainment(娱乐)、Inside Disney(在迪士尼)、FamilyFun(家趣)、Destinations(目的地)。

ESPN:NBA(全美篮球联盟)、NHL(全美冰球联盟)、ABC(美国广播公司)、Radio(无线电)、Insider(知情者)、Fantasy(幻想)、Shop(商店)。

Familyfun(家趣):Arts&Crafts(艺术工艺)、Parties(政党)、Games(游戏)、Organize&Decorate(组织与装饰)、Recipes(食谱)、Parenting(子女抚养)、Travel(旅行)。

Movies（电影）：In theaters（剧场）、Times & Tickets（时代）、Reviews（回顾）、Upcoming（展望）、Trailers（拖曳者）、DVA 与视频。

Check E-mail（检查电子邮件）。

2）关键词检索方法

InfoSeek 主页有搜索框，用户可在搜索框内输入关键词进行检索。关键词检索比较复杂，InfoSeek 分为一般检索、高级检索、布尔逻辑运算符检索、字段检索、单词检索、词组检索、短语检索等。

（1）一般检索。

只要在 InfoSeek 主页上设置的搜索框内输入需要查询的关键词，然后单击 Search（搜索）按钮即可查询到相关网页。

（2）高级检索。

InfoSeek 提供了高级检索下拉菜单进行选择，在搜索框内输入关键词。下拉菜单的选项有很多，如 Document（文献）、Title（标题）、URL（网址）、Hyperlink（超链接）4 个选项。

（3）布尔逻辑运算符检索。

如 AND 运算符、OR 运算符、NOT 运算符等。

（4）字段检索。

字段检索必须遵守一定的语法规则：字段名必须小写，字段名后紧跟冒号，冒号与检索词之间不允许有空格，检索词只能是一个单词、一个短语或一个名称。

（5）单词检索。

在检索框中输入与主题相关的一个或多个单词，单击 Search 按钮便完成了一次检索。InfoSeek 支持同义词检索，可以在检索框中同时输入几个含义相近的单词进行检索。如输入 restaurant（饭馆）、cafe（餐馆）、pub（小酒馆），从而一定程度上避免了漏检。

（6）词组检索。

如果要查找必须含有某词组的网页，有两种方法可供选择：一种方法是短语需用双引号括起来，如 World Wide Web，若不用双引号，InfoSeek 将查找含有 World、Wide 和 Web 3 个单词的网页，检索结果相去甚远；另一种方法是用大写字母形式输入词组，如检索 World Wide Web 时，系统查找 World、Wide、Web 3 个单词必须紧挨在一起的网页。

（7）短语检索。

短语按一定次序出现的词串，短语检索词形式与多个单词组合检索词形式的区别在于短语必须用双引号括起来，如"zebra line"，返回结果中将包含原检索词，并保持固有词序。否则 InfoSeek 将被视为多个单词的组合，返回结果中可能包含 zebra、line 中的一个或几个单词，且不一定保持原词序。

3）InfoSeek 的优缺点

InfoSeek 检索系统的主要优点是：首先，提供的搜索类型多，InfoSeek 不仅提供网站、网页搜索，还提供图像文件、视频和音频文件、时事新闻、公司名录、用户新闻组以及地图、人物、电话、股票行情、共享软件等搜索服务；其次，提供的搜索途径多，InfoSeek 不但提供分类搜索途径，更提供关键词检索途径；第三，InfoSeek 的信息涵盖量大，检索类型和检索途径多,查询信息快,响应时间短,搜索结果内容丰富,包括网页的标题、简介、相关程度、网页创建及更新时间、网页大小、网址、相似网页及更多结果的链接。此外,InfoSeek 还提供翻译服务。

当然,InfoSeek 也存在着一些缺陷,比如数据更新慢。一般来说,其数据都滞后一个月左右。又如,中文检索功能不强,有待于进一步开发。

4. Lycos

20 世纪 90 年代末期,Lycos 在搜索领域声明大作。就像雅虎、AltaVista 和 HotBot 等一样,Lycos 也在积极吸引用户,以争取用户在浏览网站时单击该网站。但是,Google 横空出世,并很快地统治了许多国家的搜索市场之后,像 Lycos 等老牌搜索引擎逐渐淡出大众的视线。不过,配有小狗图像标识的 Lycos 公司如今依然显示出强劲的势头。2010 年,Lycos 被印度的数码营销公司 Ybrant Digital 并购。

Lycos 作为搜索引擎中的元老,是最早提供信息搜索服务的网站之一。Lycos 计划推出新的搜索产品,至于会是什么样的产品,目前仍不得而知,值得期待。至今它的搜索排名算法仍然沿用一贯的标准,这是与其他搜索引擎的显著区别之一。此外,Lycos 始终不愿透露太多有关索引网站和排名算法的信息,这一点与其他搜索引擎相比更具神秘色彩。

Lycos 表明它的 Spider 会索引用户提交的网页中的每一个链接,因此必须肯定网页每一个链接的有效性。另外,还有一个重要的特点需要掌握,就是 Lycos 会关心网页的 HTML 语法是否正确,所以,为了好的搜索排名,需要首先避免 HTML 语法错误。Lycos 不接受 $、? 等非字母符号,因此应该尽量避免包含这些符号的内容。

浏览 http://www.lycos.com 网站,如图 6-8 所示,会很容易地想到,Lycos 仍是一个老式的门户,同时,对那些想要快速进入新闻和天气预报,以及其他更多旨在提高网络体验的补充服务的用户而言,Lycos 也是一个一站式网站。

图 6-8　Lycos 主页

Lycos 也开辟了多项功能。登录其主页,除了搜索框之外,用户还将看到有诸多链接连接到其他内容,例如 Java、Flash 和针对 iOS 的游戏等,另外还包括电子邮件服务、发行工具等,其中以 Tripod 最为出名。Tripod 主要向大众提供简易的网站构建工具和主机服务。

在传统的搜索门户之上,Lycos 还提供了一些付费服务和产品,当然也提供了更多的免费服务和产品,以及广告支持的内容和娱乐内容,这些内容以多种形式提供,包括视频显示和特别赞助方式等。各个地区和各个产品的展现方式也都不尽相同,这也是我们的长期战略之一部分。

1) 搜索类型

如关键字、字段检索等,同时也有像 Yahoo 的目录搜索。

2) 搜索选项

简单和高级搜索。

3) 布尔逻辑运算法检索

Lycos 提供完全的布尔逻辑检索能力。

此外,Lycos 用户界面非常清楚和整洁,帮助功能友好性强、信息量丰富且容易理解,同时拥有庞大的数据库,提供全面的信息,并支持多种语言的检索。

5. Sogou

Sogou 是中国著名的搜索网点,其网址是 http://www.sogou.com,如图 6-9 所示。

图 6-9 Sogou 主页

1) 使用双引号进行精确查找

搜索引擎大多数会默认对搜索词进行分词搜索。这时的搜索往往会返回大量信息,如果查找的是一个词组或多个汉字,最好的办法是将它们用双引号括起来(即在英文输入状态下的双引号),这样得到的结果相对少、相对精确。

例如,在搜索框中输入"电脑技术",这时只反馈网页中有"电脑技术"这几个关键字的网页,而不会返回包括"电脑"和"技术"的网页,这会比输入"电脑"和"技术"得到更少、更好的结果。

2) 使用多个词语搜索

由于搜狗只搜索包含全部查询内容的网页,所以缩小搜索范围的简单方法是添加搜索词。添加词语后,查询结果的范围就会比原来"过于宽泛"的查询小得多。输入多个词语搜索,不同字词之间用一个空格隔开,可以获得更精确的搜索结果。

例如,想了解北京故宫的相关信息,在搜索框中输入"北京 故宫"获得的搜索效果会比输入"故宫"得到的结果更好。

3) 减除无关资料

如果要避免搜索某个词语,可以在这个词前面加上一个减号(—)。Sogou 查询非常简洁、方便,输入查询内容并按 Enter 键,或单击"搜狗搜索"按钮即可得到最相关的资料。

4) 在指定网站内搜索

如果想知道某个站点中是否有自己需要找的东西,可以把搜索范围限定在这个站点中,提高查询效率。想要搜索指定网站时,可使用 site 语法,其格式为:查询词+空格+site:网址。例如,只想看搜狐网站上的世界杯内容,就可以这样查询:世界杯 site:sohu.com。

5) 支持多站点查询

多个站点用"|"隔开,如世界杯 site:www.sina.com.cn|www.sohu.com(site:和站点名之间,不要带空格)。

6) 文档搜索

在互联网上有许多非常有价值的文档,例如 DOC、PDF 等,这些文档质量都比较高、相关性强,并且垃圾少。所以,在查找信息时不妨用文档搜索。其搜索语法为:查询词+空格+filetype:格式,格式可以是 DOC、PDF、RTF、ALL(全部文档)。例如,高等教育 filetype:doc,其中的冒号中英文符号皆可,并且不区分大小写。filetype:doc 可以在前,也可以在后,但注意关键词和 filetype:格式之间一定要有一个空格,例如,Filetype:doc 高等教育。

6.3.5 搜索引擎检索实例

实例一:利用多种搜索工具检索。

Internet 上的搜索引擎很多,也各有特点,通过对它们的检索方法、检索特点的比较,找到适合自己的搜索引擎,以期更有效地快速查找网上信息资源。同一个关键词在不同的搜索引擎检索结果会很不一样。

比如,希望检索有关克隆羊多利的信息。

检索关键词:Dolly。

使用搜索引擎 Baidu,检索结果如图 6-10 所示,第一页并没有想要的内容,结果分别为：Dolly 百度翻译、名为 Dolly 的图片、美国著名乡村歌手 Dolly Parton、歌曲 Dolly、博客 Dolly 等。

图 6-10　Baidu

改用 Google 搜索，结果如图 6-11 所示。第二条检索结果就是克隆羊多利的信息，打开后，具体检索结果如图 6-12 所示。

图 6-11　Google

从图 6-12 中可以看到，"绵羊多利（Dolly，1996 年 7 月 5 日—2003 年 2 月 14 日）是用细胞核移植技术将哺乳动物的成年体细胞培育出新个体，是第一个被成功克隆的哺乳动物。它是由苏格兰罗斯林研究所和 PPL Therapeutics 生物技术公司的伊恩·威尔穆特和基思·坎贝尔领导的小组培育的。克隆的研究经费来源于 PPL Therapeutics 生物技术公司和英国农业部。多利是由移植母羊的乳腺细胞到被摘除细胞核的卵子细胞中发育而成的。它证明了一个哺乳动物的特异性分化的细胞也可以发展成一个完整的生物体。这引发了公众对于克隆人的想象。在受到赞誉的同时也引来了争议。它被英国广播公司和科学美国人杂志等媒体称为世界上最著名的动物"。

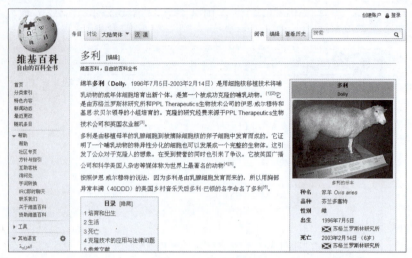

图 6-12　检索结果

实例二：考研信息检索。

2021年考研人数再次刷新纪录,达到457万人,就业形势愈加严峻,因此考研是当今大学生毕业的主要选择之一。从追求长远发展来看,广大高校本科生毕业后,继续攻读硕士研究生已经成为一种潮流和趋势。此例介绍的是如何利用搜索引擎检索网络上丰富的考研信息。

首先,确定使用搜索引擎 Baidu,为了取得更好的检索结果,进入百度的高级检索网页 http://www.baidu.com/gaoji/advanced.html,如图 6-13 所示。

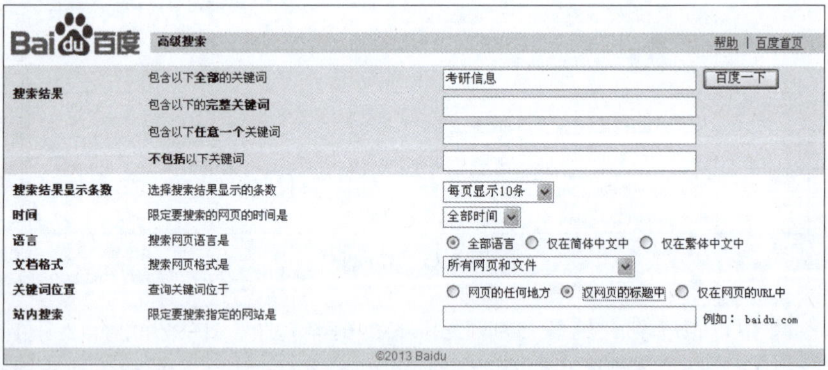

图 6-13　Baidu 高级检索

检索关键词:考研信息,并且在"查询关键词位于"选项中选择"仅网页的标题中",这样可以进行标题检索,否则搜索到的网页会太多,并且不能保证查全率。

Baidu 检索的考研信息如图 6-14 所示。

其次,直接利用大学研究生院的网站查找相关信息,信息一定准确无误。可以通过中国教育科研网(www.cernet.edu.cn)搜索各大学的网站。

例如:登录北京大学研究生院网页 http://grs.pku.edu.cn/ch/,如图 6-15 所示,查找

图 6-14　Baidu 检索的考研信息

北京大学研究生招生信息。

图 6-15　北京大学研究生院主页

例如,进入清华大学研究生院网页 http://www.tsinghua.edu.cn/publish/th/6244/index.html,如图 6-16 所示,查找清华大学研究生招生信息。

与考研相关的网站还有:考研加油站(www.kaoyan.com)、中国研究生招生信息网(yz.chsi.com.cn)、考研网(www.kaoyan.net)、国家教育部考试中心(www.neea.edu.cn)、中国教育中国考研信息网(www.chinese-edu.net)、考研天下(www.kaoyansky.com)等。

实例三:音乐检索。

人们上网听音乐或搜索歌曲是音乐爱好者经常做的事情。下面介绍如何使用百度音乐 http://music.baidu.com/,如图 6-17 所示。直接在搜索栏输入歌曲名或歌手名,单击"百度一下"按钮即可。

1. 通过歌手名或汉语拼音检索

比如,输入 liudehua,就可以检索到刘德华的歌曲,如图 6-18 所示。

图 6-16　清华大学研究生院主页

图 6-17　百度音乐

2. 通过歌曲名检索

比如,输入"青花瓷",就可以检索到周杰伦等演唱的歌曲《青花瓷》,如图 6-19 所示。

3. 通过歌词检索

比如,输入部分歌词"爱到尽头",就可以检索到周华健演唱的歌曲《让我欢喜让我

图 6-18　检索 liudehua 的结果

图 6-19　输入"青花瓷"后的提示

忧》，如图 6-20 所示。

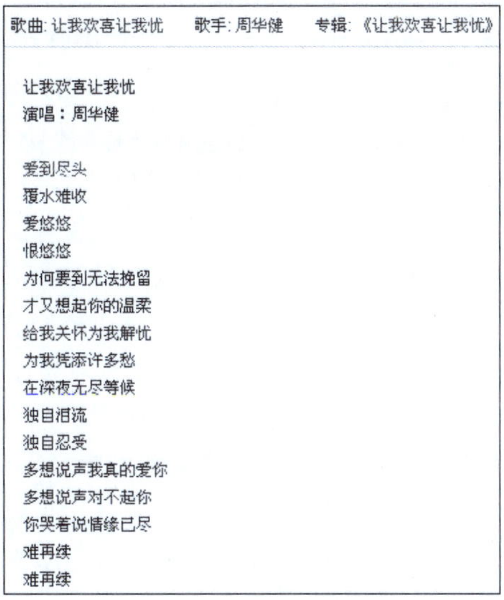

图 6-20　从歌词检索歌曲

与音乐相关的网站还有搜狗(mp3.sogou.com)、网易云音乐(music.163.com)、QQ音乐(y.qq.com)、365音乐网(www.yue365.com)、天天动听(www.ttpod.com)、九天音乐(www.9sky.com)等。

思考题

(1) 计算机信息检索的含义是什么？

(2) 计算机信息检索系统的构成与分类有哪些？

(3) 何谓网络信息检索？

(4) 简述网络信息检索的分类和特点。

(5) 网上免费信息资源有哪些？

(6) 网络信息检索工具是什么？

(7) 如何利用常用搜索引擎查找资料？

第 7 章 中外文数据库的检索与利用

随着信息技术的发展和互联网的普及,数据库资源以其易获取、可以共享、交流性高、存储方便、更新快、检索功能强大等特点,越来越受到广大读者的重视和青睐。本章主要介绍国内外比较知名的几个大型数据库检索系统,如中文数据库主要有中国知网、万方数据知识服务平台、中国科学引文数据库和人大复印报刊资料全文数据库等;外文数据库主要有 Elsevier Science、SpringerLink、Web of Science、Kluwer Online、NSTL 等。

7.1 中文数据库

中文数据库始于 20 世纪 80 年代初,20 世纪 90 年代,中国的数据库产业发展十分迅速,一些著名的大型数据库诞生了,如万方数据有限公司就是 1993 年成立的。本节将介绍几个著名的中文数据库,如中国知网、万方数据知识服务平台、中国科学引文数据库、人大复印报刊资料全文数据库等。

7.1.1 中国知网

1. 中国知网概述

中国知识基础设施工程(China National Knowledge Infrastructure,CNKI),是以实现全社会知识信息资源共享为目标的国家信息化重点工程,由清华大学发起,同方知网技术产业集团承担建设,被国家科技部等五部委确定为"国家级重点新产品重中之重"项目。CNKI 工程于 1995 年正式立项,建于 1996 年 6 月,采用自主开发并具有国际领先水平的数字图书馆技术,建设成为世界上全文信息量规模最大的"CNKI 数字图书馆",深度集成整合了期刊、博硕士论文、会议论文、报纸、年鉴、工具书等各种文献资源。CNKI 资源类型包括 8800 种国内主要期刊、1.5 万篇博士论文、115 万篇优秀硕士论文、150 万篇重要会议论文、700 多种全国重要报纸、2254 种国内优质年鉴、4000 多部工具书以及各种专刊、标准、科技成果等。

CNKI 将这些资源整合成以下几种数据库,即
(1) 中国学术期刊网络出版总库;
(2) 中国非学术期刊系列网络出版数据库;
(3) 中国博士学位论文全文数据库;
(4) 中国优秀硕士学位论文全文数据库;
(5) 中国年鉴网络出版总库;
(6) 中国工具书网络出版总库;

(7) 中国重要会议论文全文数据库；
(8) 中国重要报纸全文数据库。

这 8 个系列数据库的特点如下。

(1) 学科分布均衡。收录资料学科全面，覆盖面广，涉及理工农医、人文社科等各个方面。

(2) 全数字化加工厂。各类资源均进行了数字化加工，原版显示，实现真正意义上的全文检索。

(3) 统一导航结构。各数据库统一导航，统一划分为 10 个大专辑、168 个专题库，可合并为一个数据库使用。

(4) 实现文献互补整合。实现了跨库检索，各种文献相互关联，整合应用，相辅相成，实现互补，满足用户不同层次、不同目的的知识需求。

2. CNKI 检索过程

(1) 登录网址 http://www.cnki.net，即可进入 CNKI 首页，如图 7-1 所示。

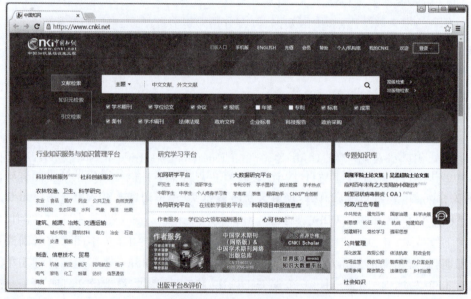

图 7-1　CNKI 首页

(2) 选择数据库，确定检索范围。

(3) 输入检索词，确定检索条件。可以使用初级检索，也可以使用高级检索。

(4) 获得检索结果，如图 7-2 所示。

(5) 单击某篇论文，查看其具体内容，如图 7-3 所示。

3. 专业检索说明

1) 检索项

公共检索项：题名、关键词、摘要、主题、作者、机构、第一作者、全文、来源、参考文献、

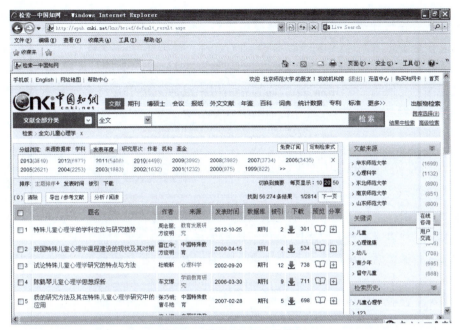

图 7-2　检索"儿童心理学"

图 7-3　某论文具体的检索结果

基金。可以使用"跨库与单库检索项对应表"这个工具。跨库检索时,各库的检索项均可用于专业检索,即单库中的检索项均可用于构造检索表达式。

2) 逻辑组合检索

(1) 使用"专业检索语法表"中的运算符构造表达式。

(2) 多个检索项的检索表达式可使用 AND、OR、NOT 逻辑运算符进行组合。

(3) 3 种逻辑运算符的优先级相同。

(4) 如果改变组合的顺序,需使用英文半角圆括号即( )将条件括起来。

3）符号

（1）所有符号和英文字母，都必须使用英文半角字符。

（2）逻辑关系符与（AND）、或（OR）、非（NOT））前后要空一个字。

（3）字符计算：按真实字符（不按字节）计算字符数，一个半角字符算一个字符。

注意事项：使用"同句""同段""词频"时，用一组西文单引号将多个检索词及其运算符括起来，如'流体♯力学'。运算符前后需要空一个字符，如'流体♯力学'。

4）检索项

检索项包括题名、关键词、摘要、主题、作者、机构、第一作者、全文、来源、参考文献、基金。

5）举例

例 1　要求检索钱伟长在清华大学或上海大学时发表的文章。

检索式：作者＝钱伟长 AND（单位＝清华大学 OR 单位＝上海大学）。

例 2　要求检索许国璋在北京外国语大学期间发表的题名或摘要中都包含"英语"的文章。

检索式：作者＝许国璋 AND 单位＝北京外国语大学 AND（题名＝英语 OR 摘要＝英语）。

7.1.2　万方数据知识服务平台

万方数据知识服务平台是中国科技信息研究所、万方数据集团公司联合研究开发的网上数据库联机检索系统。它以中国科技信息研究所的馆藏资源为技术，集科技信息、经济信息、人文信息为一体，主要涵盖经济、文化、教育等 25 大类的相关信息，包括期刊论文、专业文献、会议论文、学位论文、科技成果、专利数据、公司与企业信息、标准、法律法规、科技名录、高校信息、公共信息等各类数据资源。目前，该系统由 11 个子系统组成，即

（1）数字化期刊数据库；

（2）学位论文全文数据库；

（3）会议论文全文数据库；

（4）中外标准数据库；

（5）外文文献数据库；

（6）科技成果数据库；

（7）专利文献数据库；

（8）图书资源；

（9）法律法规数据库；

（10）机构数据库；

（11）专家数据库。

万方数据知识服务平台主界面如图 7-4 所示。

图 7-4　万方数据知识服务平台主界面

1. 检索技术

万方数据库资源系统主要检索技术有：布尔逻辑检索、限制检索（包括字段限制、期刊范围限制、年代限制、学科范围限制）、截词检索等。

1）布尔逻辑检索

万方数据库资源系统支持布尔逻辑检索运算符。在跨库经典检索界面上，通过下拉列表中的"与""或""非"来限制两个检索词之间的逻辑关系；在跨库专业检索界面上，逻辑运算符"与""或""非"分别用 AND、OR、NOT 表示。

2）截词检索

只能用右截断检索词，用截词符号 $。检索时，如果不知道某一检索词的精确拼写方法，而只知道一个检索词词根时，可以使用截词检索。如检索时输入 physic$，等同于输入 physic、physics、physicist、physicalism 等。

2. 检索方式

万方数据库资源系统提供了简单检索、跨库检索、经典检索、高级检索、专业检索、分类检索和整刊检索等多种检索方式。系统界面默认为学术论文的简单检索。第 3 章已经做了比较详细的介绍，此处不再重复。

3. 资源浏览

万方数据知识服务平台首页下方的"资源更新"板块列出了该平台包括的多个子库，

单击子库名称可查看该子库的简要介绍。单击"资源浏览",可浏览该库的资源状况。以"学术期刊数据库"为例,单击该库介绍下方的"期刊浏览"可查看该库收录的期刊情况。该库提供"学科分类""地区分类"和"首字母"3种资源的浏览方式。

7.1.3 中国科学引文数据库

中国科学引文数据库(Chinese Science Citation Database,CSCD)是由中国科学院文献情报中心创建的。1999年开始,中国科学院文献情报中心与清华大学中国学术期刊(光盘版)电子杂志社携手合作,集中了双方的优势资源,使CSCD有了更好的发展前景。

进入中国科学文献服务系统,网站是 http://sciencechina.cn/,如图7-5所示。进一步,可以分别进入中国科学引文数据库、中国科学院学位论文数据库、中国科学文献计量指标、中国科技期刊引证指标板块。

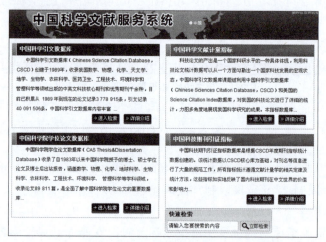

图7-5 中国科学文献服务系统

该数据库收录的来源期刊包括了我国出版的1000余种中英文重要期刊和优秀期刊,涉及数理化、天文地理、生物、农林、环境、工程、管理等学科领域,它们都是各个学科领域的权威期刊或代表性期刊。

CSCD具有很强的检索功能,除保留一般文献数据库的关键词、文章题名、著者姓名等检索点外,还提供了独具特色的引文检索。它以文献正文与引文之间的内在联系为纽带建立起新型的牵引关系——引文索引,用户不仅可以在短时间内从百余万条引文中查询到科技文献被引用的详细情况,而且还可以从某篇早期的重要文献或著者姓名入手,检索到一批近期发表的相关文献。同其他检索方法相比,用引文索引检索文献,用户无须了解复杂的分类法和主题词表,具有方便、快捷的优点,尤其在交叉学科、新兴学科的文献检索中具有明显优势。

CSCD的另一大特色是它的科研绩效评价功能。通过论文发表量和被引用次数的查询,可以定量分析、评价各种科技学术活动,为科研管理和决策提供参考依据,也有助于将优秀的论文导向最优秀的核心期刊,逐步形成一批向国际水平靠拢的高质量科技期刊。

1. 来源文献检索

来源文献检索界面由菜单栏、工具栏、检索输入区、结果浏览窗口等部分组成。在"检索输入区"输入所列检索点的检索词。来源文献检索提供的检索点包括文献著者(AU)、论文题名(TI)、著者机构(IN)、实验室(LB)、期刊刊名(JN)、省市地区(AR)、关键词(KW)等,文献著者可限定为第一著者(FA),著者机构可限定为第一著者机构(FI)。

用户在不同检索点的检索词输入框中分别输入检索词,然后单击"快速检索"按钮,系统即按"逻辑与"关系进行检索。

一次检索完成后,可单击"清除检索式"按钮,清空页面上的全部检索词输入框。

每个检索点的检索词输入框前都有一个书本样的"字典"图标,单击图标即可实现相应检索点的字典检索。用户还可单击"字典检索"菜单的相应检索点进入。

用户单击"文献检索"下的"条件限定"菜单选项或直接单击工具栏中的"条件限定"按钮,可指定来源文献检索的限定条件。限定条件包括来源文献的选择范围("核心库"或"扩展库")和发表年代(起始年和终止年)。

"结果浏览窗口"位于页面的下方,用来浏览格式显示检索的结果。来源文献检索结果显示的内容包括序号、核心库标志、文献著者、论文题名、期刊刊名及期刊的年、卷、期、页等,命中的文献记录条数同时显示在窗口的左上方。

来源文献检索的注意事项如下。

(1)各检索点均可利用逻辑运算符 AND、OR、NOT 组成逻辑检索式进行复杂检索。

(2)除省、直辖市、自治区检索点外,其他检索点均可采用模糊检索,方法是:在检索词中使用检索词通配符或选择"模糊检索"选项。

(3)CSCD 除提供单项组合检索之外,还提供在同一页面下多个检索词之间的组合检索。需要特别指出的是,这种多项组合检索只有一种逻辑关系,即"逻辑与"关系。

(4)"条件限定"功能中,提供检索的期刊范围设置("核心库"或"扩展库")和文献发表年份限制。

2. 引文检索

用户单击"文献检索"下的"转换到引文检索"菜单选项或直接单击来源文献检索界面与引文检索界面中的"检索转换"按钮,CSCD 系统即进入引文检索页面。

引文检索,又称参考文献检索或被引文献检索。引文检索页面与来源文献检索页面基本相同,也是由菜单栏、工具栏、检索输入区、检索结果浏览窗口等部分组成,不同之处在于提供的检索点和检索结果所显示的内容。

引文检索主要用来查询文献、著者、机构、实验室等的被引用情况,提供的检索点有被引著者(CA)、被引文献(CD)、被引书刊(CJ)、被引机构(CI)、被引实验室(CL)等。

检索时只需在各检索点的输入框中输入检索内容,再单击"开始检索"按钮即可。与来源检索相同,各检索点均提供了字典检索、模糊检索和逻辑组配检索功能。

引文检索的结果是引文记录的集合。系统以另一种浏览格式显示检索的结果,内容包括序号、被引频次、被引文献著者、文献名称(包括期刊名称、书名等)及年、卷、期、页等。命中的引文条数和被引的总次数同时显示在结果浏览窗口的左上方。

引文检索的注意事项如下。

1) 引文检索的方法

"被引文献检索"提供某一文献的被引用情况。检索方法为：在"被引文献"输入框中输入该文献的著者、期刊名称、年、卷、期、页共6项信息。注意，在每项信息后添加"|"以示该项结束，然后单击"开始检索"按钮，即可得到检索结果。"被引文献"不提供模糊检索方法。

2) 引文检索的条件限定

CSCD 为引文检索提供参考文献(即引文)和引证文献两类条件限定。参考文献的条件限定包括范围选择(来源被引、全部引文)和参考文献发表的起止年代，引证文献条件限定与来源文献条件限定一致，即引证文献的期刊范围(核心库、扩展库)和引证文献发表的起止年代。CSCD 系统缺省的参考文献限定条件是：范围为全部引文，发表起始年代不限，终止年代一般为光盘出版的前一年；缺省的引证文献限定条件是：期刊的范围为扩展库，发表的起始年代为 1989 年，终止年代也为光盘出版的前一年。

在引文检索页面中，单击"文献检索"下的"条件限定"菜单选项，或直接单击工具栏中的"条件限定"图标，然后再单击"条件限定"按钮，页面上会弹出"引文检索条件限定"窗口，用户可以选择参考文献和引证文献范围，并指定参考文献和引证文献发表的起止年代。

3. 字典检索

CSCD 为每个检索点都提供了字典检索方法，包括来源文献著者(AU)、第一著者(FA)、论文题名(TI)、著者机构(IN)、第一著者机构(FI)、实验室(LB)、期刊刊名(JN)、省市地区(AR)、关键词(KW)、被引著者(CA)、被引文献(CD)、被引机构(CI)、被引实验室(CL)、被引书刊(CJ)共 14 个检索点。用户在来源文献检索页面上或引文检索页面中，单击"字典检索"菜单内的任意一个检索点，或直接单击与某一检索点相关的书本样"字典"图标，系统均能弹出相应的浏览窗口，实现相应检索点的字典检索。

字典浏览窗口中含有关键字输入框、关键字浏览窗和两个命令按钮。关键字输入框是供用户输入关键字用的，以便快速、准确地定位到所查询的关键字。关键字浏览窗用来按顺序逐条显示字典中的关键字。一个关键字单独占一行，显示的信息包括关键字技巧命中的记录数量。命中记录数量用大括号括起，它表示的是在无任何限定的条件下，该关键字对应的全部记录的总数目。在每行的开始还有一个供用户标记关键字用的方形选择框，单击关键字即选中，方形框内以"√"号标识。"确定"按钮用于标记关键字之后的检索，"取消"按钮用于退出字典检索。

4. 命令检索

为满足比较复杂的检索需要，系统为专业检索人员提供了命令检索方式。命令检索又叫逻辑式检索或专家检索，使用它可以组织起更为复杂的检索式，检索起来更加灵活、方便。

用户单击"文献检索"下的"命令检索"选项,或直接单击工具栏里的"命令检索"按钮,CSCD 系统即进入命令检索页面。

命令检索页面由菜单栏、工具栏、命令输入区、检索点列表、逻辑运算符列表、缺省检索点选择框、结果浏览窗口等部分组成。其中的菜单栏、工具栏和结果浏览窗口等部分与来源文献检索页面和引文检索页面大体一致。命令输入区是专供用户输入检索表达式用的,检索点列表列出当前可以使用的检索点。检索表达式中的检索对象一般都得用检索点的标识字符来引导。逻辑运算符列表列出全部逻辑运算符,可用(和)来提高逻辑运算的优先级。缺省检索点选择框用来指定当前使用的缺省检索点。

如果缺省检索点指向来源文献检索,则当前的命令检索只能进行来源文献检索;同样,当缺省检索点指向引文检索时,当前页只能进行引文检索。缺省检索点在检索式中可省去检索点引导符。

用户既可在命令输入区直接输入检索表达式,也可使用当前检索页面中各个检索点的字典作为输入的辅助手段。用户单击相应的检索点,然后再单击"字典"按钮,或者双击相应的检索点,系统立即弹出相应检索点的字典。用户可用字典中的关键字,也可标记若干关键字并进行检索,但当用户选定一个关键字时,系统不是去检索,而是将相关检索点引导符连同"="号和该关键字一起送入命令输入区。用户能够双击页面上的逻辑运算符并在命令输入区组织逻辑式。当输入好一个检索式后,按 Enter 键或单击"开始检索"按钮,系统即开始检索并显示检索结果。

在命令检索中,可采用模糊检索的方法,只要在检索式中的检索词里使用检索词通配符或选定当前检索页面中的"模糊检索"选择框即可。

5. 模糊检索

除省、直辖市、自治区检索和被引文献检索外,其他所有检索点,不管是来源文献检索、引文检索,还是命令检索,系统均提供一种称为"模糊检索"的方法。模糊检索不要求用户提供完整的关键字,只提供关键字的词根、词尾或中间的任何一部分,系统就能提供相关的检索结果。

模糊检索有以下两种检索方式。

(1)在检索词中添加通配符,表示该检索点采用模糊检索方法。

(2)在当前页面中选定"模糊检索"选择框,表示该页面下指定的各个检索词均采用模糊检索方法。

检索词通配符有 * 和 ? 两个,在检索词内部或结尾用 * 来表示其中有若干个其他字符或汉字,在检索词内部或结尾用 ? 来表示其中有一个其他字符或汉字。多个 ? 可以连用,以表示指定数量的字符或汉字。

6. 检索结果的显示

CSCD 系统提供两类检索:来源文献检索和引文检索,如前所述,检索结果都先以浏览格式显示在当前检索页面上。如想显示检索结果的详细内容,可选中检索结果的一条、若干条或全部记录,然后单击"查看"下的"详细内容"菜单选项,或直接单击工具栏里的"详细内容"按钮,系统即弹出详细内容显示窗口,以默认显示格式把记录的详细内容显示出来。

如果在以浏览格式显示结果的页面内,单击"查看"下的"详细内容"菜单选项或直接单击工具栏里的"详细内容"按钮,则表示要显示全部记录的详细内容,系统弹出详细内容显示窗口,以便逐条显示命中记录的详细内容。

详细内容显示包括记录的一般信息(来源记录号、被引次数、参考文献数、相关文献数)和记录的详细内容。当选中 10 条记录数后,显示窗口的下方会出现一个滑标,滑标后边显示有"当前记录序号/选中记录总数",用户单击"上一条""下一条"按钮或拖动滑标,都可以改变当前要显示的记录。

如果两条来源文献至少有一条参考文献相同,就表示它们有相关度。CSCD 系统支持相关记录的检索,并能显示两个相关记录的共同引文。

7. 检索结果的输出和打印

在任意一种检索方式下,用户都能通过单击"文件"中的"打印"菜单项来输出或打印检索结果。检索方式不同,输出打印参数的默认值也不同。一般情况下,用联机的打印机输出检索结果,如果选择了"输出到文本文件"选择框,则检索结果输出到指定文件。输出打印的格式有 4 种,即题录格式、综合格式、引文格式和用户格式。这 4 种显示格式基本一致。

进行输出或打印时,页面会出现输出打印参数设定窗口,其提供以下设置。

(1) 用户格式设置。可将打印输出的字段设置在记录的左边或右边。

(2) 范围选择。可设置打印输出的范围,包括当前显示记录、所有采集记录、检索结果、当前选中记录等。

(3) 文件输出。选择"输出到文本文件"选择框,可设定将检索结果保存到文件中。

(4) 打印机属性的设置。可设定纸张类型、打印质量、设备选项标签等,分别指定打印机的有关参数。

(5) 页面设置。可选择页边距(分左、右、上、下)、上标题、下标题等,并可输入检索姓名,选择检索的时间和日期,以便一并打印。

8. 检索策略管理

CSCD 系统在检索过程中可随时随地将检索式和检索结果保存到检索历史中,在检索页面(来源文献检索、引文检索或命令检索)中,用户可以单击"查看"中的"检索历史"菜单项或直接单击"检索历史"按钮,显示启动系统后历次检索的全部检索式和结果,每一个检索式占一行,最前面的是检索的顺序号。

CSCD 系统提供了管理检索策略的方法,包括保存检索策略、调入检索策略、删除检索策略、检索式的再检索、检索序号检索等。

9. 注意事项

（1）所有检索词中的英文字母必须用大写形式输入。

（2）用著者（来源著者、来源第一著者、被引著者）检索时，汉字形式的姓名按照中国习惯输入，字母形式的著者姓名无论中外，一般都是姓在前、名在后，双名时名字连写，不用连字符和空格。名字缩写时一般不用缩写点，缩写字母间用空格分隔。

（3）数据库中，中国科学院下属的研究所一律简称为"中科院某某所"等。

（4）检索词中的？、＊、(、)等一律换为双字节的符号，一般不应用于检索词。单字节的？、＊、(、)等已被用于模糊检索和命令检索。

（5）检索被引文献（含被引著者、被引文献、年、卷、期、页）和省市地区（含直辖市、一般城市或县）这类多个字段或子字段组合而成关键字时，字段或子字段后应以"｜"结束。

（6）当一篇文章的著者超过 20 位时，数据库只能提供前 20 位著者的有关信息。

（7）数据库数据中均用"—"代替疑难汉字，用户提供的检索词中若有疑难汉字，也必须用"—"代替。

（8）被引机构和被引实验室结束时，CSCD 系统提供的是包括第一著者和全部合著者在内的机构的被引情况和国家重点实验室及开放实验室的被引情况。

7.1.4 人大复印报刊资料全文数据库

1. 概述

人大复印报刊资料数据库由中国人民大学书报资料中心和北成集团联合研制出品。从全国 4000 多种报刊上选择重要的论文予以复印，分 100 多个专题装订成册、按时连续出版发行，基本上涵盖哲学、社会科学的各个学科；关于港、澳、台报刊的复印资料，有"港澳台经济"等专题。其内容具有一定的学术价值、应用价值，含有新观点、新材料、新方法，或具有一定的代表性，能反映学术研究或实际工作部门的现状、成就及其新发展的学术资料。它以信息量大、分类科学、筛选严谨、涵盖面广而成为国内最具权威的社会科学、人文科学专题文献信息资料库。它被誉为"中华学术的窗口""中外文化交流的桥梁"。该数据库分为四个大类，收录时间范围从 1995 年至今，包括政治类（马克思列宁主义、社科、政治、哲学、法律）、经济类、教育类（教育、文化、体育）、文史类（语言、文学、历史、地理及其他），共计 100 多个专题。

中国人民大学书报资料中心的网址为 http://www.zlzx.org/，如图 7-6 所示。

2. "人大复印报刊资料"系统检索

1）"人大复印报刊资料"社科学术文献全文数据库的使用方法

在全文数据库界面左侧的树状结构中可以选择要查找的种类，右侧的文章列表会根据选择显示出不同的内容。通过单击"下页""尾页"或输入页号查找所需要的文章。在顶部的检索框中，首先选择不同的年份段，填写相应的关键词，单击"检索"后，右侧

图 7-6 中国人民大学书报资料中心主页

就能显示出和关键词相匹配的文章。如果输入两个不同的关键词,可以在词间加上不同的符号来表示它们的关系。＊号表示"与"的关系、＋号表示"或"的关系,如图 7-7 所示。

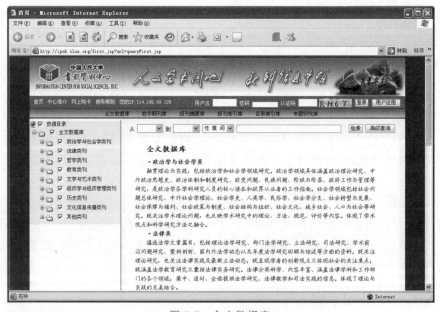

图 7-7 全文数据库

如果普通检索无法实现需要的功能,可以单击"高级查询"按钮,如图 7-8 所示。单击"完全展开"按钮来获得更多的查询框,打开如图 7-9 所示的界面。

2)"人大复印报刊资料"数字期刊库检索

可以通过各个分类来查找需要的期刊,或通过检索框输入期刊的代号或期刊的名称

图 7-8　高级检索

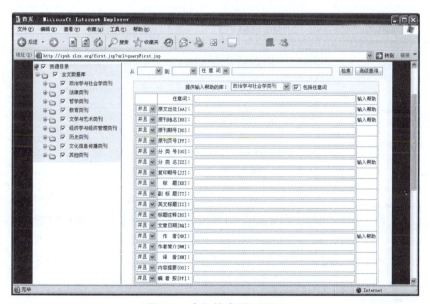

图 7-9　高级检索展开页面

来查找需要查看的期刊,如图 7-10 所示。

单击某期刊名称后,即可进入该期刊的页面,如图 7-11 所示。再单击相应年份下的期号,可以进一步检索。

单击具体文章标题后就可以查看文章全文。如果列表中没有找到需要的文章,就可以通过检索框来查询。首先,选择想要查找的字段;其次,输入关键词;最后,选择是想在本期中查询还是在其他刊中查询,确认后,单击"检索"按钮就能查找到想要的文章了。

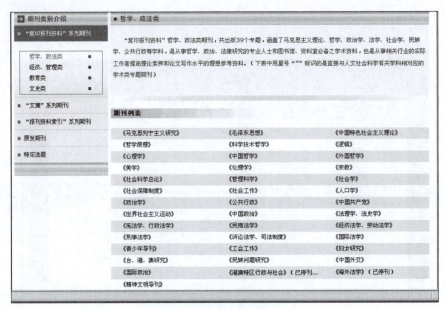

图 7-10 人大复印报刊资料

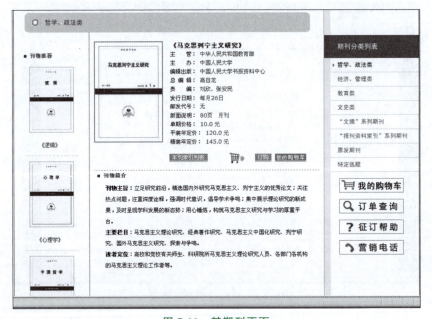

图 7-11 某期刊页面

7.2 外文数据库

　　西文文献主要反映世界各国科学研究的先进水平,报道世界上最新、最重要的科技成果、科研动态和方向,是科研人员研究新课题、推出新成果的重要情报来源,同时也为我国的科研院所及高等院校等研究人员提供了必要的文献信息资源。外文数据库和检索工具就是获取外文文献最得力的助手。

外文数据库按收录信息资源的类型可分为文摘型数据库、特种文献数据库、电子期刊全文数据库和电子图书数据库等。

外文数据库的服务方式为：一般由服务商提供检索系统和数据库，订购用户只访问服务商的站点即可，如美国 EBSCO 公司的 EBSCOhost、德国 Springer 公司的 SpringerLink 检索系统。另有一些采用镜像模式，由数据库出版商提供检索系统和数据库，用户将其安装在本地服务器上并开展服务，如中国高等教育保障系统(CALIS)在清华大学图书馆设立的 Elsevier SDOS、ECOMPENDEX 等数据库的国内镜像服务站点的检索服务都属于此类模式。

本节主要介绍几种常用的外文数据库：Elsevier Science、SpringerLink、Web of Science、Kluwer Online、NSTL 等。

7.2.1 外文数据库概述

1. 数据库简介

荷兰 Elsevier 出版集团是全球最大的出版发行商之一，Elsevier Science 也是世界上公认的高品位学术出版公司，已有 180 多年的历史。ScienceDirect 是该公司的核心产品，是全学科的全文数据库，其中大多数为核心期刊并被世界上许多著名的二次文献数据库所收录。自 1999 年开始，它向读者提供电子出版物全文的在线服务，包括 Elsevier 出版集团所属的 2200 多种同行评议期刊和 2000 多种系列丛书、手册及参考书等，以及 6000 多万条摘要信息，涉及四大学科领域：物理学与工程、生命科学、健康科学、社会科学与人文科学，数据库收录全文文章总数已超过 856 万篇。SDOS（ScienceDirect On Site）是 Elsevier 为 1500 多种电子期刊提供的网上检索服务。用户可通过互联网在线上搜索、浏览、打印以及下载所需的期刊论文。2005 开始，由 SDOS（国内镜像）转换到 SDOL（国外镜像），与 SDOS 比较，SDOL 具有以下优点。

（1）SDOL 与 SDOS 收录的期刊基本一致，但 SDOL 是 24 小时时刻更新的，因此期刊更新速度比 SDOS 更快。

（2）SDOL 用户可以提前看到 Article in Press（在编文章），即已经通过编辑审稿但尚未正式发表的文章，而使用 SDOS 的用户就无法看到。

（3）SDOL 用户通过免费注册后，即刻拥有强大的个性化服务，包括建立个人图书馆、电子邮件提示等服务。

（4）从检索结果看，SDOL 中的全文除了 PDF 格式外，还包括 HTML 格式，用户可以根据需要进行选择。

（5）现有的二次文献库中能进行馆藏全文链接的，一般仅链接至 SDOL 服务器的全文，所以使用 SDOL 的用户可以得到一步到位的全文阅读。而 SDOS 用户是无法直接从所检索的二次文献库一步到位链接到 Elsevier 全文的。

2. 检索功能

Elsevier SDOS 数据库(http://www.sciencedirect.com)提供期刊和文章的浏览与检索。文章检索有简单检索(Simple Search)和高级检索(Advanced Search)两种。

打开网站主页,简单检索为默认页面,如图 7-12 所示。

图 7-12　ScienceDirect 页面

1) 简单检索

简单检索(Simple Search)页面分为上、下两个区,即检索策略输入区和检索结果的限定区。检索策略可在输入区中选择检索字段进行检索,然后单击 Search 按钮,开始检索。

简单检索能够对篇名、关键词、摘要等进行复合检索;也能够实现特定作者文献的检索,作者姓名的输入方法为:姓,名;也可检索图书与期刊。每个检索词框可输入多个检索词,多个检索词框之间的逻辑关系默认为逻辑"与"。

2) 高级检索

当需要进行更详细的检索时,就在简单检索的界面或检索结果的界面中单击右侧的 Advanced 进入高级检索(Advanced Search)界面,如图 7-13 所示。可以使用逻辑运算符和通配符(＊取代单词中的任意字母,？只取代单词的一个字母)。

高级检索除增加了 ISSN(国际标准刊号)、PII(出版物识别码)、Search in author keywords(作者关键词)、Search in text only(正文检索)等检索字段外,还增加了学科分类、文章类型等限定条件,可进行更精确的检索。"正文检索"字段指的是在正文中检索,而不是在参考文献中进行检索;在论文类型(Article Type)的限定中,Article 表示只显示论文;Contents 表示只显示期刊题名;Miscellaneous 表示只显示其他题材的论文。

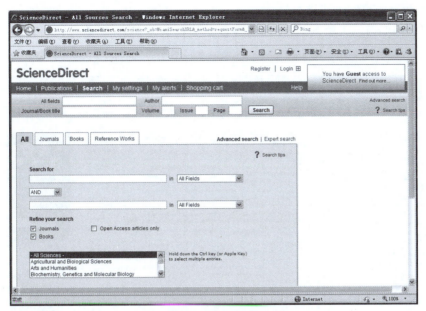

图 7-13　高级检索

3. 检索技术

Elsevier 支持布尔逻辑运算符、截词符、位置运算符等,各算符可以在以上任何检索方式的查询框中用以构造检索表达式,需要注意的是以下几点。

(1) W/n:使用 W 算符进行位置检索,表示前后两个词之间可以间隔 n 个词,但不限定两个词出现的先后顺序。

(2) PRE/n:使用 PRE 算符进行位置检索,表示前后两个词之间可间隔 n 个词,但限定两个词出现的先后顺序,第一个词在前。

(3) "":检索词加上双引号表示短语检索,系统查找与引号内的内容完全匹配的记录。例如:"coral reef degradation"仅返回含有引号内指定短语的文章。但是,一些无用词将被忽略,如 of、and 等。

(4) ' ':精确短语检索,所有符号都将被作为检索词进行严格匹配,如'information management',检索结果中不包含 information system management。

4. 检索示例

检索课题:信息技术与信息管理。

1) 分析主题,确定检索词

信息技术与信息管理是一个并列关系词,选择检索词如下。信息技术:information technology;信息管理:information management。

2) 构造检索式

information technology AND(information management)。

3）使用高级检索方式进行检索

在检索词框内输入检索词，使用高级检索提供的逻辑算符 AND，获得检索结果，如图 7-14 所示。

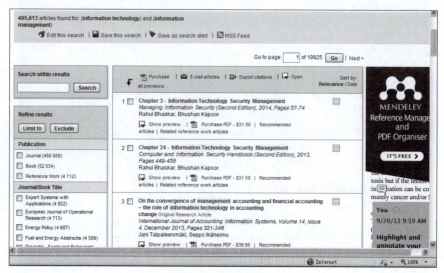

图 7-14　检索结果

4）二次检索

对初次检索结果不满意，还可进行二次检索和筛选。可按照主题、发表时间、刊名或者书名等进行筛选。

5）结果处理

检索结果有两类信息：一类是期刊题名，在题名下有该刊目次页（table of contents）的超链接和搜寻相关文件的按钮；一类是期刊论文题录，排在靠后的部分，显示论文标题、出处、作者、相关性、排序和搜寻相关文件的按钮，通过搜寻相关文件按钮可检索到与该文内容类似的文章。

单击期刊题名下的 table of contents 按钮，可浏览目次信息；单击论文题录下的 Abstract 按钮，可浏览该文章的标题、作者、作者单位、关键词、文摘等信息；单击 Download PDF 按钮，即可看到 PDF 格式的论文全文，如图 7-15 所示。

检索结果默认按"相关度"排序，用户可以按需要采用"时间"排序。检索结果前面带有绿色标识的可以下载全文；前面带有"书页"标识的，只能看到题录信息，不能下载全文。

（1）打印全文。单击 Acrobat Reader 命令菜单上的打印机图标，可直接打印该文章。

（2）保存全文。使用 Acrobat Reader 浏览全文，可直接使用命令菜单按钮保存该文件。

（3）保存检索结果的题录。对欲保存的期刊或论文的题录，选中其题名前的小框，然后单击 Save Checked 按钮，即可生成一个新的题录列表。从浏览器的"文件"菜单，选择"另存为"，可按.txt 格式或.html 格式保存题录。

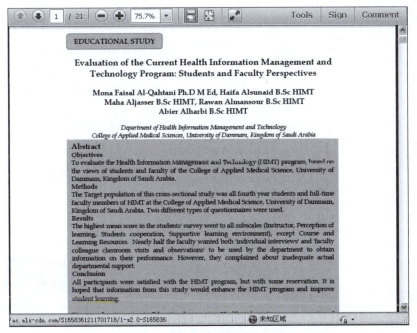

图 7-15　论文全文

7.2.2 SpringerLink

Springer(施普林格)出版社于 1842 年在德国柏林创立,是全球第一大科技图书出版公司和第二大科技期刊出版公司,每年出版 6500 余种学术图书和 2000 余种学术期刊,其中超过 1500 种经同行评阅的期刊,50%以上被 SCI 和 SSCI 收录。施普林格注重出版物的内容水平、出版人员的专业性和服务质量,在业界享有很高的声誉。

Springer 电子期刊人文社科子库涵盖法律、经济学、语言学等人文社会学科,共 394种期刊(2012 年数据),含 30 余种德语期刊,一些期刊在相关学科拥有较高的排名。一般集团用户购买的是现刊库,收录范围从 1997 年至今。另外,还有中国科学数字图书馆(34)和俄罗斯科学数字图书馆(143)这两个国家级专题期刊库。

很多高校图书馆都有 Springer(施普林格)的链接。例如:进入北京外国语大学图书馆网站(http://lib.bfsu.edu.cn/),选择"数据库列表",再单击列表中的"SpringerLink 数据库"进入其主页,如图 7-16 所示。

1. 简单检索

Springer(施普林格)的默认页面即简单检索。在 Search 输入框中输入检索词,可以直接按照文章、期刊和出版商进行检索。默认状态为文章检索,单击 Search 按钮进入检索结果界面。例如:检索 Probability theory(概率论)的结果如图 7-17 所示。

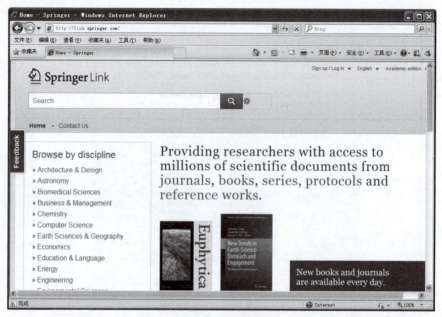

图 7-16　Springer(施普林格)

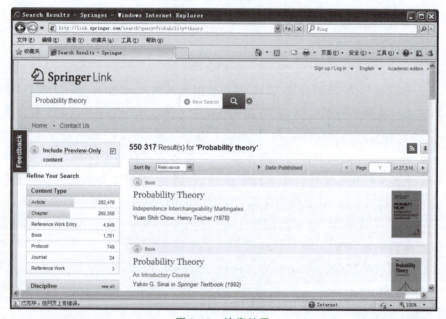

图 7-17　检索结果

2. 检索结果

要查看具体的检索结果,单击图 7-17 中的某行记录即可,如图 7-18 所示。

所有全文都以 PDF 文件格式提供。要浏览全文,必须先安装 Adobe 公司的 Acrobat

Reader 软件。安装 Acrobat Reader 浏览器后，单击 Look Inside 按钮可以打开 PDF 格式的全文。用 Acrobat Reader 提供的功能可以对 PDF 文件进行操作，如查找文字、复制文字、存盘、打印等。

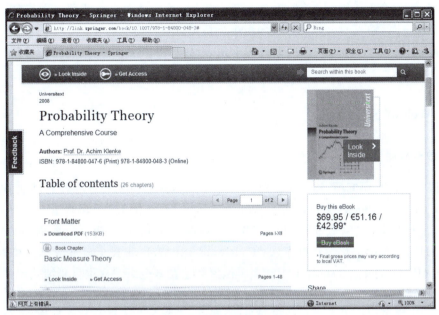

图 7-18　具体检索结果

3. 高级检索

单击 Advanced Search 进入高级检索界面，如图 7-19 所示。

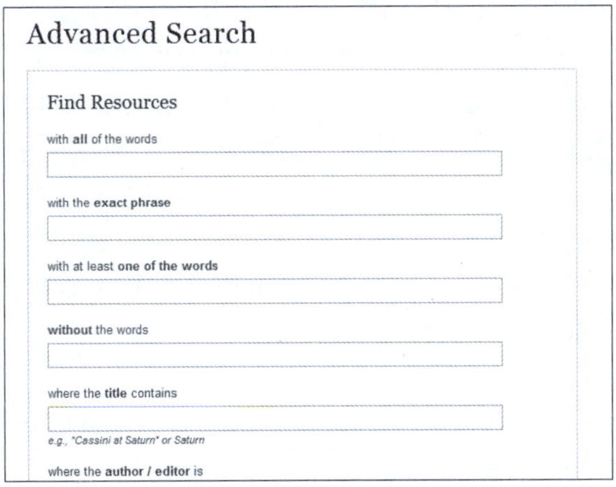

图 7-19　高级检索

输入刊名关键词或刊名全称、文献名或作者名等内容，单击 Search 执行检索。

在文字输入框内输入检索词或检索式，检索词可以是一个单词，也可以是多个单词。

关键词之间的逻辑关系：根据检索者选择的检索策略，检索者可以在检索词之间输入逻辑运算符（当选择 Boolean Search 时，若不输入逻辑运算符，则默认的逻辑运算关系为"与"，即 AND）；也可以让系统用检索者选择的默认逻辑关系进行检索（当选择 All Words 时，检索全部关键词；当选择 Any Words 时，检索任意一个或多个关键词；当选择 Exact Phrase 时，输入的全部内容按词组进行精确查找）。

* 截词符：前方一致；用于关键词的末尾，以代替多个字符，如优先级运算符（）、位置运算符 NEAR。

7.2.3 Web of Science

1. 数据库简介

美国科学信息研究所（Institute for Scientific Information，ISI）著名的科学引文索引（Science Citation Index，SCI）数据库 Web of Science 是美国 ISI 公司基于 Web 开发的产品，包括三大引文库（SCI、SSCI 和 A&HCI）和两个会议录文献引文数据库（CPCI-S、CPCI-SSH），以及两个化学数据库（CCR、IC），以 ISI Web of Knowledge 作为检索平台。ISI Web of Knowledge 为世界上 100 多个国家和主要基金组织提供科研绩效评估和决策支持，是世界许多国家制定科技决策和定量评估科研产出和影响力的重要数据源。通过这个平台，用户可以检索关于自然科学、社会科学、人文与艺术科学的文献信息，包括世界各国期刊、各种免费开放资源、图书、专利、会议记录以及网络资源等，其强大的检索技术和基于内容的链接能力，将高质量的信息资源、独特的信息分析工具与专业的信息管理软件无缝地整合在一起，兼具知识的检索、提取、分析、评价和管理等多种功能，是加速科学发现与知识创新进程中不可或缺的检索工具。Web of Science 历来被公认为世界范围内最权威的科学技术文献的索引工具，能够提供科学技术领域最重要的研究成果。SCI 引文的检索体系更是独一无二，不仅可以从文献引证的角度评估文章的学术价值，还可以迅速方便地组建研究课题的参考文献网络。发表的学术论文被 SCI 收录或引用的数量，已被世界上许多大学作为评价学术水平的一个重要标准。

Science Citation Index Expanded（1900—　），收录了 7700 多种科学技术期刊。
Social Sciences Citation Index（1956—　），收录了 2200 多种社会科学期刊。
Arts & Humanities Citation Index（1975—　），收录了 1200 多种艺术与人文类期刊。
Current Chemical Reactions（CCR-Expanded）*（1986—　），收录了 80 多万条化学反应，一步或多步新合成方法。
Index Chemicus（IC）（1993—　）*，收录了重要期刊报道的新型有机化合物的结构和关键数据，190 多万个化合物。

2. Web of Science 的主要特点

（1）通用的 Internet 浏览器界面，不需要安装其他任何软件。
（2）全新的 WWW 超文本特性，方便相关信息之间的链接。

(3) 数据每周更新。

(4) 通过引文检索功能可查找相关研究课题早期、当时和最近的学术文献,同时获取论文摘要。

(5) 检索所有被收录、被引用的作者,而不仅仅是第一作者。

(6) 提供 Times Cited(被引用次数)检索并链接到相应的论文。

(7) 提供 Related Records 检索,可获得共同引用的一份或几份文献的论文。

(8) 可选择检索范围,可一次检索全部年份、特定年份或最近一期的资料。

(9) 可对论文的语言、体裁作特定范围的限定检索。

(10) 检索结果可按其相关性、作者、日期、期刊等项目排序。

(11) 可保存、打印、E-mail 所得的资料及检索步骤。

3. 检索方式

Web of Science 提供 Easy Search 和 Full Search 两种检索界面。

Easy Search:通过主题、人物、单位或者城市名和国别检索。

Full Search:提供较全面的检索功能,能够通过主题、刊名、著者、著者单位、机构名称检索,也能够通过引文著者(Cited Author)和引文文献名(Cited Reference)检索,同时可以对文献类型、语种和时间范围等进行限定。建议使用 Full Search 方式。

1) 简单检索

可以选择 3 种检索途径:从主题检索;从论文著者、引文著者以及文献中涉及的人物检索;从著者地址检索。

注:简单检索(Easy Search)方式下的每个检索命令最多命中 100 篇文献。

(1) Topic Search(主题检索)。

在文献篇名(Title)、文摘(Abstract)及关键词(Keywords)字段通过主题检索文献。

检索步骤如下。

① 输入描述文献主题的单词或短语,可用逻辑算符(AND、OR、NOT、SAME 或 SENT)连接单词或短语。

② 选择命中结果排列顺序(Sort Order)。

Relevance(相关度):按检索词出现的频率排序,频率高的排在前面;

Reverse chronological order(逆时针):按 ISI 收录期刊的时间排序,最新记录排在前面。

(2) Person Search(人物检索)。

从论文著者、引文著者以及论文中提及的人物检索。

进入 Person Search 检索界面后,可在下面 3 个范畴中选择其一:

Show me all of the articles in the database that this person has authored(从论文著者查找);

Show me all of the articles in the database that cite this person's work(从引文著者查找);

Show me articles that are about this person(从主题人物查找,可用逻辑算符 AND、

OR、NOT)。

(3) Place Search(地址检索)。

从著者所在机构或地理位置检索,可使用算符(AND、OR、NOT、SAME 或 SENT)。通过著者机构检索时,可以输入机构名称中的单词或短语(经常采用缩写形式)。

从机构名称检索时,可输入公司或大学的名字,然后单击 Search。

检索某一地点的机构时,可用 SAME 连接机构及地点,然后单击 Search。

检索某一机构中的某个系或部门时,可用 SAME 连接机构、系或部门名称,然后单击 Search。

通过地理位置检索时,可输入国家、省或邮政编码,然后单击 Search。

2) 全面检索

全面检索包括通用检索(General Search)和引文检索(Cited Reference Search)两种方式。

(1) 在 Full Search 方式下,选择 Latest date 或 Relevance 排序时,检索结果最多为 500 篇。

(2) 选择 Times Cited、First Author 或 Source Title 排序时,如果命中文献超出 300 篇,系统提示需缩小检索范围,重新检索。

(3) 如果用户需要检索浏览量较大的文献,可以选择一年或者几年检索,不要选择所有年代。

检索之前需要选择:

① 要检索文献的时间范围。

This week's update? 即检索最近一周上载的数据。

Latest 2 Weeks? 即检索最近两周上载的数据。

Latest 4 Weeks? 即检索最近四周上载的数据。

All years? 即检索所有年代的数据。

? Year selection? 即检索做了标记的年代的数据。

注:数据的年代指文献信息进入 ISI 数据库的时间,不是文献出版的时间。

② 选择检索类型。

General Search(通用检索):通过主题、著者、期刊名称或者著者地址检索。

Cited Reference Search(引文检索):通过引文著者或者引文文献检索。

③ 检索步骤(可在一个或多个字段中输入信息)。

例如:

在 Topic 字段输入 mad cow disease。

在著者字段输入 foucault m *。

在来源期刊字段(Source Title)中输入 JOURNAL OF MATERIALS SCIENCE。

在著者地址字段中输入 PENN STATE。

可选择限制条件和命中结果的排列顺序(Set limits and sort option)。

可选择语种及文献类型(按 Ctrl 键,再单击选多个选项)。

可选择按相关度排序或者按时间排序显示命中结果。

可以存储检索(Save Query)策略。

(1) General Search(通用检索)。

从主题、著者、来源期刊名或著者地址入手检索文献。General Search 可在以下 4 个输入框中选择输入检索内容。

① Topic(主题)。

输入主题词,在文献篇名(Title)、文摘(Abstract)及关键词(Keywords)字段检索,也可选择只在文献篇名(Title)中检索。可使用算符(AND、OR、NOT、SAME 或 SENT)。

② Author(著者)。

输入著者姓名,形式与 Easy Search 的著者相同,可使用算符(AND、OR 或 NOT)。

注意:Web of Science 收录所有与文献有关的著者和编辑著者。

③ Source Title(来源出版物)。

输入期刊的全称或缩写。可以单击 List,从期刊列表粘贴复制准确的期刊名称。可用算符(OR),也可用通配符检索。

例如,输入 JOURNAL OF CELL *,检索 JOURNAL OF CELL TRANSPLANTATION 中的文献。

④ Address(地址)。

地址检索的形式与 Easy Search 的 Place Search 检索相同,可使用算符(AND、OR、NOT、SAME 或 SENT)。

例如,输入 IBM SAME NY 检索著者地址为 IBM's New York facilities 的文献。

关于地址检索时的禁用词,在许多地址中经常采用一些缩写词。按照 Web of Science 规定,不允许单独用这些缩写词检索。

例如,在地址字段中输入 UNIV 一个词检索是无效的,应该输入 UNIV PENN 或者 UNIV PA。

在地址字段中不能单独用于检索的缩写词有 UNIV、CHEM、COLL、CTR、D、DEPT、DIV、ENGN、HOSP、INST、LAB、MED、PHYS、RES、SCH、SCI、ST 等。

General Search 方式提供两组限定检索结果的选项(Set Limits)。

① 文献语种的选项列表,有近 50 个语种供选择。

使用 Ctrl 键+单击可选择多个选项,默认选项为 All Languages。

② 文献类型的选项列表,有 30 多个文献类型供选择。

使用 Ctrl 键+单击可选择多个选项,默认选项为 All document types。

命中结果排列顺序的确定(Sort Option)。

Latest Date(默认选项)——根据 ISI 收录文献的日期排序,最新的排在前面。

Relevance ——相关性排序。系统根据每篇记录包含检索词的数目、检索词出现的频率以及它们之间的靠近程度排序,相关性高的排在前面。

Times Cited ——根据文献被引用的次数排序。

First Author ——根据第一著者的字母顺序排序。

Source Title ——根据来源出版物的名称字母顺序排序。

(2) Cited Reference Search(引文检索)。

从被引著者、被引文献入手检索文献。

检索步骤(可在一个或多个字段中输入信息)。

在 Cited Author 字段输入引文著者,可使用算符(OR)。

在 Cited Works 字段输入引文所在期刊刊名缩写、书名缩写或专利号,可使用算符(OR)。

在 Cited Year(被引文献年代)字段输入四位数字的年代,可使用算符(OR)。

单击 Lookup,出现 Cited Reference Search(引文选择)界面。

屏幕上列出命中的引文文献,先按照引文著者排序,再按照引文著作排序。

每篇引文文献左侧的 Hits 列显示该文献被引用的次数,被引著者前如有省略符号,表示该著者不是来源文献的第一著者。

在引文条目左侧的方框内做标记(或者单击 Select All 将屏幕上显示的引文全做标记),单击 Next 翻页,重复选择需要的条目直到最后一页。完成选择后,单击 Search 检索,查找所选引文文献的来源文献(引用文献)。

如果要限制文献语种、类型或选择结果排列顺序,就单击 Set Lmits and Sort Option。具体限制和选择的步骤与前面 General Search 的方式基本相同。

4. 存储/执行检索策略

(1) 单击 Search 进行检索之前或者之后,都可以存储检索策略,以备后用。检索策略存储在用户本地的硬盘或者软盘上,用户可以指定文件目录。

(2) 调入先前已存储检索策略的对话框,再进入 Full Search 第一页的最底端,单击 Browse,选定目录和文件后调入,就可以用先前的存储检索策略检索了。

(3) 检索结果显示、打印、下载和 E-mail。

打印、下载或者 E-mail 检索结果时,需要做以下操作。

在每条记录开始处的方框内做标记后,单击 Submit;或者单击 Mark All 将一页上的 10 条记录全做标记(也可单击 Unmark All 删除标记)。

翻页后,再选择需要标记的记录,重复 Submit 或者 Mark All,直到最后一页。

然后单击 Marked List 按钮(该按钮只在做了标记并单击 Submit 或 Mark All 后才出现)。

屏幕最下方列出了输出内容的选择项,可根据需要在方框内做标记。

屏幕上方出现 Format for Print、Save to File、Export、E-mail 4 种格式。

建议使用 Format for Print 或 E-mail 两种格式(其余格式用于输出到专门接口软件)。

单击 Format for Print 后,显示文献的下载格式。用浏览器的命令可以打印或者保存结果。

单击 E-mail,在 E-mail the records to 框中输入收件人的地址,单击 Send E-mail 发送。

（4）检索后，命中的结果在屏幕上以简洁的格式显示。

每条记录的内容包括前三位著者、文献篇名及来源期刊名称、卷期、页码等信息。

屏幕最上方显示检索命令、检索范围、限定条件、命中结果的排序方式等内容。

屏幕最下方显示检索结果命中的记录数。

（5）单击简洁格式中的文献篇名，可以浏览该篇文献在 ISI 数据库中的全记录。

在全记录屏幕上，可单击 Cited Reference、Times Cited 及 Related Reference 查看引文文献、被引用文献以及相关文献。

注：Times Cited 的功能比原来光盘版的 SCI 有所扩展，由 Times Cited 不仅可看到一篇文献被引用的次数、引用文献和著者列表，而且还可以直接通过链接看到引用文献的全记录。

（6）重新开始一次新的检索。

单击屏幕上方的 General Search 按钮，或者单击 Home 按钮，由 New Session 进入。

5. 引文检索结果的显示、打印、下载和 E-mail

检索后命中的结果在 Cited Reference Search Results——Summary 界面以简洁的格式显示。

浏览命中记录的方法与前面 General Search 的方式基本相同。

7.2.4 Kluwer Online 数据库

1. 数据库简介

荷兰的 Kluwer Academic Publisher 是享有国际声誉的学术出版商，它出版的图书、期刊一向以学术品质高而著称，备受瞩目。Kluwer Online 是 Kluwer 出版的 800 余种全文期刊的网络数据库，专门基于互联网提供 Kluwer 电子期刊的查询、阅览服务，其中被著名的检索工具 SCI 收录的核心期刊有 237 种。Kluwer Online 期刊全文数据库内容涵盖材料科学、地球科学、电气电子工程、法学、工程、工商管理、化学、环境科学、计算机和信息科学、教育、经济学、考古学、人文科学、社会科学、生物学、数学、天文学/天体物理学/空间科学、物理学、心理学、医学、艺术、语言学、运筹学/管理学、哲学 24 个学科。

2. 注意事项

目前，由 CALIS 管理中心研制开发系统，面向正式参加集团购买的院校提供服务的 Kluwer Online，本地服务已在北京大学图书馆建立并开通使用，通过该镜像站，用户可以浏览 Kluwer Academic Publisher 的 800 余种电子期刊，并可以检索、阅览和下载全文。

Kluwer Online 具有期刊浏览、检索和篇目检索功能。篇目检索包括简单查询和复杂查询两种方式。

2005 年，Springer 并购了 Kluwer Academic Publisher，只要是购买了该库的集团用户，便可直接通过 IP 登录，无须输入用户名和密码；

若 Kluwer Online 电子期刊的检索界面是中文，则输入的检索词一定是英文；全文全部采用 PDF 文件格式，使用前必须下载 Adobe Acrobat Reader 软件。

3. 检索方式

1）期刊浏览与检索

首先登录网址 http://kluwer.calis.edu.cn/，打开 Kluwer 电子期刊检索系统的首页，如图 7-20 所示。登录后，即进入期刊浏览与检索。可按刊名检索、按字母浏览、按学科浏览。

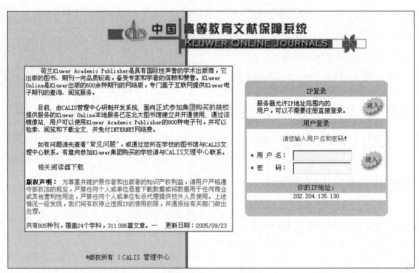

图 7-20　Kluwer

2）按刊名检索

在下拉框中选择"包含"或"前方一致"，在检索栏中输入刊名关键词，即可按刊名进行简单检索。然后再选择想看的期刊按卷期浏览。单击"重置"按钮，清空检索栏，可以重新输入。

3）按字母浏览

所有期刊都是按字母顺序排列起来的，用户可以按刊名逐卷逐期地直接阅读自己想看的期刊。例如：单击字母 A，系统显示 A 字头刊名列表，共有期刊 83 种。单击刊名链接，显示这种期刊在数据库中的收录年限与卷期，可单击任一期查看其内容。

4）按学科浏览

期刊是按下列 24 个学科类目分类的，每一学科分类的刊名再按字母顺序排列，分别是：材料科学、地球科学、电气电子工程、法学、工程、工商管理、化学、环境科学、计算机和信息科学、教育、经济学、考古学、人文科学、社会科学、生物学、数学、天文学、天体物理学、空间科学、物理学、心理学、医学、艺术、语言学、运筹学、管理学和哲学。

5）篇目检索

在该系统的任何一个检索页面上，单击"简单查询"按钮，便可进入篇目检索模式的简单查询界面。

简单查询的方法和规则：简单查询有一个检索条件输入框和选择检索字段的下拉框，在检索输入框中输入一个或多个检索词，不必考虑词序和区分大小写。词与词之间默认的逻辑关系是 AND，它的含义是检索结果中必须含有所有检索词。

可以检索所有字段（将字段区域设定为"全面"），也可以将检索词限定在某一个字段中出现。字段包括篇名、作者、文摘、刊名。按"作者"字段检索时，如果能够确认作者的姓名，可以直接在检索输入框内输入作者姓名。作者姓名的输入格式是：姓氏在前，名字在后，中间加逗号间隔，即"姓,名"。例如：Bush,Jeb 表示检索姓 Bush,名 Jeb。如果不能确定作者的姓名，可以用模糊检索，只输入一个字，例如输入 Bush,只要文献的作者姓名中出现 Bush,无论是姓还是名,都能被检索出来。

如果要检索一个词组或短语（phrase），就必须使用引号。系统查找与引号内指定顺序相同的检索词组的文章。

截词符 *，为无限右截词符，如 financ * 可检出 finance、financial 等词。

Kluwer 数据库有 97 个禁用词（stop words），当在检索词输入框中输入这些词语时，系统将把它们忽略，这些词不被检索。

通过限制出版日期、限制无限种类，可以把检索结果限制在一定范围内，从而达到快速查准的目的。单击相应的下拉箭头进行选择，无限种类包括论文、目次、书评、索引及其他，如果不改变这两项设置，系统默认的检索范围是全部文献。

二次检索。执行检索后，显示结果页面中有一个检索条件输入框，它允许在检索结果中直接进行二次检索，或者选择重新检索。

6) 检索结果处理

(1) 检索结果显示。

在结果显示界面首先显示的是本次检索的检索式、检索条件、检索时间范围，接下来是检索结果数和命中文献记录，每一条记录包括篇名、作者、刊名、ISSN 号、出版年月、卷期、起止页码、文摘链接以及全文链接。

单击篇名后，将显示该学术篇目的详细内容，包括作者单位和文摘。单击作者，系统会自动检索数据库中同一作者的所有相关文章；单击刊名，显示该刊的卷期信息；单击卷期，显示同一卷期的篇目信息。

(2) 检索结果标记。

每篇文章篇名的前面有个复选框，在复选框内打"√"做标记，以便只选想要的篇目进行打印和下载。标记结束后，单击页尾的"浏览"，即只出现标记过的记录。若检索结果不止一个页面，可以逐页标记，最后在任一页单击页尾的"浏览"。进入标记记录浏览后，可用浏览器的"后退"功能键返回检索结果界面，增选记录，再单击页尾的"浏览"，已标记过的无须重选。浏览格式可以选择简单格式（只包括篇目的基本信息）和详细格式（显示文摘）。

(3) 检索结果保存。

利用浏览器的保存和打印功能进行下载或打印。注意：标记多篇文章一次性显示、保存、打印的功能只适用于文章篇目。文章的全文部分只能通过 Adobe Acrobat Reader 逐篇显示、保存、打印。

(4) 全文浏览。

单击结果显示页面上的全文图标,将直接打开全文。Kluwer 电子期刊的文件全部采用 PDF 文件格式,可以存盘、打印,但使用前必须下载 Adobe Acrobat Reader 软件。

7.2.5　NSTL 回溯数据库

1. 数据库简介

国家科技图书文献中心(NSTL)目前已购买的回溯资源包括 Springer 回溯数据库、Nature 回溯数据库、OUP(牛津大学出版社)回溯数据库、IOP(英国物理学会)回溯数据库、Turpion 回溯数据库。目前共有 1122 种期刊,分 20 大类,文章总数 300 多万篇,如图 7-21 所示。

图 7-21　国家科技图书文献中心

Springer 目前主要包含自然科学、医学、商业、技术、建筑和运输 6 个领域,包括 Springer 回溯数据库和 Springer 回溯丛书数据库两部分,时间从 1854 年到 1996 年,跨越了 140 多年。期刊包括 910 种期刊,3 万余期,覆盖了生物医学与生命科学、行为科学、商业与经济等 11 个学科包。回溯丛书数据中包括了 14 种著名丛书、4513 个卷期和 88 000 个章节。

OUP 过刊回溯库主要覆盖数学和物理学、医学、生命科学、社会科学、人文科学、法律等领域,包括 138 种期刊,数据时间范围为 1849—1995 年,包括 4500 多卷,3 万多期,80 多万篇全文,300 多万页。

NSTL 目前仅购买了 Nature 出版集团旗下 Nature 周刊的回溯数据库。Nature 周刊及相关出版物具有极高的影响因子,是生物学和物理学等自然基础科学各学科领域的核心期刊,每年出版 51 期,时间范围为 1869—1996 年。目前,其过刊主要由 4 个阶段组成,1997 年 1 月至今、1987 年 1 月—1996 年 12 月、1950 年 1 月—1986 年 12 月、1869—1949 年。

IOP 网络版期刊回溯数据库覆盖学科包括应用物理、计算机科学、凝聚态和材料科学、物理总论、高能和核能物理、数学和应用数学、数学物理、测量科学和传感器、医学和生物学、光学、原子和分子物理、物理教育学、等离子物理等。NSTL 购买的 IOP 回溯数据库时间范围为 1874—2002 年，包括 61 种期刊，1200 多卷，191 901 篇全文，共 200 多万页。

Turpion 回溯期刊数据库包括了物理、数学和化学方面最顶尖的研究论文。其中涉及的期刊在俄罗斯的基础科学发展史上起到了关键的作用，出版学科包括数学和应用数学、物理总论、化学、计算机科学、凝聚态和材料科学、数学物理、医学和生物学、光学、原子、等离子物理等。本期刊回溯数据库包括 12 种期刊，200 多卷次，29 615 篇全文，共 30 多万页，时间范围为 1958—2002 年。

2. 检索功能

NSTL 回溯数据库实现文献的普通检索、高级检索、期刊检索和分类检索，如图 7-22 所示。

图 7-22　NSTL 检索界面

用户可以根据需要选择检索方式。

1）普通检索

在主页实现跨库快速检索，用户通过限制题名、作者、全文、文摘、ISSN、ISBN 期刊名/丛书等信息，输入检索词检索文献。默认为模糊检索，若需要获得更精确的检索信息，可选择精确检索。

2）高级检索

高级检索默认提供两个检索框，除可限定题名、作者、ISBN 等信息外，还可利用逻辑算符，连续多个检索词；并且能够实现单个数据库检索，或者在多个数据库中同时检索。检索类型默认为期刊和丛书。用户可根据自己的检索需求选择检索类型；出版年代默认为到2002年,若需检索更新的文献,则需选择其他外文数据库。

3) 期刊检索

单击"期刊检索",进行期刊检索页面,如图7-23所示。

图7-23　期刊检索页面

单击下拉按钮,选择刊名、ISSN、EISSN、coden 之一。通过刊名,可以逐年、逐期进入,浏览每一期的目录、文摘以及 PDF 格式全文。并且,用户可以选择期刊所在的数据库,或者输入刊名包含的检索词,查找该分类下包含检索词的相应的期刊信息。

4) 分类检索

单击"分类检索",进入分类检索页面,如图7-24所示。单击"请选择分类"后侧的下拉按钮,可以选择自然科学总论、数学、物理、化学、力学、天文学、地球科学、生物科技等。

图7-24　分类检索页面

3. 检索示例

检索课题:高速以太网。

(1) 分析课题,选择检索词。

高速以太网:High speed Ethernet。

应用:application。

(2) 构造检索提问式。

High speed Ethernet and application。

(3) 使用高级检索方式进行检索。

进入高级检索页面,在检索词框内输入检索词,使用系统提供的逻辑运算符,检索途径选择"题名",使用精确检索。单击"检索",获得检索结果。若要查看详细信息,单击文献题名或者"详细信息"字样,获得文献的摘要信息。若需获取原文,单击 PDF 链接即可下载全文。

4. 外文数据库检索技巧

外文数据库的检索,要注意以下几点。

(1) 多使用简单的检索式,或通过逻辑运算符连接简单检索词。

(2) 避免使用禁用词,如 a、an、the、for 等。

(3) 使用某一检索词不能检索到的文献,可尝试通过相同概念的词进行检索。

(4) 可先做初步检索,根据结果,再按需要做二次检索。

(5) 参照相关文献及参考文献所使用的主题词,根据这些主题词做进一步的检索,扩大检索范围。

(6) 每完成一次检索时,都要单击 Clear 按钮清空检索词框,然后进行下一次检索,避免原来的检索对新的检索式产生干扰,影响检索结果。

思考题

(1) 中文数据库有哪些?
(2) 外文数据库有哪些?
(3) 利用哪些中文数据库进行课题查询?
(4) 利用你了解的外文数据库查询、搜集论文选题。
(5) 分别用一个中文数据库和一个外文数据库检索你所学专业的论文或著作。

第8章　学术论文的撰写与发表

学术论文是科学研究工作者或者社会研究工作者在学术书籍或学术期刊上刊登的呈现自己研究成果的文章。学术论文比较强调的是原创性的工作总结，当然也可以是对前人工作总结的回顾、评价及综述，后者也往往被称为综述性文章（Review）。论文中最重要的是论点、论据和论证，所以在写作中一定要对这三点加以重视。

学术论文就其功能可分为学术杂志论文、学术报告论文和学位论文3类。

因此，论文写作包含着大专院校或者科研院所等研究机构的本科生撰写的学士论文，硕士研究生的硕士论文，博士生研究生的博士论文，延伸到了职称论文的写作以及科技论文的写作。一般来说，论文撰写，即高校毕业生或者科研院所毕业生，科技工作者以及各科研机构，事业单位工作人员，依据一定的论文格式和字数要求，对学习和工作的学术总结和创新。

学术论文的发表正经历着重大变化，出现了从传统的印刷版到网络电子格式的兴起。

8.1　学术规范

所谓学术规范，是指学术共同体内形成的进行学术活动的基本规范，或者根据学术发展规律制定的有关学术活动的基本准则。

它涉及学术研究的全过程，学术活动的各方面，包括学术研究规范、学术写作规范、学术评价规范、学术批评规范、学术管理规范；也有学者对学术规范做出了横向概括，认为它包括两方面的含义：一是学术研究中的具体规则，如文献的合理使用规则，引证标注规则，立论阐述的逻辑规则等；二是高层次的规范，如学术制度规范、学风规范等，主要从以下几方面进行学术规范。

（1）学术研究要尊重他人的知识产权，遵循学术界关于引证的公认的准则。在作品中引用他人的成果，必须注明出处；所引用的部分不能构成引用人作品的主要部分或者实质部分；从他人作品转引第三人成果，应注明转引出处。

（2）认真维护学术评价的客观公正。正确行使学术评价权力，公正发表评审意见是评审专家的职责。在参与各种推荐、评审、论证、鉴定、答辩和评奖等活动中，要坚持客观公正的评价标准，坚持按章办事，不徇私情，自觉抵制不良社会风气的影响和干扰。

（3）合作作品应按照当事人对科学研究成果所作贡献的大小，并根据本人自愿的原则依次顺序署名，或遵从学科署名惯例或作者共同的约定。任何合作作品在发表前都要经过所有署名人审阅，所有署名人均应对作品承担相应的责任，作品主持人应对作品负主要责任。

（4）在教学、科研及相关活动中，应严格遵守和维护国家安全、信息安全、生态安全、健康安全等方面的规定。

学术规范是20世纪90年代中国学术界关注的一个焦点问题,构成了世纪末中国学术发展取向的一大人文景观,其意义将在今后的学术文化工程的建设中进一步凸显出来。但关于学术规范的定义和范围究竟是什么,学者们意见不一。教育部于2004年制定颁布的《高等学校哲学社会科学研究学术规范(试行)》(以下简称《学术规范(试行)》)中对此也没有做出明确界定,但这并不妨碍我们功能性地理解学术规范的作用。关于这一点,《学术规范(试行)》中的第一条就很明显地指出来,即对人文社会科学研究工作中的学风建设和学术活动给予规范性的指导。尽管学术规范的发展在我国取得了不小的成就,但与此同时,所谓"学术失范"的问题也随之日益凸显出来。有学者认为,这在很大程度上是道德的失范,根本上在于德性价值的偏差。推行学术规范的关键是学者的自律,要重视学者的修养并加强自省。从这些观点中可以推断出,之所以现在的学术问题很多,是因为现在的学风败坏;20世纪80年代,即使没有学术规范,学术问题也不多,只是因为当年的学风良好。

8.1.1 学术道德规范

"没有一流的学术道德就没有一流的大学",学术不道德行为的表现形式主要有:粗制滥造;泡沫学术;假冒伪劣;抄袭剽窃。

学术道德规范主要指违背以下学术规范的行为。

1. 剽窃

"用到他人的观点或文字而没有给出恰当的说明"。将他人的学术观点、思想和成果冒充为自己所创;擅自使用在同行评议或其他评审中获得的学术信息。具体表现有:抄别人的数据和研究成果毫无疑问是剽窃;抄别人的用语、语言,同样也算剽窃;在引用别人的大段文字时,尽管注明了出处,但是没有对别人的文字做恰当的改写;如果是直接引用别人的文字而没有改写,就需要用引号引起来表示引用,仅仅标注参考文献是不行的;在介绍别人的研究成果和结论时,必须用自己的语言描述、转达,不能不用引号直接引用别人的原话。

2. 抄袭

将他人已发表或未发表的作品,不注明出处,而作为自己的研究成果使用。篡改实验数据;故意选择性地忽略实验结果,甚至伪造数据资料,但不包括诚实性错误,或者在解释或判断数据时的诚实性差异。

3. 伪造

在提交有关个人的学术情况报告时,没有如实报告学术经历、学术成果,伪造专家鉴定、证书及其他学术能力证明材料。

4. 泄密

违反国家有关保密的法律、法规或学校有关保密的规定,将应保密学术事项对外泄露。

5. 其他违背学术界公认的学术规范的行为

其包括在报刊上一稿数投、不正当地获取学术荣誉、诬陷他人、故意歪曲他人的学术观点、在申报科研项目或申请职称晋升时谎报成果、包庇行为等,其中包括但不限于明知学生在学位论文或公开发表的论文中有抄袭行为而不指出。

8.1.2 学术法律规范

当学术界发生涉嫌剽窃事件时,是由司法来处理,还是由学界来解决更为合适?《中华人民共和国著作权法》第46条第5款明确将"剽窃他人作品的"单列为侵犯著作权的具体方式之一。因此,通常情况下,在一个法律人看来,普遍的也是正确的解决办法是通过司法诉讼来解决剽窃问题。

《中华人民共和国著作权法》第46条和47条的规定,对侵犯他人著作权所承担的责任包括停止侵害、消除影响、赔礼道歉和赔偿损失等民事、行政或刑事责任。但这主要是针对商业领域的侵犯著作权行为而制定的。对于学术剽窃的惩罚,难于通过金钱赔偿来实施,不仅对竞争性损害的衡量不容易确定,对学术声誉造成的减损同样如此,从而更可能是通过非金钱的惩罚形式。学者李明德认为,当前的版权侵权的判断出现了误区,即争论到底是侵犯了版权中的哪一项权利;应该接受新的理念,即只要不属于合理使用,就构成版权侵权。

当然,现在也有由学界采取惩治措施自行解决的。以复旦大学为例,对于有违反学术规范行为的校内人员,视情节严重程度,可单处或并处下列惩罚措施。

对于侵犯他人著作权或专利权的人员,学校将视情节轻重给予学术处分和行政处分;引起法律事端并进入法律程序的,学校将配合相关部门的调查和处理。

对于违反规范的人员,视其情节轻重和造成的后果,可以给予训诫、调离研究项目并追回研究经费、停招研究生、暂缓申报或取消研究生指导教师资格,以及依法不授予或撤销学位等学术处分;情节特别严重的,可以同时给予行政处分。

将违反学术规范的情况及时通告相关机构,包括资助机构、经费来源机构、合作机构、合作研究人员、被举报人所在单位或部门,以及与被举报人有关的期刊编辑部、出版机构、专业学会等。

8.1.3 学术引文、注释规范

杨玉圣和张保生在《学术规范导论》一书中总结并提出10条引用伦理规则:一是学术引用应体现学术独立和学者尊严;二是引用必须尊重作者原意,不可断章取义,不可曲解原文；三是引注观点应尽可能追溯到相关论说的原创者；四是写作者应注意便于他人核对引文；五是应尽可能保持原貌，如有增加或删减，必须明确标注；六是引用应以必要为限，避免过度引用；七是引用已经发表或出版修订版的作品应以修订版为依据，它代表作者最近的看法或思想；八是引用未发表的作品，必须征得作者或相关著作权人的同意，并不得使被引用作品的发表成为多余；九是引用应伴有明显的标识，以免读者误会；十是引用须以注释形式标注真实出处，并提供与文献相关的准确信息。

列出论文参考文献的目的是让读者了解论文研究命题的来龙去脉，便于查找，同时也是尊重前人劳动，对自己的工作有准确的定位。因此，这里既有技术问题，也有科学道德问题。

一篇论文中几乎自始至终都有需要引用参考文献之处。如论文引言中应引上对本题最重要、最直接有关的文献；在方法中应引上所采用或借鉴的方法；在结果中有时要引上与文献对比的资料；在讨论中更应引上与论文有关的各种支持的或有矛盾的结果或观点等。

任何学术研究、学术写作过程都应该尊重前人已有的成果，并通过引证、注释等形式加以明确说明，从而在有序的学术对话、学术积累中力求推进学术创新，这是学术规范的本质要求。因此，凡是引用他人观点、方案、资料、数据等，无论是纸质还是电子版的，都应该详加注释；凡转引文献资料，应如实说明。学术注释规范既是一个形式规范问题，又是一个从根本上保障学术继承与学术创新的实质规范问题。

国外对学术引用与学术注释规范方面比国内重视得多，这是国外大学生学术入门的课程，而我们的高校却缺少这一课程，大学教育，尤其是研究生与学位教育应及时补上学术规范教育这一入门课程。《哈佛学习生活指南》一书对学术注释的警示中指出：美国高等教育体系以最严厉的态度反对把他人的著作或观点化为己有，即所谓剽窃。每一个这样做的学生都将受到严厉的惩罚，直至被逐出大学。当你在准备任何类型的学术论文——包括口头发言稿、平时作业、考试论文等时，必须明确地指出文章中有哪些观点是从别人的著作或任何形式的文字材料上移入或借鉴而来的。目前，中国人文社会科学期刊界、出版界、学术界对注释的重要性已基本达成共识，但尚无统一的注释规范。

凡是粗心大意，不查文献；故意不引，自鸣创新；避重就轻，故作姿态的做法都是错误的。而这种现象现在还是时有所见，这是科研工作者的大忌。其中，不查文献、漏掉重要文献、故意不引别人的文献或有意贬损别人的工作等错误是比较明显的。有些做法则比较隐蔽，如将引在引言中的引到讨论中，这就将原本是你论文的基础或先导，放到和你论文平起平坐的位置。又如，科研工作总是逐渐深入发展的，你的工作总是在前人工作基础上发展起来做成的。正确的写法应是，某年某人对本题做出了什么结果，某年某人在这基础上又做出了什么结果，现在我在他们的基础上完成了这一研究。这是实事求是的态度，这样表述丝毫无损于你的贡献。有些论文作者却不这样表述，而是说，别人没有做成这个课题，现在我做成了。这就不是实事求是的态度。这样有时可以糊弄一些不明真相的外行人，但内行人一戳就破，结果弄巧成拙，丧失信誉。这种现象在实际生活中还是比较普遍的。

8.1.4　学术论文写作技术规范

学术论文一般由题名、作者、摘要、关键词、正文、参考文献和附录等部分组成,其中附录部分可有可无。论文各组成的排序为:题名、作者、摘要、关键词、英文题名、英文摘要、英文关键词、正文、参考文献、附录和致谢。论文的结构如图 8-1 所示。

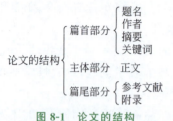

图 8-1　论文的结构

具体写作技术规范如下。

题目:学术论文都有题目,不能"无题"。论文题目一般控制在 12~20 字。题目大小应与内容符合。论文题目要求简明、具体,确切地表达论文的特定陈述,不用惊叹号或问号,也不能将科学论文题目写成广告语或新闻报道用语。

署名:学术论文应该署真名和真实的工作单位,主要体现责任、成果归属并便于后人追踪研究。严格意义上的论文作者是指对选题、论证、查阅文献、方案设计、建立方法、实验操作、整理资料、归纳总结、撰写成文等全过程负责的人,应该是能解答论文的有关问题的人。现在往往把参加工作的人全部列上,那就应该以贡献大小依次排列。论文署名应征得本人同意。学术指导人根据实际情况既可以列为论文作者,也可以一般致谢。

摘要:即对全文内容的高度浓缩和概括,是从整个文章中摘录出来的要点,能起到不阅读论文就获得必要的信息的作用,常放于篇首。论文摘要需精心撰写,有吸引力。要让读者看了论文摘要,就像看到了论文的缩影。摘要不能重复论文中的句子,摘要的结构要严谨,篇幅要视需要而定,一般为 150~250 个词,要充分体现研究主题、研究方法和研究结果。

关键词:反映论文主要内容的术语,对文献的检索有重要的作用。关键词一般是从论文中选取出来用来表示全文主要内容的单词或专业术语,每篇论文的关键词一般为 3~8 个词语,每个词语的字数一般不超过 5 个。关键词主要是根据论文的主题,在摘要的基础上提炼出的,使读者能根据它判断出论文的大致内容和研究方向的名词或名词词组。关键词一般从论文标题或论文题目中选取,其排列不是按照在摘要中出现的顺序,而是按照其重要性排列,不可重复排列。关键词应写出真正关键的学术词汇,不要硬凑一般性用词。

前言:即论文引人入胜之言,很重要,要写好。一段好的论文引言常能使读者明白你这份工作的发展历程和在这一研究方向中的位置。要写出论文立题依据、基础、背景、研究目的。要复习必要的文献、写明问题的发展。文字要简练。

正文:学术论文的主体,占绝对篇幅。学术论文的价值主要通过正文部分表达出来,直接反映作者的学术水平。写正文要有充分的素材、内容,也要有概念、判断和推理,以及最终形成自己的观点。为了做到层次分明,常常将论文的正文部分分成几个大的逻辑段落,每个逻辑段落可以冠以标题,还可以包括几个自然段。总之,正文部分必须合乎逻辑,有科学性,有创建性,最好能解决实际问题,最后还可提出下一步的研究设想或者工作方向,供参考。

材料和方法：按规定如实写出实验对象、器材、动物和试剂及其规格，写出实验方法、指标、判断标准等，写出实验设计、分组、统计方法等。

实验结果：应高度归纳，精心分析，合乎逻辑地描述。应该去粗取精，去伪存真，但不能因不符合自己的意图而主观取舍，更不能弄虚作假。只有在技术不熟练或仪器不稳定时期所得的数据、在技术故障或操作错误时所得的数据和不符合实验条件时所得的数据才能废弃不用。而且必须在发现问题当时就在原始记录上注明原因，不能在总结处理时因不合常态而任意剔除。废弃这类数据时应将在同样条件下、同一时期的实验数据一并废弃，不能只废弃不合己意者。

实验结果的整理应紧扣主题，删繁就简，有些数据不一定适合这一篇论文，可留作他用，不要硬行拼凑到一篇论文中。论文行文应尽量采用专业术语。能用表的不要用图，可以不用图表的最好不要用图表，以免多占篇幅，增加排版困难。文、表、图互不重复。实验中的偶然现象和意外变故等特殊情况应作必要的交代，不要随意丢弃。

讨论：论文中比较重要，也是比较难写的一部分。应统观全局，抓住主要的有争议问题，从感性认识提高到理性认识进行论述。要对实验结果做出分析、推理，而不要重复叙述实验结果。应着重对国内外相关文献中的结果与观点做出讨论，表明自己的观点，尤其不应回避相对立的观点。论文的讨论中可以提出假设，提出本题的发展设想，但分寸应该恰当，不能写成"科幻"或"畅想"。

结语或总结：论文的结语应写出明确可靠的结果，写出确凿的结论。论文的文字应简洁，可逐条写出。不要用"小结"之类含糊其辞的词语。

参考文献：这是论文中很重要，也是存在问题较多的一部分。列出论文参考文献的目的是让读者了解论文研究命题的来龙去脉，便于查找，同时也是尊重前人劳动，对自己的工作有准确的定位。一篇论文中几乎自始至终都有需要引用参考文献之处。如论文引言中应引上对本题最重要、最直接有关的文献；在方法中应引上所采用或借鉴的方法；在结果中有时要引上与文献对比的资料；在讨论中更应引上与论文有关的各种支持的或有矛盾的结果或观点等。

致谢：论文的指导者、技术协助者、提供特殊试剂或器材者、经费资助者和提出过重要建议者都属于致谢对象。论文致谢应该是真诚的、实在的，不要庸俗化。不要泛泛地致谢，不要只谢教授不谢其他人。写论文致谢前应征得被致谢者的同意，不能拉大旗扯虎皮。

8.2　合理利用文献信息资源检索学术论文

学术论文是某个学术课题在实验性、理论性或者观测性上具有新的科学研究成果或创新见解的刊物学记录；或者是某种已知学说、原理应用于实践中取得新进展的科学总结，用以在学术会议上宣读、交流或讨论；或者是在学术刊物上发表的文件；或者是用于其他用途的书面文件。

撰写学术论文，首先要确定论文的题目，也就是确定论文的主题和研究对象，然后查找相关的文献信息资料，除了要整理自己的研究成果外，还要借鉴和参考他人的研究成果。因此,文献信息检索与利用是论文写作不可缺少的一个重要环节和步骤。

通过文献检索可以了解相关课题的研究现状与发展趋势;修正研究课题的方向;避免课题与他人重复研究;启发研究的灵感;可供后来的研究参考。

文献检索的基本要求:高的查全率和查准率,检索的文献不仅有正面的,也有反面的,既有纵向的,也有横向的,既有中文的,也有外文的,全面又系统;内容上要专和深;及时把握最新的研究动态。

文献检索通常分为以下 4 个阶段。

第一个阶段:分析阶段,分析自己的研究课题需求,明确其学科范围和主题范围。

第二个阶段:准备阶段,要确定检索步骤、检索程序和要求,由近及远地选择检索工具,确定检索策略。

第三个阶段:检索阶段,使用检索工具进行检索。

第四个阶段:处理阶段,对检索结果加工处理。

这些步骤有时需要反复修正,才能获得比较满意的检索结果。撰写论文时,通常选择的是手工检索和网络检索等途径,如图 8-2 所示。

图 8-2　学术论文撰写过程中文献检索的 4 个阶段

8.2.1　利用手工检索学术论文

1. 手工检索的内容

检索工具是人们用于存储、查找和报道各类信息的系统化文字描述工具,手工检索工具包括书目、索引、文摘,以及参考型检索工具,如字典、词典、百科全书、年鉴、手册等。因此,选择合适的检索工具是文献检索的关键。

书目:即图书目录,是揭示与记录一批相关文献的工具书。它是著录文献的基本特征,并且按照一定顺序编排而成。

字典、词典:是为字词提供音韵、意思解释、例句和用法的工具书。西方没有字典的概念,它是中国独有的。字典以收字为主,也有收词。词典或辞典以收词为主,也会收字。为了配合社会发展需要,词典收词数量加快,并衍生出为不同对象、不同行业及不同用途服务的辞典。

百科全书:是概要记述人类一切知识门类或某一知识门类的工具书。百科全书在规模和内容上均超过其他类型的工具书。百科全书的主要作用是供人们参考、查找必要的知识和事实资料,其完备性在于它几乎包含了各种工具书的成分,囊括了各方面的知识。

年鉴:其主要作用是向人们提供一年内全面、真实、系统的真实资料,便于了解事物的现状和研究发展趋势。它所收集的材料主要来源于当年的政府公报、国家重要报刊的报道和统计部门的数据。因此,年鉴有较大的总结、统计意义和比较系统的连续参考作用。以学科领域来划分年鉴,可分为综合性年鉴和专业性年鉴两大类,前者如《中国百科年鉴》《中国统计年鉴》等;后者如《经济年鉴》《教育年鉴》等。

手册:即汇集某一方面,经常需要查考的基本知识和数据资料,以供读者手头随时翻检的一种工具书。手册按编撰的内容和范围可分为综合性手册和专门性手册两类。综合性手册能为读者提供日常学习、生活的常识;专门性手册能提供专业知识和资料。

名录:即汇集机构名称、人名、地名等专有名词基本情况和资料的一种工具书。按收录的内容,大体可分为机构名录、人名录和地名录3类。名录提供了有关机构、人物、地名的基本知识,还能起到指引信息源的作用。

表谱:包括年表、历表和其他专门性表谱,它们大多用表格或编年的形式,反映各种不同的时间符号和事物的进展,以指示时间概念或谱列历史事实的一种辅助历史科学的工具书,可以用来查考历史年代、历史大事,换算不同历法的年、月、日,以及查考人物生平与官职、地理沿革情况等。

图录:包括地图、历史图谱、文物图录、人物图录、艺术图录、科技图谱等,主要指用图像或附以简要的文字说明,反映各种事物、文物、人物、艺术、自然博物及科技工艺等形象的图谱性工具书。各种类型的图录,对历史研究、文艺工作、工艺制作及科学技术研究,都有重要的参考价值。

丛集汇要:包括丛书、总集、汇编、综述等,大多是撰辑型资料书,一般头部较大,取材广泛,内容丰富,资料性强。丛书又称丛刊、丛刻、丛编、汇刻、合刻,是编辑者根据一定的目的,汇刻有关的著作并冠以总名的一种著作集。

2. 手工检索的特点

手工检索是直接利用印刷型检索工具书来完成文献信息检索的。手工检索对设备要求条件不高,检索费用不高,检索质量较好(查准率和查全率高),但检索的效率低,速度慢,检索范围有限,检索途径较少,检索结果的输出方式有限。

3. 手工检索的途径

手工检索的途径指进入检索工具书正文的出发点(检索入口)及路线。检索工具书的正文一般只能提供一条检索途径,其他检索途径则由检索工具书的辅助索引来提供,每种检索工具书检索途径的种类与文献的外表特征和内容特征有关。

文献的外表特征指文献上标明的项目,如文献题名、责任者、文献代码等,它适宜查找已知文献名称、著者姓名或文献序号的文献。

(1) 文献名称途径,根据已知的书名、刊名等查找文献的途径。可利用的工具书有书名目录、刊名目录等。

(2) 责任者途径,根据文献的责任者名称查找文献的途径。可利用的工具书有著者目录和著者索引。

(3) 文献序号途径,根据文献的序号或文献代码查找文献的途径。可利用的工具书有文献代号目录或文献代号索引,如标准号目录、专利号索引、报告号索引等。

文献内容特征途径指文献所载的知识信息中隐含的、潜在的特征,如文献内容所属的学科或主题等。它适宜用来检索未知线索的文献。

分类途径,按照代表文献内容所属的学科分类体系(分类号或者类名)查找文献的途径,其特点是系统性好。分类检索工具是按知识分类原理进行系统排列的,可以使检索者观察全貌,触类旁通,对系统掌握和利用一个学科或专业范围的知识很方便。可利用的工具有分类目录和目次表。

大部分检索工具书的正文是按分类排列的,查阅时先从检索工具书的目次表或类目表中确定检索课题所归属的分类类目(类目常用分类号表示,有的是类名本身),再根据类目后指示的页码或序号到正文中相应的类目下逐条浏览筛选出切题的文献。

主题途径,按照代表文献内容的主题词来查找文献的途径。根据主题词的规范化程度,主题途径分为关键词途径和规范主题词途径。

关键词途径,按照代表文献内容的关键词来查找文献的途径。关键词是从文献题名、文摘或正文中抽取的,能代表文献主题内容的,并具有检索意义的词语,从检索语言角度看,它是一种自然语言。关键词途径的特点是,专指性好,符合用词习惯,报道速度快,查全率低,可利用的工具为关键词索引。

关键词索引按关键词的字顺排列而成,由于关键词语言是一种自然语言,同义词、近义词、多义词、复合词以及外文中的单数、复数词都按其字顺排列于关键词索引中,所以利用关键词途径检索时,应尽可能选出涉及课题内容的全部关键词。

规范主题词途径,按照代表文献内容的规范主题词来查找文献的途径。规范主题词(习惯上简称为主题词,但不严密,包括标题词、单元词和叙词)是经过规范化控制的、揭示文献主题内容的,并具有检索意义的词语,从检索语言的角度看,它是一种人工语言。规范主题词途径的特点是,专指性好,查全率高,可利用的工具有主题目录和主题索引。

主题目录和主题索引按主题词的字顺排列而成,可以把分散在不同学科中同一主题的文献集中在一起。检索时只要按照字顺像查字典一样,就可以找到所需要的主题词,而不受学科类目的限制。

其他途径,鉴于某些学科知识或某些文献类型的特殊性,可以为其编制特殊的索引,从而形成相应的检索途径,如生物分类索引、分子式索引等。

4. 手工检索方案

手工检索是一项实践性、经验性和操作性很强的技能,对于不同的课题,应根据具体的课题要求和已知条件,针对每个检索者的综合能力,以及可利用的检索条件,采取不同的检索方案,具体程序如下。

1) 分析检索课题

进行检索之前,首先要分析待检课题,分析课题的目的是为了了解和明确课题的内容和要求,确定检索范围,掌握检索线索,具体包含以下几方面。

(1) 分析课题所属的学科及相关学科。

(2) 确定课题的检索范围,确定哪些学科的文献入选,哪些不选;同一学科中哪些主题概念入选,哪些不选。

(3) 确定课题所属的类目,列出涉及的中文关键词,外文关键词。

(4) 确定查找的文献类型及检索年限,明确所需要的文献类型,可以提高检索效率,缩小检索范围。文献类型与课题类型有关,不同性质、不同类型的课题,或同一课题的不同研究阶段,需要的文献类型不同。例如,基础理论研究侧重检索期刊论文和科技报告,应用技术研究侧重检索专利文献,设计定型产品侧重检索标准文献,了解学术动态侧重检索期刊论文和会议文献。确定检索年限应考虑3个因素:一是课题的学科历史背景,通过学科历史背景可以估计有关课题文献发表的高峰年,在选取回溯年限时要把文献发表的高峰年包括进去;二是课题的技术水平状况。一般情况下,如果水平较高,回溯年限可以短些;水平一般,回溯年限要长些;三是检索的目的。如果为了申请专利查新或撰写专著,回溯年限要长些;如果为了摸清某一课题的研究水平、动态,回溯年限可以短些。

(5) 了解有无影响的人物或机构从事该课题研究。学科专家、学术带头人或研究群体,其研究成果往往能够代表课题所属学科领域的发展水平。

2) 选择检索方法

检索方法的选择取决于可利用的检索工具的完备程度。在没有检索工具的情况下,用追溯法,检索工具较完备时用工具法,检索工具不全时用交替法。

3) 选择检索工具

检索工具的选用是否恰当,会直接影响检索效果。选择检索工具时要注意以下4点。

(1) 要选择专业对口、文种熟悉、收录范围(时间、地域、文献类型)适合需要的检索工具。

(2) 要看质量,要选择文献量大、周期短、文摘详细、索引完备的检索工具。

(3) 国内检索工具与国外检索工具、综合性检索工具和专业性检索工具应互相配合,互为补充。

(4) 查近期的文献用期刊索引,回溯检索可利用累积索引。

4) 确定检索途径

确定检索途径要根据检索工具能提供的检索途径和检索课题的要求来定。一般情况下,国外编制的检索工具提供的检索途径较多,国内编制的检索工具提供的检索途径较少。选定检索工具后,首先要看有无索引,有哪几种索引,在检索工具中提供的检索途径允许的情况下,可根据下列一些原则选择检索途径:如果检索所需要的文献范围较广,选用族性检索功能较强的分类途径较好;反之,则选用特性检索功能较强的主题检索途径较好;如果知道某些作者或文献代号(如专利号、标准号、报告号等),可以选用责任者途径或文献序号途径,当选择的检索工具能提供较多的检索途径时,交叉运用各种检索途径会产生互补效应,从而使检索结果更接近需求。

5) 确定检索标志

检索标志又称检索入口,检索标目、排检标目,是指用来检索文献的词语或符号,它与检索途径是一一对应的关系。例如,使用分类途径,检索标志就是分类号+类名(或纯类名);使用主题途径,检索标志就是主题词;使用责任者途径,检索标志就是责任者姓名。

利用主题途径检索,确定检索标志时应注意以下6点。

(1) 根据检索工具的标引特点选检索词。

(2) 根据课题要求及时调整上位词、下位词的选取,进行扩减或缩减,避免只取上位词造成的误检和只取下位词造成的漏检。

(3) 因为专业和习惯的不同，著者、标引者和检索者对同一概念、事物使用的词语不会完全一致。如果没有词表可循，就要多设几个同义词、近义词，以防漏检。

(4) 充分利用主题索引中的"见"或"参见"参照，以提高查全率和查准率。

(5) 注意倒置标题的选择。

(6) 注意使用标题注释，以明确主题词的范围和真实含义。

6) 查找文献线索

从检索标志(检索入口)入手，根据检索标志后面的页码或文摘号、题录号等的指引，到检索工具的正文中找到所需要的文献的题录(文摘类的检索工具还有摘要)，从题录的著录项目中可以找出获取原始文献的线索，一定要准确记录选中的文献线索的文献题名、著者姓名和出处等信息，以便索取原始文献。各类文献一定要记录的信息有：

(1) 期刊论文，记录篇名、作者、刊名、年、卷、期、页码。

(2) 报纸论文，记录篇名、作者、报纸名称、出版日期、版次。

(3) 会议论文，记录篇名、作者、会议录名称、会议录出版单位、出版时间、页码。

(4) 科技报告，记录报告名称、报告号、完成单位、发表日期。

(5) 专利文献，记录发明名称、专利号。

(6) 技术标准，记录标准名称、标准号。

(7) 图书，记录书名、作者、出版社、出版日期。

7) 检索效果的分析评价

检索效果是指用户对检索结果的满意程度，也就是检出文献信息满足用户文献信息需求的程度。衡量检索效果的指标，目前普遍应用的是查全率和查准率两个参数。

查全率(用 R 表示)是指利用某一检索工具检索某一课题时，检出的相关文献量(用 a 表示)与检索工具中相关的文献总量(用 b 表示)的比率；

查准率(用 P 表示)是指利用某一检索工具检索某一课题时，检出的相关信息量(用 a 表示)与检出的信息总量(用 c 表示)的比率。

上面的定义描述可以用数学公式分别表示为

$$R = a/b \times 100\%$$
$$P = a/c \times 100\%$$

检索信息时，人们总希望达到100%的查全率和查准率，实际上根本达不到完美的检索效果。专家认为，查全率和查准率之间存在着互逆相关性，二者处于最佳比例时，查准率在60%～70%，而查全率在40%～50%。在查全率和查准率处于最佳比例时，如果想提高查全率，就要放宽检索条件，随之而来的是被检索出的非相关信息增加，结果导致查准率下降；反之，查全率就会下降。所以说，在一般的检索中，二者很难达到理想的检索效果，应该根据实际检索要求，在两个参数中做出选择。例如，撰写综述性论文、专著或者申请专利，鉴定科研成果时，就要求较高的查全率，尽可能避免漏检，允许查准率低一些；如果查阅科研生产中要解决的具体问题时，就要求提高查准率，尽可能减少误检，对查全率的要求则相对较低。

8) 查找原始文献，获取原文

检索的最终目的是索取到原始文献，当查到一批文献线索之后，经过筛选，可根据出处获取有必要进一步阅读的文献原文。从文献线索到获取原文一般还要做一些工作，如识别文献类型，还原刊名，识别罗马数字，查明馆藏，索取原文等。

(1) 识别文献类型。

识别文献类型是指识别文献出处的文献类型。因为各图书馆对各种不同类型的文献往往分别管理，为顺利获取原文，首先要明确文献类型，以确定该文献收藏于何处。在检索工具的正文中，每条款目题录部分的著录项目是判断文献类型的依据，尤其是文献的出处部分，更是识别文献类型的重要途径。下面以期刊和图书为例，说明常见文献类型的主要特征。

期刊：其出处主要包括刊名（常用缩写形式）、出版年、卷、期、起止页，还有 ISSN。

图书：其出处主要包括出版项（出版社、出版地、出版时间）、总页数、价格，还有 ISBN。

(2) 还原刊名。

缩写刊名的还原。外文检索工具中常将刊名缩写，以节省篇幅。要获取原文，必须把缩写刊名还原为全称。一是利用检索工具所附的引用出版物目录，如 CA 的 CASSI（化学文摘资料来源索引）、EI 的 PIE（工程出版物索引）、SA、MA 等的 List of Journals（引用期刊一览表）等；二是可以使用一些相关工具书，如 Periodical Title Abbreviations（《期刊刊名缩写》），（美）盖尔公司出版，1983 年第 4 版，共 3 卷，以后每年出一次修订版。

音译刊名的还原。欧美国家编制检索工具时，为了提高排印速度，对日文、俄文以及其他非拉丁语系的出版物名称一律用音译转换成拉丁字母，对中文出版物名称的表示有的用拉丁文音译法，有的用汉语拼音法，有的用英文译法。要获取原文，必须将出版物的其他字母名称还原成原文名称。拉-日、拉-俄音译对照表在一般的文献检索书中都有，可供参考。外语教学与研究出版社编写的《汉英词典》中有"汉语拼音和威妥玛式音节对照表"可参考，以解决中文出版物的名称还原问题。

(3) 识罗马数字。

西文图书分章节以及书刊附页常用罗马数字，分别用 I,V,X,L,C,D,M 7 个大写拉丁字母依次表示 1,5,10,50,100,500,1000，记数方法为

- 相同的数字并列，表示相加，如 XX=20。
- 不同的数字并列，左大右小，表示相加，如 VI=6。
- 不同的数字并列，左小右大，表示相减（右减去左），如 IV=4。

(4) 查明馆藏，索取原文。

5. "四大检索"工具介绍

在科研领域，人们经常会提到"三大检索""四大检索"。所谓"三大检索"，即科学引文索引(SCI)、工程索引(EI)、科技会议录索引(ISTP)，而"四大检索"还包括科学评论索引(ISR)。这四大检索工具，已被许多大学和研究所作为对科研成果和科研工作者进行学术水平评价的重要指标。

1) 工程索引

美国工程索引(the Engineering Index, EI),创刊于1884年,是世界上著名的检索工具书之一,在世界的学术界、工程界、信息界中享有盛誉。它是检索工程技术领域文献最主要的工具之一。EI的办刊宗旨是:第一,只记录有永久保留价值的信息;第二,简明扼要地摘录原文,以保证读者能从中获得足够的信息,进而确定是否有必要参阅原文。

2) 科学引文索引

美国科学引文索引(Science Citation Index, SCI)是美国费城科学情报研究所编辑出版的一种综合性科技引文检索刊物,是进行引文分析的重要工具。它的主体部分主要按著者姓名字顺进行编排,能够从揭示论文撰写者与其选用的参考文献的著者间的相互关系的角度显现论文的重要程度。

印刷版SCI每年6期,每期分A、B、C、D、E、F分辑。其中A、B辑的内容为引文索引,C、D为来源索引,E、F为轮排主题索引,SCI每年收录国际期刊约3700种,另外还收选了一些会议录、科技报告、专著等。专业范围包括数字、牧师、化学、生物、医学、农业及工程技术等学科领域。

为了扩充其报道范围,美国费城科学情报所又陆续出版《社会科学引文索引》(Social Science Citation Index, SSCL)和《人文科学引文索引》(Art and Humanities Citations Index, A&HCI),从而形成了一整套报道自然科学与社会科学、艺术、人文科学的"引文索引"系统。

SCI是一种反映文献间引证关系的大型综合性检索刊物。据统计,大多数文献都附有参考节目,那些参考了别人文章的文献称为引用文献,来源文献的著者称为来源著者;所附的参考文献称为被引文献,其作者即称为引文著者或被引著者。引用文献,文献之间的这种引证关系显示了各学科文献之间的内在联系。文献之间的引证与被引证的关系,把文献彼此联系起来。如果著者在某篇论文中引用了著者乙,又引用了著者丙和丁等其他著者的论文,著者乙又引用著者戊和著者乙的论文,以此类推,便形成一个引用和被引用的著者网络,借助这一网络,如已掌握某著者的某篇论文,通过引证与被引证的关系,便可获得一系列的相关文化信息。利用这些论文又可获得一些新的论文信息,这样就可检索到大量的相关文献信息。这就是编制SCI的理论根据。

3) 科技会议录索引

科技会议录索引(Index to Scientific & Technical Proceedings, ISTP),是美国科学信息研究所(Institute for Scientific Information, ISI),编辑出版的另一大检索工具,主要收集了世界上各种重要的会议文献,包括国际上著名的学会会议、一流的公司会议,以及重要的科学杂志等所举办的会议等。ISTP覆盖的学科范围包括生命科学、临床医学、物理学、化学、工程技术、应用科学、生物学、环境与能源科学等。ISTP每年报道会议4000多种,收录论文20多万篇。论文是否能被ISTP收录,也反映了科研机构及个人的学术水平。

4) 科学评论索引

科学评论索引(Index to Scientific Reviews, ISR),也是由ISI出版的半年刊,每年收录200多种综述出版物和3000多种期刊中的综述类文献。学科范围与SCI基本相同。

对于三大检索工具,目前有印刷版(Print)、光盘版(CD-ROM)、网络版(Web)、联机版(Online)4种利用方式,科学评论索引目前只有印刷本。

8.2.2 利用计算机网络检索学术论文

由于计算机的发展和普及,传统的手工检索正在向新的计算机信息检索过渡。但由于国外著名的计算机信息系统与手工检索系统是同一公司以不同出版形式出版的,其在内容、形式和样例等方面几乎完全一致,尤其国外的一些商业数据库互联网查询成本很高,而联机以后仍将是趋势,但有待国内经济的进一步发展和支付能力的进一步提高,考虑不同成本和环境,手工检索和计算机信息检索采取的策略会有所不同。手工检索与计算机检索均需对课题进行分析,找出课题内容之关键点和切入点,并针对课题进行拟词,同时确定各词之间的逻辑关系。这里需要注意的是,不论是手工还是计算机对课题内容的正确分析和把握,防止检索偏、漏、错是最关键的,必要时可借助叙词表进行选词的修正和范围的选择,以防止歧义、误义。

手工检索与计算机检索都需要在初步检索后对检索结果进行反馈,并进行检索式的修正和优化。计算机检索,对结果不具有任何判断力,仅仅是机械地执行检索策略,其执行过程是指令的机械匹配,只要符合条件,文献均作为命中文献予以选出,因此其文献的检索结果是"机械执行"的结果,其结果与作者的意图是否吻合及相关判断,只有通过修正检索式来进一步完善。

计算机检索中由于是机器对既定策略的执行,一般只要检索式较理想,其结果及过程都较公正和客观,其执行过程受人为因素影响较少。

计算机检索中,截词方法、逻辑方法和位置算法,能使较复杂的内容和思想,以较简单的方式表达出来,同时各算法之间的优先级不同,其实现结果也有差异,并且计算机检索中有多重辅助系统,如 Dialog index DIALOG Finder、File 415 等,可实行低成本的预检,并且很容易知道既定检索式在各数据库中的分布情况,而手工只能通过手工操作来实现预检效率,因此预检效率低。

网络环境下,任何一个图书馆或信息服务部门都不可能以自身的馆藏来满足用户的所有需要,因此,全国各高校图书馆应向用户介绍因特网的基本知识,使其了解和掌握不同网络系统的特点及局域网和联机目录系统的用法。例如,让用户了解如何通过 WWW、Netscape 及 IE 进行资源检索;如何使用 FTP、Archie、Telnet、BBS、搜索引擎等 Internet 工具快速准确地检索信息;如何访问其他高校图书馆,搜索图书馆的信息资源等内容。向用户介绍各种检索工具的使用方法,使用户能够利用中外文检索工具获取信息;能够通过 DIALOG、ORBIT、STN 等系统进行计算机联机检索;能够了解各种光盘数据库的内容、结构、检索方式和特点,熟练应用这些数据库获取信息;了解各馆的图书书目数据库,能够从多种途径(如作者、书名、题名、主题、分类号等)检索馆藏藏书情况,能够利用各种图书、期刊的摘要等来查询自己所需的信息。

同时,开设文献检索课程一直是高校图书馆对用户进行教育的重要方式。在网络时代,网络信息、各种电子信息资源急剧增长,要求文献检索课程必须尽快充实网络数据、电子数据检索技术的内容。怎样设计检索提问式才能提高查准率,如何利用各种不同的检索工具、检索技巧快速、准确地查找信息应该成为网络时代文献检索课程的主要内容,同时,增加有关网络信息意识和网络安全、网络道德规范等方面的教育。在教学形式上,要注意课堂教学与上机实习相结合,尽可能多地为用户创造上机实习的机会。

开展网上读者导航服务,高校图书馆应将 Internet 上的各种信息资源,按学科或专题进行分类、筛选、整合,利用信息重组技术,建立本馆资源网或专题数据库,设置图书馆资源索引及检索引擎,提供本馆各类文献的检索途径和步骤,让用户充分了解本馆的馆藏资源及馆藏特色。同时,将搜索引擎与网络导航系统进行链接,使用户能够通过图书馆网页快速地访问和查询 Internet 上的相关资源,获取所需要的信息。

8.3 学术论文的撰写

学术是指深刻而系统的学问。学术论文是衡量一个人学术水平和科研能力的重要标志。学术论文的撰写需要经过选题、收集整理资料、构建提纲和撰写论文几个步骤,才能完成一件高质量的学术作品。在撰写论文的过程中特别要注意素材的合理运用,以及正确地选取文献和引用文献,以免在学术研究过程中出现学术不规范的问题。

8.3.1 学术论文概述

中华人民共和国国家标准《科学报告编写规则》(GB/T 7713.3—2014)给学术论文的定义是:某一学术课题在实验性、理论性或观测性上具有新的科学研究成果或创新见解和知识的科学记录;或是某种已知原理应用于实际中取得新进展的科学总结,用以在学术会议上宣读、交流或讨论;或在学术刊物上发表;或作为其他用途的书面文件。总之,学术论文是在科研、实验、设计的基础上,对某一课题进行分析、论证,从而得出具有新颖性、创见性结论的论理性书面成果,是由感性认识到理性认识的升华,是对事物、事理的本质及内在联系、规律性把握与发展的文字载体,在自然科学领域又可称为科技论文。

1. 学术论文的特点

(1)学术性:以学术问题作为论题,以学术成果作为表述对象,以学术见解作为文章的核心内容,具有强烈的理论色彩,不同于一般直观过程就事论事的叙述。

(2)科学性:是学术论文的灵魂和生命。反科学、伪科学和不科学的文章均不称其为学术论文,科学论文是探求真理的,其重要标志是求实,不容许半点虚假。

(3)创造性:创造、创新、创见是衡量论文价值的根本标准。开拓新领域,探索新方法,阐发新理论,提出新见解,无新意的论文没有写的必要。

(4)专业性:选题、选材乃至语言都有明显的专业性。

(5)规范性:论文的类型及体例上有一定的规定性,行文也有一定的规范性。

(6)平易性:用通俗的语言深入浅出地描述,让读者更易于理解。

2. 学术论文的类型

按学科性质分基础科学论文和应用科学论文。
按论证方式分主论型、驳论型、综合型论文。
按论文用途分报刊论文、命题论文、学年论文、学位论文。
按结构内容分实验型论文、观测型论文、报告型论文、评述型论文。

8.3.2 学术论文的撰写步骤

撰写学术论文,要经过选题、选材、拟提纲、起草、修改 5 道工序,如图 8-3 所示。

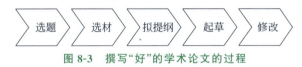

图 8-3 撰写"好"的学术论文的过程

1. 选题

选题即选定论题,就是确定论点,即观点、看法和主张,也就是确定要写的论文的主攻方向和目标,即选择"写什么"的问题。选题对论义的价值起着重要的作用,即所谓"题好文一半"。所以,必须重视论文撰写的第一道工序。

1) 选题的原则

选题要符合 3 个要求:问题提得正确、提得深刻、提得恰当,具体包括以下几项原则。

重要性原则:着眼于社会的实际需要,讲究社会和经济效益,所以要选有应用价值、切入实际工作、亟待解决的问题。

可行性原则:从自己的主观、客观实际出发,量题、量材、量力。所以,要选专业对口、业务熟悉、难易适中、大小适宜、能够完成的课题。大题要防止空洞无物,小题要注意不小题大做。

合理性原则:必须符合最基本的科学原理和客观实际,要有理论根据和事实根据,所以要选择纠正通论、破除迷信、澄清谬说的课题。

创新性原则:选择新颖、先进的课题,有所发明,有所发现,突出新观点、新见解、新思想、新方法,体现新意。无新意则无价值。创新性原则也是价值性原则。所以,要选科学前沿、填补空白、补充前人学说、突破禁区等有利于进一步展开的课题。

2) 选题的途径

选题途径主要有 3 种:到社会实践中寻找、到文献资料中找、到自己头脑中开发。

3) 选题的方法

(1) 抓住矛盾处:即从有争论、有疑问、难度大的地方发现问题。

(2) 寻觅结合部:即从某些交叉学科结合部发现问题。

(3) 捕捉偶发性:即从偶然发生的事件中发现问题。

(4) 开拓前沿性:即从他人涉足或刚涉足而未深的科学前沿或边缘发现问题。

(5) 选择空白点：即从选择中发现未曾研究的空白点课题。

2. 选材

撰写人通过观察、实验、调查等实践活动或从各种书、期刊、文献资料等积累和占有的与课题有关的材料进行选材，通过鉴别、整理、选择和使用的过程，就是撰写论文的第二道工序。没有素材写不了文章，不能很好地运用素材也写不出好文章。材料是形成论点的基础，是证明论点的论据。所谓材料，就是为了表现及证明主题而搜集到的各种事实、数据和观点等。这些材料有 3 种：直接材料（作者亲自实践和调查的第一手材料）、间接材料（从文献资料中查得的第二手材料）、发展材料（对一二手材料加工整理、分析研究而形成的材料）。

选材的原则如下。

(1) 必要性原则：没有这些材料不能证明论点，与主题无关或无多大关系的材料应果断舍弃。

(2) 准确性原则：材料真实，来自实践、调查、实验，完全符合实际。

(3) 典型性原则：材料能反映事物的本质特征，能使道理具体化、描述形象化，说服力甚强。所以，要从众多的材料中选取最有代表性的材料。

(4) 优级性原则：越是新鲜的材料，越具有旺盛的证明力。

(5) 充分性原则：证据既要确凿，又要充分。充分就是量要足。没有足够的量，有时难以论证清楚问题，即"证据不足"。

(6) 全面性原则：搜集的面要广，从中选取可以从几个角度或侧面证明论点的材料。

(7) 同类性原则：在搜集资料中必须搜集同自己论题类似的论著，从中鉴别自己的论点与他人论点的异同，若无新的论点或自己的论点不比别人的深刻，则应果断放弃自己的选题。

3. 拟提纲

拟提纲是论文动笔的开始，是集中构思整个论文的总体框架的脑力劳动过程。提纲是根据论点及论证的体系，用数码和文字组成的文章"蓝图"。它在论文撰写过程中起到前后照应、不顾此失彼、不重复遗漏，使总论点和分论点有机结合、协调统一的作用；在写作过程中有利于前后调整，避免论证时逻辑混乱而返工。拟定提纲时，对初写论文者来说有意按论文规范格式安排，以使自己的文章符合论文的相关要求。因此，拟提纲是撰写学术论文的第三道工序。

1) 提纲的内容

拟提纲应考虑以下 5 方面的内容。

(1) 立论方面：立什么论点、从什么角度、以什么方式提出问题，确定论点及论证体系。

(2) 选材方面：确定选用哪些素材作论据。

(3) 结构方面：在中心论点下设分论点、段落。

(4) 谋篇方面：确定怎样开头、结尾，上下怎样衔接，前后如何呼应。

(5) 协调方面：全文脉络如何匀称和谐、文气如何贯通流畅、文字如何疏密得当。

2) 拟提纲的原则、要求

(1) 全面性：项目要全，能构成论文的轮廓结构。

(2) 全局性：从全局着眼统筹安排，紧扣主题，突出重点。

(3) 简洁性：毕竟是提纲，文字概括应简洁、明了。

(4) 逻辑性：按逻辑安排好文章的层次。

(5) 灵活性：要反复推敲、修改，必要时可请他人帮助修改，写作时既不因为提纲而束缚手脚，也不能随意发挥。

3) 拟提纲的方法

(1) 标题式：每一部分都设一个标题。

(2) 句子式：用完整的句子把每一部分概括起来。

(3) 段落式：用一小段文字把该段的内容概括起来。最常使用的方法是标题式。有的文章使用的是层次系统。标题分 1、2、3、4 四个大项目，每个大项目又分几个中项目，每个中项目又分若干个小项目等。

4. 起草

起草是以拟好的提纲作为总思路，把自己的成果和观点运用于具体材料和准确精练的语言文字中，使论文基本成型的过程。起草过程中，思想在不断地深化，从而也是对提纲进一步检查和修改的过程。

(1) 动笔起草的时机。

同时具备下述条件时为下笔起草的最佳时机。

① 观点已明确：内容已了然于心。

② 材料已齐全：可得心应手地应用。

③ 提纲已敲定：自改或他改已周密思考。

④ 安排已妥当：时间、地点、场合等均已安排妥当。

(2) 撰写初稿的方法。

① 一般方法：执笔顺序可从绪论写起，按照提纲从开头一直写到结尾。先提出问题，明确全文的基本论点后，再展开充分论述和论证，最后得出结论；撰写时争取按提纲顺着思路一气呵成。中途不停顿，思路不中断，不为局部的一字一句的斟酌而停笔，初稿完成后再做精心加工。

② 分段完成法：把全篇分成若干部分，分段撰写，哪部分成熟就写哪部分。每写完一部分就稍做整理。各部写好后，再把各部分有机地连接起来。

(3) 撰写初稿的注意事项。

① 在"灵感高峰"时动笔，也就是在最佳写作状态时动笔起草，此时大脑清醒、精力充沛、思路开阔、胸有成竹，这时排除干扰、坚持不懈，便可一气呵成。

② 适时调整提纲。一般情况下，不轻易变动已经过修订的提纲，但在写作中仍会发现某些不足或不妥之处，甚至会有新的观点迸发产生，这时就需适时地调整提纲。

③ 把想到的尽量写进去。初稿篇幅一般均长于成稿。初稿丰富时修改较易，而漏项

补遗或再深入则相对较难。

④ 避免差错。不可把全部希望都寄托到下一步修改上,而起草时粗制滥造、马虎从事。观点、语法、文字均应认真,防止发生差错。起草中一旦发现论点上的问题,要及时改动,而其他的小地方只要不是错误,就不必花精力修改。

⑤ 给修改留行间距或纸边。这样可便于下一步修改时有充足的纸面空间。同时,文面应力求干净、清楚。

5. 修改

修改是从初稿到成稿的加工过程。修改初稿在某种程度上可以说是更艰苦、细致的工作。"文章不厌改",越改越好。所以,要反复、认真、精确地修改。除修改错误外,修改还是使初稿的观点更深刻、表现形式更完美、内容更充实丰富、论据更充分得体的深化完善过程。修改还是初稿再提高的写作的第五道工序。在这个过程中的主要工作内容是:修正论点、调整结构、更改材料、锤炼语言、推敲标题、规划文面和总体布局。

修改的原则如下。

(1) 遵守规律:撰写的顺序是材料(论据)→论点(见解)→语言(表达),修改的顺序是论点→材料→语言,即先从总体着手,布局谋篇。

(2) 整体观念:要统观全局、立足全篇。先整体后局部、先观点后材料、先内容后形式,由大到小、先大改后小改,把大的方面确定下来,再从细微处推敲,斟文酌句。

(3) 有错必改:需要增、删、换、调的地方,果断地修改,不留一点错误,尤其不能出现原理上、基本知识上及政策法规上的错误。不留拿不准的问题,不留模棱两可的问题。

(4) 高标准要求:按照优秀论文的标准对论点、结构、材料、文面、语言等进行订正、调整、更动、推敲、规划和锤炼。

(5) 适宜的篇幅:根据刊物、会议的容许篇幅和时间控制篇幅。一般情况下,在完善地表达了论文要素(论点、论据、论证)的基础上,文章越短越好。一篇有独创性的短文,比没有新的创意只用资料堆砌、拼凑的长篇大文更有价值。

(6) 修改后的审定:这是修改后最后审查定稿的过程。最后的审定要通阅全篇,最后确定其中心突出、结构合理、层次清晰、顺序恰当、数据定量、素材相符、语词通正、没有泄密,成为一篇比较完美的作品。

8.3.3 科技论文的格式及撰写要领

科技论文在长期实践中形成了比较固定的格式。长篇论著分前置、主体、附录及结尾四大部分;一般性的科技论文省略封面、封二、封三、封底、扉页、前言、目次、图表清单、附录及结尾部分,其各部分撰写要领如下。

1. 标题

标题又称题名、文题、题目,即论文的名字。标题是文章的"额头眉眼";是内容的高度概括;是反映文章最重要的特定内容的最简明的词语的逻辑组合。

(1) 标题的要求：准确、精练、贴切、醒目、得体、鲜明、清楚；既能反映课题的内容、研究的范围和深广度，又能显现作者的观点、态度；忌空、忌烦琐、忌长、忌花哨、忌冗赘、忌词语组合紊乱；要"切中题旨"。所以，要有很强的表现力，能引人入胜；最好能体现出理论色彩。

(2) 标题命名方法：直接点出论文主题、用比喻象征词揭示主题，必要时可加副标题。

2. 作者

作者署名是作为著作权的声明，也是文责自负的承诺，又是与读者联系的名片。集体成果署具体单位部门，多人合撰署主要成员。工作单位应写全称。

3. 摘要

摘要又称概要、提要，是论文基本内容的浓缩；是不加注释和评述的简介。论文摘要的作用有两方面：一是让读者尽快了解论文的主要内容，用来补充题名的不足，担负着吸引读者和介绍内容的任务；二是为科技情报人员和计算机检索提供方便。

1) 摘要的内容

写这个课题的前提、目的、任务、范围及该课题在学科中的地位，重点是结果和结论及其意义、价值和应用范围；上述内容根据论文的表达性质不同而各有侧重。试验研究及专题研究性论文，摘要重点是反映主要成果的新内容，并尽力注重定量或定性的信息，此类属于报道性摘要；非研究成果的论文摘要采用指示性摘要形式——概述目的、任务、地位及论文的主要内容；有所创意但又不甚突出的论文摘要，采用上述两种摘要的结合，以摘其新意为主。

2) 摘要的要求

(1) 简短精练：要字字推敲，做到多一字无必要，少一字嫌不足。摘录原文之精华，简洁、明了；字数一般控制在 200～300 字。

(2) 用第三人称：用第三人称写有利于阅读及检索人员客观、独立地使用。注意，用"本文"做主语使用时容易产生逻辑和语法错误。

(3) 格式要规范：要用规范术语，尽量不重复标题中的信息，不要把论文中的小标题罗列成摘要，不用插图、表格、公式，摘要一般不分段。

(4) 表达正确：要语言通顺、结构严谨，不能出现语病。

(5) 忠于原文：不能夸大或降低原文成果的作用。

4. 关键词

关键词是为满足文献标引或检索工作的需要而从论文中选取出的词或词组，包括主题词和自由词两部分。主题词是规范的，自由词是未规范的。选定关键词要能反映论文的主题内容，其中主体词应多一些。论文的关键词一般为 3～8 个。

5. 前言

引言又称引言、导言、导语等,是学术论文起始部分的一段引人入胜的文章。它向读者交代课题的来龙去脉,引出正文,导出正论。

1) 引言的内容

(1) 课题研究的目的、背景、特征。

(2) 前人的工作、不足、问题,解决该问题的意义。

(3) 课题的理论依据、实验基础和研究方法。

(4) 成果及其作用、意义。

2) 引言的要求

(1) 言简意赅:提笔就开门见山地切入主题,阐明重点;要开明宗义、"一针见血"地提出"写什么"的问题。

(2) 不落俗套:不能取代正文的某一部段,不要介绍普通知识及众所周知的道理。不俗套、不花哨、不铺垫、不绕弯;"水平有限""错处难免"之类勿用,要客观、准确。

(3) 评价要真实、客观,不要吹嘘自己贬低别人,要掌握分寸,实事求是。既不过谦,也不过分,"首次提出""首次发现"之类的词要慎用。一般情况下,不必写入成果鉴定委员会的意见。

6. 正文

正文是全文的主体、核心,占论文篇幅的大部分。在正文里充分展开论题,深刻地进行理论推导和分析,周密地进行逻辑论证,充分切实地阐明思想、观点、主张和见解,全面翔实地反映出学术信息及创新成果。

1) 正文的内容

正文的内容因学科、选题、方法、类型等不同而差异较大,但正文总的任务是提出论点、运用论据(如事实、资料、数据等)对论点加以论证,这一点是共同的。在 5 种类型的科技论文中,其内容概括讲应包括研究对象,实验及观测方法,设备,原材料,结果,计算方法,经加工的图表、数据、公式,形成的论点及导出的结论。

2) 正文的要求

(1) 主题要新颖、深刻、集中、鲜明。

(2) 材料要充分、准确、典型、真实。

(3) 结构要层次清楚、合理,布局谋篇要恰当、衔接自然、脉络清晰,不重复、不脱节、不交叉混乱。

(4) 论证要以理服人、实事求是、客观真切、准确完备、合乎逻辑。

3) 正文的写法

(1) 以总论点为轴线逐点分析、论证或反驳,进行逻辑展开,安排层次,使大小论点都清晰、明确。

(2) 论证方式可根据论文内容选取纵贯式、总分式、递进式或因果式;采用举例、引证、反证、类比、因果、归谬等方法。

7. 结论

结论又称结语、结束语。结论集中地反映出研究成果，表达论文的总观点、主张；是全课题的总判断和总评价；是正文逻辑发展的最终总体结论；是正论的延伸、论证的结果、全文的总结；是全篇的归宿。

1）结论的内容

（1）研究结果说明了什么问题，得出了什么规律，解决了什么理论或实际问题。

（2）对前人有关问题的看法做了哪些检验，做了哪些修改、补充、发展或否定。

（3）本研究存在的不足或遗留问题还有哪些。

（4）对本课题的展望、建议。

2）结论的要求

（1）概括准确、措辞严谨：抓住创新内容，以准确简练的语言实事求是地做出肯定或否定的论断。切不可使用模棱两可、含糊不清的词语。

（2）明确具体、逻辑严密：定性和定量的新信息要具体提供；行文简短，不必展开论述，对文中各段不做重复，用词组句要有逻辑魅力。

（3）不做自我评价。

3）结论的写法

只有一个总论点而无分论点的简义，结论可以用一两段简文表述；而有若干分论点或有几个新观点、新结果、新信息及新数据时可分条作结论；如果论文写不出明确的结论，可进行讨论，在讨论中提出建议及研究设想、改进意见及尚待解决的问题；变体文章结论在前，可写一段结尾，结尾可归纳全文，可诱导启发、深化主旨、展望未来；建议可放在结论段，也可单独用一个标题。

8. 参考文献

参考文献是撰写、编著中引用他人（包括自己前著）的有关观点、数据等的图书文献资料。

1）参考文献的作用

反映作者的科学态度、论文的依据及论文的深度，能把成果与前人的成果区别开来；为读者推荐文献信息；能节省论文篇幅；有助于情报研究和文献计量学研究。

2）参考文献的原则

（1）只著录最必要、最新的文献；

（2）只著录公开发表的文献；按标准格式著录。

3）参考文献著录方法

（1）顺序编码法：按在文中引用的先后顺序编码，在文中用方括号注在相关处的右上角，并在文后按格式、顺序排列。每条文献的内容顺序为：作者姓名、文献名称、译者、出版社、出版日期。

（2）总标法：大多论文在参考文献时，可能在一本文献中多处引用、引证，甚至在情报性综述型论文中，把多个文献进行综合，此时按顺序编码就过于烦琐，可采用把参考文献在"致谢"后加码排列。

如表 8-1 所示为国家标准 GB/T 7714—2015《信息与文献参考文献著录规则》中规定的文献类型和标志代码。

表 8-1 文献类型和标志代码

文献类型	标志代码	文献类型	标志代码
普通图书	M	报告	R
会议录	C	标准	S
汇编	G	专利	P
报纸	N	数据库	DB
期刊	J	计算机程序	CP
学位论文	D	电子公告	EB

例如：

普通图书 [1] 王阿川.软件工程基础与实例分析[M].北京：机械工业出版社,2010.

翻译图书 [2] (美)Glenford J Myers,Tom Badgett,Corey Sandler.软件测试的艺术[M].张晓明,黄琳,译.北京：机械工业出版社,2006：10-15.

会议录 [3] 张凤祥.关于课件误区若干问题的探讨：全国计算机新科技与计算机教育论文集[C].成都：西南交通大学出版社,2006：1-5.

学位论文 [4] 陈曦.能源回购机制下企业生产定价策略研究[D].北京：北京外国语大学国际商学院,2010：8-10.

标准文献 [5] 全国信息与文献标准化委员会.GB/T 7714—2015 信息与文献参考文献著录规则[S].北京：中国标准出版社,2005：2-3.

9. 致谢

当研究成果以论文的形式发表时,作者对他人的劳动要给予充分的肯定,对研究和写作提供资金、设备、人力、资料以及技术指导、咨询等的团体和个人,表示诚挚的谢意。致谢可以列一标题,放在结论之后,也可不列标题,与结论或结尾空一行写出致谢。致谢对象要标出单位全称及人员职称。

8.3.4 学术论文的评语

学术论文的评语、评价、评审与评优工作,不仅是编辑人员和参评人员应掌握的技能,也是论文作者应了解的基本知识。了解论文优劣的评定标准,有利于提高撰写水平。

1. 评语

毕业论文、学位论文或其他需要做出评价的论文,一般都由导师、专家学者作评语。评语要简明、扼要,数十字或百余字足矣。内容主要是论文价值、作用、理论和实践意义,有无提出和解决新的问题,有无新的观点、创见,其观点是否正确、鲜明,材料是否充分、真实,议论是否周密、科学,文字是否通顺、简洁等。

2. 评价与评审

评价是在论文发表前编辑对论文有无发表价值及退改或退稿处理意见的评定;是评选优秀论文时推荐者对论文的评定。此后再经专家、主编或评审委员会等进行初审、二审、终审。

3. 评优

评优是刊物发表一段时间后,对某一时段内的论文进行的优秀论文的评选工作,一般分为一级、二级、三级优秀论文,有时为鼓励作者,可再设优秀或纪念级。

4. 评审标准

目前还没有一个统一科学的评审标准,这就给评审工作带来了诸多困难,也使评审很难做到科学、合理。编辑部评价主要看论文是否符合刊物性质的范围、内容和篇幅,有无技术学术和经济建设价值,是从刊物和读者的角度去评价的。这就与作者、专家乃至评优人员的角度不尽相同,加上人员素质、水平的差异,从而评价、评审中的某些分歧便在所难免。为使评价尽量地合理,有关单位各自拟定一定的评审标准,大致分为以下3类。

1) 直评法

直评法是为优秀、良好、及格、不及格或一等、二等、三等论文各列几条标准,然后将论文的几个主要方面与标准对号量比,确定级别,如学术水平分为国内先进和接近国际水平、本地区最高水平、本市水平;对科技发展和国民经济有显著作用、有较显著作用、有促进作用等。这种标准较粗,很难全面评价论文,也易使投稿者忽略科技论文的其他属性。

2) 计分法

学生的毕业论文、学位论文,往往要将论文水平量化为分数,分成优秀(90～100分)、良好(75～89分)、及格(60～74分)及不及格(59分以下)。

优秀:

(1) 分析问题正确,全面,有深度,有创新。

(2) 对经济、技术、工作有显著作用。

(3) 中心突出,论据充分,结构严密易懂,层次分明,文笔流畅,表现力强。

(4) 材料丰富,数据可靠。

良好:

(1) 分析问题比较正确、全面。

(2) 对经济、技术、工作有较显著的作用。

(3) 中心明确,论据较充足,层次较分明,文字通顺,表达力较强。

(4) 材料比较丰富,数据基本可靠。

及格:

(1) 能表达观点,对问题有一定的分析。

(2) 有参考作用。

(3) 有中心,有一定的论据,表达力一般。

(4) 使用了一定的资料。

不及格:凡有下列问题之一者为不及格。

(1) 理论上有原则性错误。

(2) 无中心,层次不清,逻辑混乱,文句不通,无表达力。

(3) 材料零乱不全,主要数据失真。

(4) 抄袭剽窃。

对理论上有原则性错误的定论应当慎重。曾有导师囿于自己的知识范围和观点,判定一个学生的论文属这类错误而不及格,造成该学生没有届时毕业。多年后证明学生的论点正确,于是又重新解决"冤案"遗留的诸多问题,应引以为戒。

3) 系数法

论文的价值及水平根本集中在"创新"上,于是把论文三要素分别定为论点系数、论据系数、论证系数,还可根据需要设置贡献系数和文笔系数等。

如论点系数用于评价全面创新、部分创新、没有创新。

论据系数用于评价自有论据、他人新据、他人原据。

贡献系数用于评价作用显著、作用较显著、有作用。

文笔系数用于评价行文流畅、行文通顺、行文欠通顺。

根据评审部门的需要,可将上述某几个系数定得偏高,另几个定得偏低。例如,上述四个系数分别定为 4、3、2、1,表明侧重创新,如果论文占各系数的最高系数,则各系数的和为 10,那就是 100 分的优秀论文。

5. 对评审者的要求

(1) 要有高度负责的精神:对社会、对读者、对作者、对刊物高度负责。对每篇论文都予以专心致志的审阅评价,并做出应做的、适宜的评定。对判定"死刑"的论文尤其应当慎重。拿不准的问题拿准后再评。

(2) 以文取文:不以人取文。抛开人际关系,不论名人或凡人,不论职务高低,看文不看人。

(3) 客观公正,宽宏大量:不因对立或有悖于自己的学术观点而厌烦,不把个人的情绪带到评审工作中。心情不好、情绪不稳、时间仓促时不审。心中能容得下论文中的某些缺点或错误,再差的论文也要认真审阅。必要时可听听作者本人对评审的意见。

(4) 坚持贯彻"双百"方针:支持不同学派和不同观点的争论、争鸣。

(5) 要有主见:不迁就、凑合前审的意见,应有自己在审阅论文中的独立见解。

8.4 学术论文的发表

作者撰写学术论文的目的在于发表,使自己的劳动成果能得到同行专家和社会的认可。同时,学术信息在刊物上发表有利于交流信息,推动科学技术进步。

8.4.1　学术论文的投稿

作者的论文能否被投向的刊物发表,除了论文本身的学术价值以外,还应对当前期刊的出版情况有所了解。为了使论文能尽快得到发表,或者为了某种目的,明确论文发表在何种刊物上合适,就要对当前出版的期刊做些了解。

世界上最高水平的科技期刊是 *Nature*(《自然》)和 *Science*(《科学》),权威的论文检索工具是:科学引文索引(SCI)、工程索引(EI)和科学技术会议录索引(ISTP)。目前,我国的科技期刊有 5000 余种。这些期刊按其性质和报道的内容分为综合性期刊、学术性期刊、技术性期刊、检索性期刊和科普性期刊 5 种。稿件投向何种期刊,应根据个人的目的、稿件的内容、期刊的性质、期刊登录的要求等选择。如果为了取得某种学位或技术职称,要求论文发表后,成为 SCI 论文,那么首先应该了解国内外哪些期刊是被 SCI 收录的,以及其影响因子,编辑部的地址和它们的投稿方式;另外,中国期刊进入 SCI 的数量有限,在这种期刊上发表文章难度较大。应把部分稿件(英文)向国际分流,投向国际期刊比中文期刊容易进入 SCI;SCI 也收录了国际会议论文集,应积极主动参与国际学术会议。

投稿时应注意以下 4 点。

(1) 了解刊物的性质,学术论文,可以投向学报或通报;技术论文,一般投向技术性期刊,也可以投向某些学报。

(2) 了解期刊报道的重点。不同期刊,其报道的重点会有所不同。即使同一期刊,不同时期其报道的重点也会不同。因此,作者应从"期刊简介"或者期刊中的"征稿启事"中了解,也可以直接通过与期刊的编辑部门联系了解。

(3) 了解刊物的稿源情况。稿源丰富的期刊,一般录用的标准较高,发表周期(从收到稿件到发表经历的时间)也较长。稿源相对较少的期刊,一般发表快一些。

(4) 了解期刊是否收取费用。有的期刊在刊登论文时要收取论文发表费用(也叫版面费),所以作者要了解投向的期刊是否收费,收多少,怎样收等问题。

8.4.2　学术论文成功发表的策略

一篇学术论文完成后,选择以何种方式发表,是很有策略的。现在可供选择的载体有很多,诸如学术期刊、会议文集、网络媒体在线出版,或者给政府部门以及决策机构提供研究报告等。面对众多的出版机构,怎样选择合适的媒体发表,应该掌握以下 5 项原则。

1. 讲求时效

学术论文一般都是与时俱进的,与时代的发展和科技的进步息息相关。有时学术研究的阶段性成果早一点发表,就会对实践产生更好的效果。所以,一般都比较重视时效性。周期长的刊物和出版速度相对较慢的出版社就不必考虑了。

2. 专业对口

首先,要判定学术论文的内容所属学科的分类,选择最对口的刊物作为发表媒体。只有文稿符合期刊的发表范畴,才有可能被采用。其次,专业对口的期刊通常都有高水平的审稿人队伍对稿件进行评审,并由编辑部将审稿意见反馈给作者本人,这一过程有利于论文本身的修改和完善。最后,专业对口可以减少投稿的盲目性,避免一些不必要的麻烦,比如,由于退稿不及时,有可能贻误稿件发表的最佳时机。

3. 考察刊物的声誉

不同的学术刊物有不同的学术声誉和社会知名度。因此,这种声誉必定会对学术论文的声誉和地位产生影响。考察刊物的声誉需要从以下两个方面进行。

其一,主办单位和刊物历史。一般来说,主办单位的行政级别和学术地位越高,该刊物的声誉越高。同样,刊物的历史越悠久,越能显示出刊物的办刊实力。

其二,影响因子及转载率。所谓影响因子,是指一份期刊近年发表的论文,与当年在其他作者公开发表论文中被引用数之比。比值越大,说明刊物的影响力越大,反之则影响力越小。期刊的影响因子是评价期刊声誉的一个很关键的量化指标。转载率是指文摘等刊物对专业期刊的转载和索引,一般是二次文献,用来查找一次文献。权威性的文摘刊物往往有一支较高水平的专业文摘员队伍,选择学术论文也非常严格,被选择的论文一般都具有较高的学术价值。转载率也是衡量刊物声誉的一个重要指标。一份长期、稳定地被某文摘刊物转载的期刊,通常都是比较权威的刊物。

4. 注重刊物质量

刊物质量包括内容和形式两个方面。如果一份刊物定期或不定期地发表本学科的权威学者的文章,或者是本学科前沿的文章,在某种程度上就说明该刊物具有一定的影响力。形式上主要看某一刊物的印刷质量,如装帧设计、审稿质量、规范程度等,都应该列入考察范围。

5. 作者权益观念

期刊社对论文的态度也是非常重要的。通常,如果期刊社能对投稿的论文及时处理并给予反馈,一旦发表,迅速支付稿费,在著作权方面也有合格规范的协议,那么这样的期刊社就是可靠而且负责任的。但现实情况是,有些期刊社收到作者的论文后便杳无音信,容易耽误作者改投其他刊物。而且,一般出版机构不仅不付稿酬,反而索要很高的版面费,或者为压缩版面,对论文随意删减,这些都是对作者劳动的不尊重,需要出版机构足够重视。

另外,还有以下几个方面需要注意。

第一,关于论文署名的问题。《中华人民共和国著作权法》第九条规定:著作权人包括①作者;②其他依照本法享有著作权的公民、法人或者非法人单位。作者一旦在作品上署了名，就享有了著作权，承担起对作品负责和对读者、对社会负责的义务。也就是说，一篇论文的著作权属于该论文的署名者。

第二，一稿多投和重复发表的问题。随着传媒业的发达，一稿多投、多发现象已经相当普遍。一稿多投主要有几类现象：一类是内容相同，但题名被换掉，属于换汤不换药；一类是从题名到内容都相同的稿件，同时出现在多家刊物上；还有一类是相同的稿件，被收在不同的版本和论文集中。

对于一稿多投，可以从著作权和合同法两方面分析。按照《中华人民共和国著作权法》规定，作者对自己的作品享有发表权，作者有权决定自己的作品由谁来发表，以何种方式发表，以及在什么地方发表；从合同法方面来说，如果报刊社在法定期间通知了作者，著作权使用合同即告成立。双方可以在签署合同时约定该稿件是否"专有使用"。如果双方没有约定，作者的一稿多投就不应当被认定为违反了著作权使用合同的义务。一稿多投和重复发表对编辑部和作者本人的声誉都有不利的影响。

第三，数字图书馆的使用与著作权。

网络提供了一种前所未有的信息传播途径，它已经影响到原有的信息创造者、信息使用者，以及信息提供者之间的利益平衡。图书馆在数字时代中，不仅作为作品的重要传播中介和服务主体，而且作为信息资源的创作者，深深地影响着社会信息的生产、传播与交换机制。

在法律上，图书馆是搜集、整理、收藏图书资料以供人阅读、参考的机构，其功能在于保存作品并向社会公众提供接触作品的机会。图书馆向社会公众提供作品，对传播知识和促进社会文明进步，具有非常重要的意义。只有特定的社会公众，在特定的时间以特定的方式，才能借阅到图书馆向公众提供的作品。因此，这种接触对作者行使著作权的影响是有限的，不构成侵权。

所以，图书馆为了保存作品，需要将作品数字化。高等院校图书馆将作品数字化后在馆内及校园网内小范围使用（只能浏览，而不能下载、打印）在著作权范围内是许可的。我们现在的一些数字图书馆是按照商业模式来运作的。用户缴费完成后，在互联网上就可以阅读并下载、打印，阻碍了著作权人以其认可的方式传播作品，侵犯了其信息的网络传播权。因此，我国的数字图书馆按照目前的运作模式必须经过著作权人的授权许可。

目前国内业界有不少人士对此提出了解决方案，主要有3个方面：其一，建立针对数字图书馆版权统一的管理机构；其二，修改著作权法，规定数字图书馆和网上传播可以事先不经作者许可，事后向作者支付报酬，类似于现行著作权法上的"转载"；其三，"授权要约"模式，即著作权在出书的同时发表一个要约，声明著作权人的权利，并声明别人在什么样的条件下可以使用，通过代理机构向著作权人支付报酬。

现在，很多用户已经将网络（包括数字图书馆）作为收集、整理、利用信息的重要来源。鉴于数字图书馆著作权方面的复杂性，一定要合理使用，注明出处，尽可能避免侵权行为发生。

思考题

(1) 你认为良好的学术风范包括哪些内容？
(2) 何谓学术论文？学术论文的撰写有哪些程序？
(3) 如何利用计算机网络检索学术论文？
(4) 科技论文撰写的要领有哪些？
(5) 如何成功发表学术论文？

第 9 章 信息素养

信息社会中,信息的获取、分析、处理、发布和应用能力将作为现代人最基本的能力和文化水平的标志,以计算机和网络技术为主的信息技术,已在社会各个领域中得到广泛的应用,并逐步改变着人们的工作、学习和生活方式。在当今时代,信息资源异常丰富,如何开发和利用这些信息资源,是提高国民经济水平的关键之一。而信息素养是影响人们开发、利用信息资源的重要因素。

"信息素养"(Information Literacy,IL)是 1974 年美国信息产业协会主席保罗·泽考斯基(Paul Zurkowski)在给美国全国图书馆和情报科学委员会(National Commission on Libraries and Information Science,NCLIS)的报告中首先提出的概念。而对信息素养概念进行准确表述的是来自美国图书馆协会 1989 年的定义,即具有信息素养的人能够判断何时需要信息,并懂得如何去获取、评价和有效地利用所需要的信息。20 世纪 90 年代,随着网络技术的发展和以知识经济为主导的信息时代的到来,信息素养的内涵又有了新的解读。布拉格会议将信息素养定义为一种能力,它能够确定、查找、评估、组织和有效地生产、使用和交流信息,来解决一个问题。20 世纪 90 年代后,在教育学领域、图书馆学领域,信息素养已经成为研究的热点问题,越来越多的国家和组织机构开始重视信息素养。直到 21 世纪,信息素养的研究逐步趋于完善,它的内涵和外延也随着社会的进步与发展不断地丰富和扩展。

9.1 信息素养内涵

信息素养包含了技术和人文两个层面的意义:从技术层面来讲,信息素养反映的是人们利用信息的意识和能力;从人文层面来讲,信息素养也反映了人们面对信息的心理状态,或说面对信息的修养。

1. 信息素养的概念

信息素养概念的确立有一个渐变的历史过程。这与信息的重要性日趋凸显,以及计算机和网络的飞速发展密切相关。1983 年,美国信息学家霍顿(Horton)认为教育部门应开设信息素养课程,以提高人们对电子邮政、数据分析及图书馆网络的使用能力。1987 年,信息学专家 Patricia Breivik 将信息素养概括为一种了解提供信息的系统不能鉴别信息的价值、选择获取信息的最佳渠道、掌握获取和存储信息的基本技能(如数据库、电子表格软件、文字处理等技能)。随后,信息素养的概念得到了发展。信息素养是利用大量的信息工具和信息源使问题得到解决的技能。

"素养"一词在《辞海》中的解释为"经常修习涵养,如艺术修养、文学修养",强调素养形成的过程是一个不断"修养"的过程,体现出素养是动态的、发展的概念。同样,信息素养的形成也是经过后天养成的、从无到有、从低到高的过程,它区别于先天的禀赋,是一个与时俱进的动态概念。

"literacy"的英文含义是"有文化""识字"及"阅读和写作的能力"。这个说法是与传统意义上的以物质和能量为基础的工业社会的印刷技术与文字媒体的文化相联系的。随着网络与计算机多媒体技术的发展和应用,人类社会进入以信息和知识为主要资源的信息社会,出现了多媒体文化和网络文化。"literacy"也被赋予新的内涵,由于目前人们对信息素养还没有形成公认的看法,所以不少学者十分重视对信息素养特征的描述,为我们理解信息素养提供了广阔视角。

以下是维基百科对 Literacy 的解释。

Literacy is traditionally understood as the ability to read, write, and use arithmetic. The modern term's meaning has been expanded to include the ability to use language, numbers, images, computers, and other basic means to understand, communicate, gain useful knowledge and use the dominant symbol systems of a culture. The concept of literacy is expanding in OECD countries to include skills to access knowledge through technology and ability to assess complex contexts.

The key to literacy is reading development, a progression of skills that begins with the ability to understand spoken words and decode written words, and culminates in the deep understanding of text. Reading development involves a range of complex language underpinnings including awareness of speech sounds (phonology), spelling patterns (orthography), word meaning (semantics), grammar (syntax) and patterns of word formation (morphology), all of which provide a necessary platform for reading fluency and comprehension.

Once these skills are acquired, the reader can attain full language literacy, which includes the abilities to apply to printed material critical analysis, inference and synthesis; to write with accuracy and coherence; and to use information and insights from text as the basis for informed decisions and creative thought. The inability to do so is called illiteracy or analphabetism.

The United Nations Educational, Scientific and Cultural Organization (UNESCO) defines literacy as the "ability to identify, understand, interpret, create, communicate and compute, using printed and written materials associated with varying contexts. Literacy involves a continuum of learning in enabling individuals to achieve their goals, to develop their knowledge and potential, and to participate fully in their community and wider society". (From Wikipedia, the free encyclopedia)

以上 Literacy 的含义可以用图 9-1 解读。

1990 年一开始就是令人瞩目的全球性文盲问题。联合国大会把 1990 年定为"国际扫盲年",预示着 10 年扫盲的开始。由于目前对文盲问题的关注,我们对人的整体素养作如下探讨:难道人的整体素养仅仅是会读会写吗?仅凭这一点还能在当今社会立足吗?

19 世纪 80 年代,研究者已采用过信息素养是整体素养的一部分这个观点,通常所说

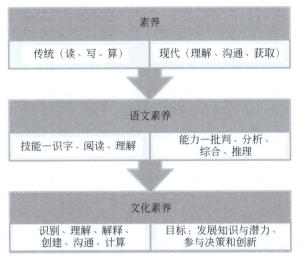

图 9-1　维基百科对 Literacy 的解读

的文盲与非文盲这一两分法已经行不通了。在今天，文化素养是一个不断发展的概念，其含义取决于在某一特定社会中社会的及个人的需求，因为文化素养必须放到文化、社会、经济及政治环境中进行思考，因此，对信息素养进行定义需要考虑在这个社会中不断增长的信息需求。

文化素养既包括听、读、说、写及批判性思维这些技能，也包括计算机能力。对于高技术社会来说，其目标是使人们能使用语言来增进其思考、创造的能力，以有效地参与社会这一动态的文化素养。

19 世纪 90 年代初，对文盲与非文盲的争议与已形成的信息素养运动相一致，信息素养正得以在整体素养背景中深入探讨。从这一点可以看出，在现代社会（无论是高度发达的信息社会，还是文盲或半文盲的发展中社会）人们对信息的依赖将影响并扩大文化素养（包括信息素养）的含义。

新世纪文盲的定义"不再是不会写，不会说，看不懂书本的人，而是缺乏主动学习、自主学习、持续学习能力，不会掌控信息的人"。目前世界的格局是"谁掌握了信息，谁就掌握了世界的话语权"。

2. 信息素养的特征

美国提出的"信息素养"概念则包括 3 个层面：文化层面（知识方面）；信息意识（意识方面）；信息技能（技术方面）。其定义为："要成为一个有信息素养的人，必须能够确定何时需要信息，并已具有检索、评价和有效使用所需信息的能力。"

而在《信息素养全美论坛的终结报告》中，再次对信息素养的概念作了详尽表述："一个有信息素养的人，他能够认识到精确和完整的信息是做出合理决策的基础；能够确定信息需求，形成基于信息需求的问题，确定潜在的信息源，制定成功的检索方案，以包括基于计算机的和其他的信息源获取信息、评价信息、组织信息用于实际的应用，将新信息与原有的知识体系进行融合，以及在批判思考和问题解决的过程中使用信息。"

信息技术的发展已使经济非物质化，世界经济正转向信息化非物质化时代，正加速向信息化迈进，人类已自然进入信息时代。21世纪是高科技时代、航天时代、基因生物工程时代、纳米时代、经济全球化时代等，但不管怎么称呼，21世纪的一切事业、工程都离不开信息，从这个意义来说，称21世纪是信息时代更为确切。

在信息社会中，物质世界正在隐退到信息世界的背后，各类信息组成人类的基本生存环境，影响着芸芸众生的日常生活方式，因而构成了人们日常经验的重要组成部分。虽然信息素养在不同层次的人们身上体现的侧重面不一样，但概括起来，它主要具有以下五大特征。

(1) 捕捉信息的敏锐性。
(2) 筛选信息的果断性。
(3) 评估信息的准确性。
(4) 交流信息的自如性。
(5) 应用信息的独创性。

9.1.1 信息素养与终身学习

信息素养作为21世纪个人重要的能力素质，为个人终身学习、在信息社会更好地生存和发展提供了重要的基础。

2003年9月，联合国召开信息素养专家会议，会上发表了著名的《布拉格宣言》。该宣言指出：信息素养是人们有效参与信息社会的一个先决条件，是终身学习的一种基本人权。具备信息素养的人，才能适应信息社会的需要，也只有接受过良好信息素质教育的人，才能在信息社会中表现出极大的潜力和创造力，在社会竞争中处于优势。

信息素养是一种信息能力，信息技术是它的一种工具。面向21世纪的大学生，应当学会如何识别所需要的信息，利用检索工具获取有用的知识信息。信息素养已成为大学生应当具备的一种基本素养。

信息素养是自我学习、终身学习的必备能力，也是创建学习型社会的重要条件。据不完全统计，一个人在学校接受的教育，学到的知识只占其一生所需知识的10%左右，而其余90%多的知识是在今后的工作和生活中不断学习而获得的。现如今，在知识爆炸的信息社会中，不断更新知识已经成为人们终身学习的必然过程。

一个人只有不断地学习和更新知识，才能在未来的工作和生活中立于不败之地。当然，学习除在学校接受教育外，更重要的是学会自我学习。通常情况下，具有信息素养的人能够按照自己的特定需求，寻找事实真相，寻求知识真谛，不断找寻解决问题的方法，善于钻研，勤于思考，经过评价和分析，得出自己的见解和观点，在这一过程中，一方面为自己积累了终身学习的经验和能力，同时也激发了灵感，创造了激情，在社会群体中找到自己的定位，实现人生的价值。

为培养具有信息素养的合格公民，需要改进和完善现行的教育体制，以适应信息素养能力的培养，为终身学习打下良好的基础，而学校教育正是实现终身教育的基础。我国现行的应试教育模式，有比较明显的知识预包装的特点，极具功利色彩，唯"分数论"，特别是基础教育阶段,学校不注重培养学生批判性思维和解决问题的能力。学生从老师和课本上被动地接受知识,而不会用学到的知识解决实际的困难和问题。学生往往是在预先设定好的有限的信息环境中练习解决问题,这样的练习和现实世界的解决方式存在很大差异。现实世界的困难和问题会基于多种信息和资源解决,可以用不同的解决方案和多种解决途径。

"授人以鱼不如授人以渔",方法比知识要重要。学习本身不应该是被动的、被分割的,而应该是积极、主动的整合过程。学校的行政管理者和教师也已经开始认识到这一点,预设好的知识、课本资料和测验并不能让学生建立起积极主动的、有质量的学习行为。国外高等教育中有研究显示:学生在几个月内已经忘记50%左右的课堂学习内容,无法记忆和保留教师教授的大部分知识和信息。由于信息更新周期迅速缩短,即使学生记住了50%的信息,但在今后的工作中有多少可以利用上也是很难保证的。因此说,学校教育要教给学生知识,更要教会学生终身学习的能力。终身学习的能力才是学生受益终身的法宝,才能使学生应对任何学习过程、任何实际需求的信息查找、信息评价和使用。学习过程可以重新组织,可以基于生活中学习和解决问题可获得的信息资源来设计,帮助学生建立终身利用信息资源学习的习惯。这样的学习过程注重的是信息素养能力的培养,应该积极地纳入教育体系中。

21世纪是知识经济时代,是全球信息化时代,科技进步和经济发展必将越来越依赖信息技术、信息资源和信息产业的发展。如何快速有效地获取信息是当代公民必备的信息素养能力。美国学者彼得·圣吉在其《第五项修炼》一书中就曾断言:"在未来,信息素质是你所拥有的唯一持久的竞争优势,或许是具备比你的竞争对手学习得更快的能力。"

9.1.2 信息素养与科技创新

科技创新是一个国家和民族在国际竞争中凸显优势的重要途径,也是一个国家持续发展的基石。当前高科技产业的国际竞争战线已进一步前移,创新频率大大加快。从最终的产品竞争到转为研究方向的选择与速度之争,谁能快速、全面、准确地掌握科研领域最前沿的发展动态,迅速寻找到研究空白点和开发新的领域,谁就有可能占领经济格局中的"制高点"。因此,进一步提高学术机构的科研人员、高等院校师生、管理部门人员的信息素养能力,成为当前重中之重的任务。

"科技创新"和"科教兴国"战略不应该只是一句口号,而应该成为推动社会前进的重要动力和重要因素。科技创新离不开信息,科研人员必须全面、系统、准确地掌握本领域的相关信息。但是,在信息资源激增的情况下,科研人员面临庞大的信息选择,信息质量的不确定性和数量的膨胀对科研人员认识和评价信息,快速找到有用的信息提出了挑战。如果不具备良好的信息素养能力,即使拥有大量丰富的信息,也不一定能产生思辨能力和创新意识。

信息意识是科技人员创新必备的信息素养能力,没有信息意识就没有科技创新。信息意识就是对信息的敏感度,在遇到问题时会想到利用信息进行判断、分析和决策。科技发展具有连续性、继承性的特点,科技创新是在总结前人研究的基础上,借鉴别人的成功经验，吸取前人研究成功的精华，通过学习、继承、判断、分析、总结等创新思维活动，经过反复研究实验才得出真知灼见的创新成果。

科学研究是一项积累性、探索性、创造性的工作，从科研的选题、准备，到研究、总结，都离不开科研信息的采集、分析和利用。科研信息不仅构成了科学研究的基本要素，而且是保证科研工作有效性的必要前提。据美国科研基金委员会的统计，一位科研人员花费在查找资料和消化吸收科技资料的时间需占全部科研时间的50.9%，计划思考占7.7%，实验研究占32.1%，科研总结占9.3%。由此可见，查阅文献资料在科学研究中占很大比重。

为了避免科研工作的重复浪费，科研人员必须及时掌握科技发展的前沿动态和科技新成果，这样才能保证科研工作的前瞻性和创新性。

众所周知的SONY家电电器公司能有今天，归功于当时的日本专业人士井深和盛田具有敏感的信息意识。他敏锐地捕捉到晶体管发展的未来前景，果断买下了生产晶体管的专利。当初晶体管刚刚问世，美国西方电子公司仅仅把这种晶体管用于生产助听器，但井深和盛田敏锐地发现：晶体管像电子管一样能够放大信号，而且反应快、体积小、耗电量少、可靠性强，完全可以取代电子管，于1957年生产出世界上第一台袖珍式晶体管收音机，命名为SONY。从此，SONY一举成为名扬天下的家电业界老大。

科技创新的关键是能从大量纷繁复杂的信息中提取有价值的东西，经过深入挖掘分析，能在司空见惯的表面现象中发现深刻的思想内涵，预见创新成果。这种超前预见能力是由敏锐的信息意识引发的，是知识创新的内在动力，更是信息素养能力。

为了培养更多的科技创新人才，信息素养能力的教育不容忽视，要着重培养学生的选择与分析能力，使其掌握信息分析研究的方法，能从众多修改的信息中提取有用的信息，去粗取精，去伪存真，提炼出有科学价值的创新信息。

在科技创新的同时要尊重知识产权，遵循国家的法律法规，合理使用知识、信息和技术，在创新研究的过程中明示对他人成果的引用、借鉴与参考，避免将他人成果据为己有的行为；对已有的创新成果也要有保护意识，可以通过法律手段对创新成果进行知识产权保护，这对个人和国家的创新能力具有直接的影响。

9.1.3 信息素养与阅读文化

2016年4月23日是世界读书日，人民日报"中央厨房"与今日头条、亚马逊中国联合发布《2015—2016中国人阅读情况系列报告》，解读中国人的阅读情况。

2015年8月31日，中国新闻出版研究院组织的第九次全国国民阅读调查显示：2011年我国人均读书仅为4.3本，远低于韩国的11本，法国的20本，日本的40本，俄罗斯的56本，以色列的64本。

现如今，有多少人在坚持阅读？当今社会人们的浅阅读、碎片式阅读乃至很少阅读的现象值得警醒。倡导全民阅读，建设学习型社会，对提升公民信息素养有重要的现实意义。

中国新闻出版研究院国民阅读研究与促进中心主任徐升国说："2011年，我国18~

70周岁国民人均阅读传统纸质图书4.35本,这是我院组织的第九次全国国民阅读调查得出的结果。"中国新闻出版研究院隶属新闻出版总署,第九次全国国民阅读调查于2010年年底进行,2011年4月23日"世界读书日"前夕发布调查结果。表9-1是2008—2011年我国对18～70周岁国民阅读情况进行的调查统计。

从列表中可以看到:图书阅读率稳中有升,报纸和期刊的阅读率有波动,公民上网率势不可挡,数字化阅读的快速增长,手机阅读率增速迅猛,综合阅读率迅速提升,说明近几年国民阅读情况与信息化、网络化的迅速普及有密切关系。从对我国国民倾向的阅读形式的研究发现,75.3%的18～70周岁国民更倾向"拿一本纸质图书阅读",11.8%的国民更趋向"网络在线阅读",9.4%的国民趋向"手机阅读",2.5%的人倾向"在电子阅读器上阅读",1.0%的国民"习惯从网上下载并打印下来阅读";如何高效阅读并构建和谐进步的阅读文化将成为一个非常现实的问题。国内外的研究实践已表明,信息素养对构建当下的阅读文化具有深远意义,深入开展信息素养教育,重构阅读文化,成为当代国人的重要使命。

表9-1 2008—2011年我国对18～70周岁国民阅读情况进行的调查统计 (%)

阅读率	2008年	2009年	2010年	2011年
图书阅读率	49.3	50.1	52.3	53.9
报纸阅读率	63.9	58.3	66.8	63.1
期刊阅读率	50.1	45.6	46.9	41.3
公民上网率	36.8	41.0	49.9	54.9
数字化阅读率	24.5	24.6	32.8	38.6
手机阅读率	12.7	14.3	23	27.6
综合阅读率	69.7	72.0	77.1	77.6

徐升国介绍,全国国民阅读调查开始于1999年,现在每年进行一次,是一项对国民文化消费的长期跟踪调查,有央视市场研究和零点调查公司等专业公司参与,采用国际上社会调查的标准体系,在全国50个左右城市对居民进行入户调查,获得2万个左右的样本,调查问卷的设置涵盖图书、期刊、音像、网络、手机等载体和途径,以及公共阅读服务、读书节、农家书屋等项目,已经被视为我国国民阅读的风向标。

与这个数字在各类媒体上被用来"警醒世人"不同,专业人士眼里,"4.35本"的结果无惊无喜,"2010年的调查结果是4.25本,2009年是3.88本,2008年是4.75本,所以总的趋势是在徘徊波动中趋稳,但也不值得乐观。"徐升国说。他表示,阅读量下降是全球性的趋势,对此担忧并非国人所独有。但是,从全球横向比较来看,我们确实偏低,跟传统文明古国、礼仪之邦的地位不相符。当下的读书风气和氛围还不如20世纪80年代,"知识无用论"似乎愈演愈烈,阅读少,尤其年轻人不读书是我们切实的所见、所感。

近年来,数字在阅读的迅猛发展令专业人士始料未及。1999年的全国国民阅读调查结果显示,当时国人的上网率才3%,数字在阅读率无从考察;2011年,上网率增加到54.9%,数字化阅读率达到40%,手机阅读率达27.6%。但第九次全国国民阅读调查结果显示,2011年,国民数字在阅读人均读书仅1.42本。

徐升国说,数字阅读之所以没有与传统阅读合并计算,首先因为数字在阅读的统计是不能以"本"为单位的,很可能只是部分章节、段落;此外,数字在阅读和传统阅读这两种形式有较大差异,比如,手机阅读的可能是书,更大的可能是报纸、刊物。也不能以传统纸质阅读的监测手段,监测数字阅读的阅读量。

"数字阅读是有价值和意义的,应该给予高度关注和检测,但是目前全世界对数字阅读的关注结果都认为,还不能简单地说数字阅读好或者坏;数字阅读目前也不能取代传统阅读,因为其还有明显缺憾,比如可能损害儿童的视力;往往因超链接的存在,不断分散读者注意力,使其无法专注于阅读本身;数字阅读也容易导致碎片化和浅阅读。"徐升国的观点是谨慎的。几年前,iPad刚刚出现时,有人曾经说:iPad是阅读的杀手。在某种意义上,也许这并非危言耸听。

阅读是人类对信息需求的表现,阅读文化是一种信息审美文化。信息社会对阅读文化的巨大挑战是阅读端口的变化。传统的阅读端口以纸质为主,虽然IT业兴起后,电子化已悄然引起阅读方式的革命,但是随着云端模式的出现与普及,阅读端口将变得更加多元化。一方面,云计算保证了海量信息的获取、保存与有效处理;另一方面,阅读应用端口的多样化与普及,使读者的阅读已不受时空的限制。更深一层的挑战来自学习方式的改变,这就是碎片化的学习将由一种时尚变为普遍接受的学习方式。"屏一代"终将成为时代的主流,海量信息下的碎片化学习会影响接受者的心智,从而最终使碎片化学习成为获取知识的另一种方式。这也形成了信息社会对阅读文化的巨大冲击。

面对网络阅读文化的变革和教育信息资源的繁杂,使得阅读与学习、阅读文化与终身教育面临极大挑战,那就是要寻求一种面向全体公民的教育目标或能力修养来重构阅读文化,这就是信息素养。

信息素养可以重建阅读文化。阅读文化是一种文化视阈,它对个体、民族、国家,乃至全球都是一种视阈,这种视阈是以信息为基础的。当今时代,青少年正沉浸于网络的阅读世界和阅读海洋中,重提阅读文化的重要性可以引起人们对信息素养的极大关注,信息素养是提升公民阅读境界的最佳选择。因为阅读文化的困境源于信息素养的不足,较高的素养必然打造较高的阅读氛围,因而可以扭转整个社会阅读文化的尴尬境遇。

阅读是阅读文化的基础,没有阅读谈不上阅读文化。阅读是读者通过一定的媒介对特定的信息进行识别、理解、记忆以及审美的过程。现代的阅读"不只是文字的阅读,而是一种多介质(如图片、声音、图像、网络等)的阅读"。但阅读归根结底是对依存于介质上的信息的解读,这就涉及阅读方式和阅读能力,不论是阅读能力还是阅读方式都与个人的信息素养息息相关。信息素养及其各要素的养成都不能脱离阅读文化,阅读文化是信息素养教育的必经途径。图书馆是提供阅读的文化殿堂。对图书馆而言,"每一次技术的变革都将服务推向更人性化、更方便的快捷之路,全民阅读带来了阅读方式的诸多革新,使得图书馆不断革新服务方式……图书馆多元化服务的顺利开展终将依赖馆读双方信息素养的同步提高,馆读双方将建立起更为平等的和谐关系",阅读文化与信息素养之间具有很强的互动性。

阅读是信息需求的过程,阅读文化是信息素养的基础,一定的阅读文化是制约和产生相应的信息素养；阅读文化直接作用于信息素养的各个要素，各个要素的形成和发展离不开阅读文化。就信息文化而言，阅读文化与信息素养有一个重要的沟通桥梁，那就是信息美学。阅读文化就是发现信息美学、体验信息美学的过程。因此，开展全民阅读活动是提升信息素养的重要途径。2010年4月19日，在"第七次全国国民阅读调查"结果新闻发布会上，中国出版科学研究所为加强国家阅读战略研究与国民阅读促进工作，正式揭牌成立了"国民阅读研究与促进中心"，并开通了"中国全面阅读网"，这将更加有力地促进我国的全民阅读活动。

信息素养与阅读文化相辅相成，相互促进。信息素养的提升又是从改善阅读开始的，信息素养不但提高阅读的效率，而且能够提高阅读的层次与品位，并达到对阅读文化的深层次理解与应用。信息素养诸要素之间的关系会对阅读文化产生直接的影响，因为信息素养是"一种理解、发现、评估和利用信息的认知能力"。所以说，信息素养是提升阅读文化，推进终身教育的必备能力。一个没有信息素养或者信息素养不足的人是难以适应信息化社会需要的，信息素养是改善阅读文化、提升阅读文化、推动阅读文化科学发展的最佳选择。

阅读文化是提升信息素养的先决条件。也可以说，阅读是信息素养的必经之路。改善阅读习惯、阅读方式与阅读内容等阅读文化，就从提升信息素养开始，"当代大学生的信息素养，不仅影响着他们在校期间的阅读行为，更影响着他们终生继续教育以及今后工作的能力和业绩。正如一位科学家所说，海水里蕴藏着无限大的内能，但是如果不能通过一定的技术和技能将这些隐性的内能转换成可以利用的热能，那它连一壶水也不可能烧开"。

9.2 信息素养系统

信息社会中，信息获取、信息判断、信息利用、信息伦理与道德、信息开发与创造已经成为社会判定的一种信息素养能力。信息素养不是一个单纯的概念，而是具有多层次、多维度的综合概念。它包含信息能力、信息意识、信息创造、信息伦理等诸多方面，从层次上分为技术层面、知识层面、意识层面，从结构上分为信息能力、信息知识、信息情感态度和价值观。

9.2.1 信息能力

维基百科上有一个概念"Unknown Unknown"，大意是说，如果你不知道某一个东西，你也不会知道自己不知道。在现实生活中，我们经常会遇到这样的情况：当你去探究某一个问题、某一个概念、某一条信息或者某一项主题时，最大的问题不是问题本身，而是你"Unknown Unknown"，当你搜遍互联网，检索了大量书刊、论文或数据库等信息资源后，最终的收获并不在于你解决了这个问题，而是你通过解决这个问题，获得了意想不到的收获和启发。例如，最直接的收获是，在信息检索方面，你还知道了以后遇到类似的问题去哪儿找，而且是最快、最有效地找到你要找的信息，知道了哪些网站是寻找这个领域最有效、最前沿、最有价值的地方,哪些书是该领域内最经典的书,哪些期刊是研究这个专业最权威、最核心的期刊等。此外,更有价值的收获是,也许你暂时并没有意识到,一次看似平常的信息检索工作之旅,在你未来的生活和学习中,会突然不经意地点燃你的智慧之灯。

所谓信息能力,即获取信息、处理信息、利用信息和创造信息的能力,是一种了解和获取信息的过程。信息能力是当今社会人类生存的最基本能力,深深地影响着人们的生活、工作和学习的方方面面,是个人寻找职业、融入社会的一个决定性因素。信息能力包括信息获取能力、信息加工和处理能力、信息技术的利用能力。

高等院校的大学生要学会在海量无序的信息中提炼出对自己有价值的信息,并能够依据自己掌握的信息技术和信息工具来获取、处理和使用信息的能力。信息能力是大学生从事研究或终身学习的基础,也是未来社会生活必备的基本能力。

大学生的信息素养能力包括信息技术的利用能力、信息获取能力、信息处理能力及信息表达能力等。

1. 信息技术的利用能力

信息技术的利用能力是信息能力的基础。能使用信息系统是最基本的要求,具体包括:

(1) 会安装与启动信息系统工作。
(2) 能准确无误地操作信息系统。
(3) 能进行信息系统的日常维护和保养。
(4) 当出现故障和问题时,能判断与估计故障的原因,能进行必要的处理。
(5) 能根据工作需要选择合适的软件系统,并准确熟练地使用。
(6) 能使用一些软件开发工作等。

2. 信息获取能力

使用信息技术的目的是从海量的信息中获取对自己有用的信息,因此信息获取能力是信息能力中最重要的因素,它主要包括以下 5 方面能力。

(1) 信息资源的查找能力。
(2) 信息资源的收集能力。
(3) 信息资源的理解能力。
(4) 信息资源的评价能力。
(5) 信息资源的选择能力。

3. 信息处理能力

人们要把获取来的信息进行加工处理才能为我所用,因此必须具备一定的信息处理能力,才能把得到的碎片化信息和未经加工的数据真正利用起来。信息处理能力跟算法的理解并掌握,以及程序设计能力有着千丝万缕的关系,它涉及的范围非常广泛,具体包括:

(1) 信息分类能力。
(2) 信息统计分析能力。
(3) 信息重组能力。
(4) 信息编辑加工能力。
(5) 信息存取能力。

4. 信息表达能力

人是信息的生产者和传播者，因此信息表达能力才凸显出来，具体体现为
(1) 信息生成能力。
(2) 信息表达能力。
(3) 信息报告能力。

9.2.2 信息意识

所谓信息意识，是人们利用信息系统获取所需信息的内在动因，具体表现为对信息的敏感性、选择能力和消化吸收能力，从而判断该信息是否能为自己或某一团体所利用，是否能解决现实生活实践中某一特定问题等一系列的思维过程。信息意识含有信息认知、信息情感和信息行为倾向 3 个层面。同时，信息价值的判断力、持久的注意力和敏锐的洞察力在某个时刻也是事业成功的关键。一个具有强烈信息意识的人，对信息的敏感性，除了对信息的持久注意心理倾向外，更重要的是对信息价值的判断力和洞察力，面对浩繁、无序的信息，要能够去粗取精，去伪存真，进行识别，并作出正确判断和选择。信息素养的核心内容包括信息意识和信息能力。

1. 敏锐的观察力

对信息的敏锐观察力是指人们面对所需要的信息表现出来的敏锐程度，主要表现为信息反应力(或应变能力)和信息行为倾向。

信息反应力是指在获取信息、利用信息时人们的心理反应。需要信息的愿望越强烈，信息意识就越明确，能动性、自觉性就越大，会主动观察相关信息源，从而获取自己所需要的信息；信息行为倾向是人们在处理信息、利用信息时的实际效果；也可以是人们在整合信息、创造信息时的知识水平和创新能力；它需要平时的积累和慢慢养成，自主地学习和提高，特别是要进行各种预案的思考和策划，因为应变能力是反映信息敏锐的观察力的重要体现。应变能力既有先天的因素，也有后天的培养。信息的应变能力是有差别的，如不同气质类型的人，每个人化解危机的反映不尽相同；多血质气质类型的人就比黏液质的人化解危机的能力要高，这是与生俱来的，是先天因素造成的。当然，也可以通过后天的培养来获得。比如，通过学习掌握必要的知识，武装头脑，在生活实践中积累了丰富的经验，在化解危机时就会从容许多。应变能力是具有可塑性的，可以通过相关训练来提高和加强。

应变能力是指个体或组织在外界事物发生改变时所作出的反应，有时是本能的，有时

是经过大脑思考后作出的判断和决策;中国知网术语查询记录《中国卫生管理词典》中有对"应变能力"条目的解释:具有适应时事或应付事态变化的主观条件;主要反映在表现于应变的全过程,应变过程即变化信息的输入→对信息的分析认识→作出应变决策→组织应变措施实施→检验应变效果。应变能力是当代人应具备的基本能力之一。20世纪80年代中期,国内市场行业学者就清楚地认识到,信息是资源,信息是财富。

1) 信息应变能力表现在5个方面

(1) 前瞻力,对信息具有前瞻性判断力。

(2) 应对力,能在信息变化环境中产生应对的创意和策略。

(3) 持久力,能够认清事物发展变化的趋势和本质,能在纷繁复杂的动态变化中明辨方向,持之以恒。

(4) 应变力,善于审时度势,根据不同情况作出判断,随机应变。

(5) 适应力,能够适时分析变化中的信息环境,迅速地作出必要调整而进入适应状态,并循序渐进,不断提升适应能力。

2) 通过以下途径培养信息应变能力

(1) 场景训练。可以模拟随机性强的场景或环境变化来适应或训练应变能力;信息应变能力一般指遭遇突发事件、意外状况或危机情况时必须拿出应急方案或解决紧急事件的途径或办法,可以结合危机管理增加必需的预案意识,并能积极付诸行动,而不是纸上谈兵。

(2) 危机管理意识训练。信息应变能力与环境变化关系密切,外界环境发生变化时,是考验人们的危机意识和应变能力的时刻,要做到未雨绸缪,泰然时要有忧患意识、危机意识,做事有前瞻性是信息应变能力的基础,也是危机预警体系的第一原则。因此,危机意识和预控能力是至关重要的。因为"导致危机产生的关键在于危机主体缺乏危机意识和有效的预控能力,很多危机的发生,危机事态的扩大主要是危机意识欠缺造成的"。孟子所言"生于忧患,死于安乐"就是这个道理。

(3) 实践训练。在实际工作和生活实践中,经常遇到各种各样的实际困难和问题,解决这些困难和问题的过程就是增强信息应变能力的过程;学会与人沟通、交流、互动,逐步提高自己在各方面的应变能力,积极尝试和体验各种业务,提升自己的生存技能,在一定程度上也是不断提升信息应变能力的实践过程。

2. 价值的判断力

判断力是人们对人、对事物、对概念、对信息、对知识、对现象、对本质、对问题等,在感知、判断、记忆、想象、警觉、预判、推断的基础上做出判别、决断,选择并给出结论的能力。判断力是一个综合体,是诸多能力的结合,它体现出一个人长期积累形成的习惯性的常识判断、应急判断、超常判断等。高靖生先生曾提出,"从判断力的结构来看,至少分为两部分:首先是反思性的判断力,它的思维路向是从特殊到一般;判断力的另外一部分乃是规定性的判断力,它发挥作用的路向与反思性判断力刚好相反,是从普遍到特殊、从一般到具体地发生作用"。

判断力这种结构特点,要求人类面对问题作出判断时既要有理性,又要有灵活性;既要积累,又要不断培养。

判断力的要素包括以下 4 方面。
- 知识积累、信息综合。
- 感知能力、专注能力。
- 推理能力、估测能力。
- 冷静思考、自我约束。

信息的判断力指人们对信息的真、善、美作出适当、科学、合理的判断能力;信息的真包括真实、正确、科学的判断;信息的善包括价值、意义、善恶的判断;信息的美包括适当、意蕴、和谐的判断;在日常工作和学习中,积极培养出这些特质,人就能够获得高度敏锐的悟性和实用的判断力,就能够洞悉事物的本质,并以恰当的方式处理问题。

3. 持久的关注力

信息的关注力是指人们对信息深层次的观察能力以及关注程度,包括信息背后隐藏的信息内涵,主要涉及对信息的判断力、对信息解读的准确性、对信息判断的前瞻性。通过现象看本质,通过对信息的持久关注,能够深入看穿信息表面而进入其深层或底层的穿透能力,是信息意识的高级阶段,是信息素养能力的体现。

信息的关注力与人们对信息对象的认知、情感和行为的动机关系十分密切。一般来说,人们对信息对象认知越清楚,关注力就越强,对信息对象的本质看得越透彻;人们对信息对象的情感越深,对其内涵关注的结果就越丰富;人们对信息对象的行为动机越明确,信息关注的过程就越简捷。

信息关注力是一种包含了认知、分析、判断、评估、预测等的综合能力;这种以判断力为特质的信息能力是人类面对事物、问题、现象等所做出的合理判断。对信息价值的判断力和关注力,对解决问题、消除难题、完成工作、推动事业发展至关重要;一个具有强烈信息意识的人,必然对信息有着敏感的、持久的关注力,有着对信息的心理倾向性,更有着对信息价值的判断力和关注力。在信息社会,面对繁杂的信息,人们必须学会去粗取精,去伪存真,善于识别,并正确做出选择和判断;做大事、做成事,会做事、做好事,其中蕴含着丰富的、科学的信息关注力,事业的成功时常伴随着人类精湛的关注力和准确的判断力,信息关注力符合省力美学的价值判断,可以减少不必要的无用功,把各种有效资源和力量发挥到极致,富有艺术效果。

9.2.3 信息创造

信息创造是信息素养的能动要素。信息创造是人们获取信息、整合信息、吸收和利用信息、创造新知识的过程。信息创造和一个人的知识积累、创新意识、创造才能密不可分,同时也是信息素养高低的重要体现。

创新是创造的动力,是人类对已有事物、观念和方法的开拓和改进而进行的能动的反映,是人类对陈旧事物的打破和再造。创新在于发现和发现后的思考及行动。

方法创新是信息创造的基础,思维创新是信息创造的前提。创新需要发现、需要思考、需要培养,也需要条件。有学者归纳影响哲学社会科学方法创新的因素可分为"主体因素""保障因素""动力因素"3类。这3种因素同样可以作为方法创新举措的3个维度,即提升创新主体的创新意识和主观能动性;加强创新环境优化及创新团队建设;加大创新基金投入和激励机制创新。

1) 独立思考是创新的源泉

数学家华罗庚先生是自学和独立思考的典范,他认为:任何一个人,都必须养成自学的习惯,即使是今天在学校的学生,也要养成自学的习惯,因为迟早会离开学校!自学,就是一种独立学习、独立思考的能力。行路,还要靠行路人自己。独立思考能力,对于从事科学研究或其他任何工作,都是十分必要的。在历史上,任何科学上的重大发明创造,都是由于发明者充分发挥了这种独创精神。华罗庚先生的名言在当下的信息社会,依然是至理名言,特别是在培养信息创造的能力上,尤其如此。

2) 培养科学创新精神是创新的保障

科学创新精神是指具有求知和探索精神,这是信息创新的动力,是人们从事一切科学认识活动的原始动力。理性的怀疑与批判精神,是科学精神的核心与灵魂;创新精神是科学的内在要求和本质;求真务实精神是科学认识的基础和出发点。毛泽东同志在《实践论》中曾经指出,"知识的问题是一个科学问题,来不得半点的虚伪和骄傲,决定地需要的倒是其反面——诚实和谦逊的态度。"

科学精神的培养需要从求知和探索精神、求真务实精神、理性的怀疑和批判精神、创新精神进行培养,而其核心则是培养实事求是的态度、实事求是的作风、实事求是的精神。

3) 教师的创新意识和创新能力是培养创新人才的前提

创新是一个民族的灵魂,新世纪人才必须具有创新意识、创新精神和创新能力,这也是素质教育的基本精神。学生信息素养的提高是素质教育目标的一部分,在网络环境下开展研究性学习和自主学习需要学生具有一定的信息素养。因此,教师必须首先强化自身的信息素养,具备创新意识和创新能力,才能更好地指导学生,全面实施和推动素质教育。

强化教师的信息素养,使每一位教师既可以是信息的需求者,又可以是信息的提供者,能够在互联网上学习、讨论、交流信息,发挥教师潜在的知识能力,形成一个高效的信息增值网络,有利于改善教师的知识结构,促使教师的专业化发展。

9.2.4 信息伦理

1. 信息伦理的概念

信息伦理(Information Ethics)是"涉及信息开发、信息创造、信息传播、信息免疫、信息管理以及信息利用等方面的伦理要求、伦理准则、伦理规约,以及在此基础上形成的新型伦理关系";"信息伦理又称信息道德,它是调整人们之间以及个人与社会之间信息关系的行为规范的总和"。这两个定义分别强调了信息伦理是信息活动中的新型伦理关系和等同于信息道德的信息行为规范。

百度词典对"伦理"的解释是"伦理,就是人与人以及人与自然的关系和处理这些关系的规则,如天地君亲师为五伦;忠、孝、悌、忍、信为处理人伦的规则。从学术角度来看,人们往往把伦理看作对道德标准的寻求"。

信息伦理是信息素养中不可或缺的要素之一,特别是随着网络的普及,信息伦理越来越受到重视,它约束人们在获取、利用和传播信息的过程中的行为规范。信息伦理包括信息道德,它左右着信息素养的方向,主要内容包括信息交流与社会整体目标协调一致;遵循信息法律法规,抵制违法信息行为,尊重他人知识产权,正确处理信息开发、传播、使用三者之间的关系等。例如,人们在日常的学习和工作中遇到的信息引用、咨询、复制等知识产权问题,以及出版发行教学出版物所应承担的权利与义务问题,网络信息规范化管理与应用问题等,这些都需要人们具有规范化管理的信息道德意识。

信息伦理还包括信息免疫力,尤其是在网络环境下,不同类型的读者对信息要有免疫和抵制的能力,能够积极慎独,不能沉迷于消极的垃圾信息陷阱中,要有积极的心态、理智的头脑、长远的目光来驾驭自我,健康向上地利用互联网信息,高效科学地消费信息,开拓创新地创造信息,理智地传播信息。

为了进一步加强学术道德和学风建设,遏制学术不端行为,惩防并举,标本兼治,自律与他律相结合,培育优良的学风,倡导严谨规范的学术行为,营造良好的学术环境,教育部科学技术委员会学风建设委员会组织编写了《高等学校科学技术学术规范指南》(中国人民大学出版社,2010年6月出版,全书共4.7万字);本书的出版对高校教师、学生及教育管理人员提高学术道德修养,规范学术行为,营造良好的科研氛围,促进教育和科学技术的健康发展起到重要的作用。本书的正文共分4部分:

(1) 基本概念。对"学术共同体""学术规范"等概念进行了详细的叙述。

(2) 科技工作者应遵守的学术规范。对在具体的科学研究过程中,从项目的申请、实施、成果的发表到后续的学术评价、学术批评等作了原则性的说明。

(3) 学术规范中的相关规定。对如何正确使用"引用、注释、参考文献",综述中的"综"和"述"的要求,以及"编、编著及著"的区别都一一作了介绍。

(4) 学术不端行为的界定。对抄袭、剽窃、伪造、篡改、一稿多投、重复发表等不端行为作了明确的界定。

2. 学术界的规范

1) 学术规范

学术研究要尊重他人的知识产权,遵循学术界关于引证的公认的准则。在作品中引用他人的成果,必须注明出处;所引用的部分不能构成引用人作品的主要部分或者实质部分;从他人作品转引第三人成果,应注明转引出处。

学术规范是20世纪90年代中国学术界关注的一个焦点问题,构成了20世纪末中国学术发展取向的一大人文景观,其意义将在今后的学术文化工程的建设中进一步凸现出来。但关于学术规范的定义和范围究竟是什么,学者们意见不一。教育部于2004年制定颁布的《高等学校哲学社会科学研究学术规范(试行)》,以下简称《学术规范(试行)》中对此也没有做出明确界定,但这并不妨碍我们功能性地理解学术规范的作用。关于这一点,

《学术规范(试行)》中的第一条就很明显地指出来,即对人文社会科学研究工作中的学风建设和学术活动给予规范性的指导。尽管学术规范的发展在我国取得了不小的成就,但与此同时,所谓"学术失范"的问题也随之日益凸显出来。有学者认为,这在很大程度上是道德的失范,根本上在于德性价值的偏差。从而,推行学术规范的关键是学者的自律,要重视学者的修养,加强自省。从这些观点中可以推断出,之所以现在学术问题很多,是因为现在的学风败坏;20世纪80年代,即使没有学术规范,学术问题也不多,因为当年的学风良好。

2) 学术引文、注释规范

杨玉圣和张保生在《学术规范导论》一书中总结并提出了10条引用伦理规则。一、学术引用应体现学术独立和学者尊严;二、引用必须尊重作者原意,不可断章取义,不可曲解原文;三、引注观点应尽可能追溯到相关论说的原创者;四、写作者应注意便于他人核对引文;五、应尽可能保持原貌,如有增删,必须加以明确标注;六、引用应以必要为限,避免过度引用;七、引用已经发表或出版修订版的作品应以修订版为依据,它代表作者最近的看法或思想;八、引用未发表的作品必须征得作者或相关著作权人的同意,并不得使被引用作品的发表成为多余;九、引用应伴有明显的标识,以免读者误会;十、引用须以注释形式标注真实出处,并提供与文献相关的准确信息。

列出论文参考文献的目的是让读者了解论文研究命题的来龙去脉,便于查找,同时也是尊重前人劳动,对自己的工作有准确的定位。因此,这里既有技术问题,也有科学道德问题。

一篇论文中几乎自始至终都有需要引用参考文献之处,如论文引言中应引上对本题最重要、最直接有关的文献;在方法中应引上所采用或借鉴的方法;在结果中有时要引上与文献对比的资料;在讨论中更应引上与论文有关的各种支持的或有矛盾的结果或观点等。

任何学术研究、学术写作过程都应该尊重前人已有的成果,并通过引证、注释等形式加以明确说明,从而在有序的学术对话、学术积累中力求推进学术创新,这是学术规范的本质要求。因此,凡是引用他人观点、方案、资料、数据等,无论是纸质还是电子版的,都应该详加注释;凡转引文献资料,应如实说明。学术注释规范既是一个形式规范问题,又是一个从根本上保障学术继承与学术创新的实质规范问题。

国外对学术引用与学术注释规范方面的重视比国内多,这是国外大学生学术入门的课程,而我们的高校却缺少这一课程,大学教育(尤其是研究生与学位教育)应及时补上学术规范教育这一入门课程。《哈佛学习生活指南》一书在学术注释的警示中指出:"美国高等教育体系以最严厉的态度反对把他人的著作或观点化为己有,即所谓剽窃。每一个这样做的学生都将受到严厉的惩罚,直至被逐出大学校门。当你在准备任何类型的学术论文——包括口头发言稿、平时作业、考试论文等时,必须明确地指出:你的文章中有哪些观点是从别人的著作或任何形式的文字材料上移入或借鉴来的。"目前,中国人文社会科学期刊界、出版界、学术界对注释的重要性已基本达成共识,但尚无统一的注释规范。

凡是粗心大意,不查文献;故意不引,自鸣创新;避重就轻,故作姿态的做法都是错误的。这种现象现在还是时有所见的,这是科研工作者的大忌。其中,不查文献、漏掉重要文献、故意不引别人文献或有意贬损别人工作等错误是比较明显的。有些做法则比较隐蔽，如将该引在引言中的，把它引到讨论中，这就将原本是你论文的基础或先导，放到和你论文平起平坐的位置。又如，科研工作总是逐渐深入发展的，你的工作总是在前人工作基础上发展起来的。正确的写法应是，某年某人对本题做出了什么结果，某年某人在这基础上又做出了什么结果，现在我在他们基础上完成了这一研究。这是实事求是的态度，这样表述丝毫无损于你的贡献。有些论文作者却不这样表述，而是说，别人没有做成这个课题，现在我做成了，这就不是实事求是的态度，这样有时可以糊弄一些不明真相的外行人，但内行人一戳就破，结果会弄巧成拙，丧失信誉。这种现象在实际生活中还是比较普遍的。

3) 网络信息学术规范

网络提供了一种前所未有的信息传播途径，它已经影响到原有的信息创造者、信息使用者以及信息提供者之间的利益平衡。图书馆在数字时代中，不仅作为作品的重要传播中介和服务主体，而且作为信息资源的创作者，深深地影响着社会信息生产、传播与交换机制。

在法律上，图书馆是搜集、整理、收藏图书资料以供人阅读、参考的机构，其功能在于保存作品并向社会公众提供接触作品的机会。图书馆向社会公众提供作品，对传播知识和促进社会文明进步，具有非常重要的意义。只有特定的社会公众，在特定的时间以特定的方式，才能借阅到图书馆向公众提供的作品。因此，这种接触对作者行使著作权的影响是有限的，不构成侵权。

所以，图书馆为了保存的需要将作品数字化(或者高等院校图书馆将作品数字化后在馆内及校园网内小范围使用，并只能浏览而不能下载、打印)。在著作权范围内是许可的。我们现在的一些数字图书馆是按照商业模式来运作的。用户缴费完成后，在互联网上就可以阅读并下载、打印，阻碍了著作权人以其认可的方式传播作品，侵犯了其信息的网络传播权。因此，我国的数字图书馆按照目前的运作模式必须经过著作权人的授权许可。

目前，国内业界有不少人士提出了解决方案，主要有以下 3 个方面。

其一，建立针对数字图书馆版权统一的管理机构。

其二，修改著作权法，规定数字图书馆和网上传播可以事先不经作者许可，事后向作者支付报酬，类似于现行著作权法上的"转载"。

其三，"授权要约"模式，即著作权在出书的同时发表一个要约，声明著作权人的权利，声明别人在什么样的条件下可以使用，并通过代理机构向著作权人支付报酬。

现在很多用户已经将网络(包括数字图书馆)作为收集、整理、利用信息的重要来源。鉴于数字图书馆著作权方面的复杂性，一定要合理使用，注明出处，尽可能避免侵权行为发生。

随着网络的迅速普及，网络信息伦理问题也提到了议事日程。在信息社会，信息伦理已经成为一个世界性问题。国外网络伦理研究者把与网络有关的信息伦理问题归纳为"7P"，即 Privacy(隐私)、Piracy(盗版)、Pornography(色情)、Pricing(价格)、Policing(政策制定)、Psychology(心理的)和 Protection of the Network(网络保护)。国内的一些专家认为，"7P"并不足以涵盖信息伦理领域的全部问题，又提出了网络虚拟空间与现实生活空间、网络道德与传统道德、信息内容地域性与传播手段的超地域性、通信自由与社会责任、个人隐私与社会监督、信息共享与信息独有、网络开放与网络安全、网络资源的正当使用与不正当使用等方面的矛盾等问题。

9.3 信息素养标准

信息素养标准是评价一个人信息素养能力的指标体系，是指导信息素养教育的行动指南。不同层次和不同教育阶段的信息素养标准是有差别的。国外关于信息素养评价标准的研究走在我们的前列，有很多值得我们借鉴和学习的地方。比较经典的信息素养标准包括美国中小学的《学生学习的信息素养标准》、高等院校的《高等教育信息素养标准》，以及针对高等教育科技领域的《科技信息素养标准》；此外，澳大利亚、英国、韩国、日本等国家对信息素养标准的研究也比我们起步早。

9.3.1 各国信息素养标准

在制定信息素养标准方面，美国进行得比较早。1998年，美国学校图书馆员协会（AASL）与美国教育传播与技术协会（AECT）在《信息能力：创建学习的伙伴》中发布了"学生学习的信息素养标准"，为美国中小学描述了信息素养教育概念性的框架和指导方针。该标准分为三大类，包含9个标准和29项指标，描述了学生在学习过程中与信息相关的能力是具有信息素养的学生必须掌握的。

该标准根据中小学生的学习特点，从信息素养、独立学习和社会责任三大类进行描述。信息素养类目包括3个标准和13项指标，描述了与美国学校图书馆媒体课程直接相关的核心学习成果，包括认识信息需求、获取信息和运用信息。独立学习类目的3个标准和7项指标更多地着重于学生学习的综合能力，包括独立寻求和运用个人感兴趣的信息、创造性地表达的能力等。社会责任类目下包括3个标准和9项指标，此类项目下的标准和指标更注重学生参与信息社会、培养高尚道德和社会责任感的要求。独立学习和社会责任感是以信息素养类标准为基础的，但进一步明确了信息素养在技能、态度、品德等方面的要求。对这两类标准，也要求学校图书馆媒体课程对教学提供重要的支持。

1998年，美国图书馆协会和教育传播协会制定了学生学习的九大信息素养标准，概括了信息素养的具体内容。

1. 信息素养类标准

标准一：具有信息素养的学生能够有效地和高效地获取信息。
标准二：具有信息素养的学生能够熟练地和批判地评价信息。
标准三：具有信息素养的学生能够精确地、创造性地使用信息。

2. 独立学习类标准

标准四：作为一个独立学习者的学生具有信息素养，并能探求与个人兴趣有关的信息。

标准五：作为一个独立学习者的学生具有信息素养，并能欣赏作品和其他对信息进行创造性表达的内容。

标准六：作为一个独立学习者的学生具有信息素养，并能力争在信息查询和知识创新中做得最好。

3. 社会责任类标准

标准七：对学习社区和社会有积极贡献的学生具有信息素养，并能认识信息对民主化社会的重要性。

标准八：对学习社区和社会有积极贡献的学生具有信息素养，并能实行与信息和信息技术相关的符合伦理道德的行为。

标准九：对学习社区和社会有积极贡献的学生具有信息素养，并能积极参与小组的活动，以探求和创建信息。

《学生学习的信息素养标准》中的指标是概要性的，美国各州、区等地方的教育者和学校图书馆媒体专家可根据本地区学生的发展方向、文化背景和学习需要来应用和展开指标。比如：针对标准三制定了以下4个概要性的指标。

指标1：组织适合于实际应用的信息。

指标2：将新的信息融入个人的知识结构中。

指标3：将信息用于批判性思考和解决问题。

指标4：以恰当的形式提出信息和交流信息。

《学生学习的信息素养标准》比高等教育信息素养标准早问世两年，对推动美国中小学信息素养教育产生了重大影响。美国一些州的教育部门和学校对在课程中纳入信息素养教育内容采取了指令性的要求，并根据国家标准，纷纷制定适合本地信息素养教学的标准和指南。《学生学习的信息素养标准》的发布，为美国大学与研究图书馆协会（ACRL）的高等教育信息素养标准的制定提供了有益的经验。

培养大学生的终身学习能力是高等教育的主要目标。具备信息素养能力，大学生可以把学习延伸到课堂之外，在今后的学习、工作和生活中发挥更重要的作用。因此，信息素养作为大学生终身学习的基础能力，在高等教育中成为重要的培养内容。

2000年，继美国中小学信息素养标准出台后，美国的大学和ACRL发布了《高等教育信息素养能力标准》（信息素养能力与教育第30页注释26），该标准为高等院校信息素养教育评价提供了一个框架，它延伸和扩展了美国学校图书馆员协会的《学生学习的信息素养标准》，提供了与中小学信息素养教育的结合，从而使得各个阶段的学生都有相应的信息素养标准。相比之下，中小学的标准比较强调学生的独立学习与社会责任感，而高等教育的标准更着重于信息获取、信息评价处理、信息交流和信息创新的能力。该标准为大学生提供了一个如何处理信息的指南和框架，让大学生认识到培养自己超认知学习方法的需要，并使他们明确收集、分析和使用信息所需要的行动。《高等教育信息素养能力标准》由5个一级指标体系（能力指标）、22个二级指标体系（表现指标）和86个三级指标体系（成果指标）组成，5个一级指标体系侧重于能力。针对不同层次的高等院校学生的需要，每个标准包括几个表现指标,各个表现指标又细分为一系列成果指标,以此来评价学生在信息素养上取得的进展。根据这些成果指标,制定和衡量学生学习的方法,但是标准只能衡量学生的基本信息素养,对于特定的领域,还要拟定适用于不同学科的评估方法和策略,以培养学生在特定领域的知识创造、学术活动过程中的信息素养能力。

《高等教育信息素养能力标准》的五项能力标准如下。

标准一:具有信息素养能力的学生,能确定所需信息的本质和范围。

标准二:具有信息素养能力的学生,能有效地、有能力地获取所需要的信息。

标准三:具有信息素养能力的学生,能批判地评价信息和信息源,并能将经过选择的信息融入自身的知识库和价值体系中。

标准四:具有信息素养能力的学生,能独立地或作为小组成员有效地利用信息来完成特定的任务。

标准五:具有信息素养能力的学生,理解围绕信息和信息使用的经济、法律和社会问题,并能合理合法地获取和使用信息。

上述5项标准的具体成果指标内容包含以下几个。

信息需求:能确定所需信息的种类和程度。

信息获取:能根据需求对信息进行有效的获取。

信息评价:能对信息和信息源进行评价,从而有选择地将信息纳入自己拥有的知识体系中转为己有。

完成任务:能有效地利用所掌握的信息独立完成所规定的任务。

信息创新:能将根据需要和要求所选择的信息纳入自己拥有的知识库并加以创新。

信息道德:能根据信息和使用信息的相关道德、法律以及社会问题,对信息进行合理合法的获取和应用。

从标准类目到表现指标、成果指标,是循序渐进、从抽象、笼统到概括、具体可操作的关系。在实际操作过程中,可以分以下7个阶段选择实施。

(1) 基础的认知技能。

(2) 基础的思考能力。

(3) 基本的信息能力。

(4) 高级思考能力。

(5) 复杂的信息技能。

(6) 沟通交流能力。

(7) 创新能力。

《高等教育信息素养能力标准》一经发布,便产生了重大的影响。目前,它已在美国本土、世界各大洲得到广泛的认可与应用,具有"里程碑"的历史意义,是迄今为止对高等教育界和图书馆界"最具影响力的文件之一"。

澳大利亚在2000年10月的大学图书馆协会会议上,通过了澳大利亚的《信息素养标准》,这个标准主要适用于高等教育,在澳大利亚的信息素养教育实践中起了一定的指导作用,并把它纳入大学的各门课程教学中。

2001年,澳大利亚大学图书馆委员会(CAUL)发布了"信息素养标准"第1版,第2

版由澳大利亚和新西兰信息素养学会于2004年联合发布,改名为"澳大利亚和新西兰信息素养框架",并在ACRL标准的基础上增加了2项指标:具有信息素养的人能够对收集与产生的信息进行分类、保存、管理和修改;能够认识到信息素养是终身学习和具有参与感的公民的必需。

澳大利亚和新西兰的高校信息素质联合工作组(ANZIIL)颁布了由6个一级指标,19个二级指标和67个三级指标组成的高校信息素质能力指标体系。

英国国家和大学图书馆协会(SCONUL)制定的《高等教育信息技能:SCONUL意见书》,给出了信息技能模型,如图9-2所示。

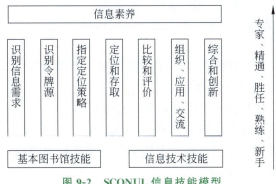

图 9-2 SCONUL 信息技能模型

9.3.2 我国信息素养标准

我国的专家、学者在借鉴、参考国外的信息素养标准基础上,也制定了一些信息素养标准。例如,陈文勇、杨晓光编制的《高等院校学生信息素养能力标准》,针对高等院校学生的信息素养制定了9项标准;马玉娟构建的《中小学信息素养评价指标体系》,参考中小学各个阶段掌握知识的连续性,从信息精神、信息知识、信息能力3个维度进行评价;魏非编制的《师范生信息素养评价指标体系》,针对师范生的特点和未来身份,从基本概念和操作、学习环境的创设、教学和课程、评估与评价、工作效率和职业实践,以及伦理、社会、法律、人文主题等6个方面对师范生信息素养进行了评价;李立新编制的《中小学教师信息素养量化评价指标体系》,针对中小学教师的专业特点,从信息意识、信息能力、信息伦理3个方面进行了评价。高丽用层次分析法(AHP)构建了《教师信息素养评估模型》。

2003年,清华大学主持开展了北京高校图书馆学会项目"北京地区高校信息素质能力示范性框架研究",2005年发布了《北京地区高校信息素养能力指标体系》,作为地区性的评价体系,它还不是一个正式标准。

《北京地区高校信息素养能力指标体系》由7个维度组成的一级指标,19个二级指标、61个三级指标描述组成。各级指标的设置与ACRL的高等教育信息素养能力指标非常相似,但在信息源知识和能力方面比ACRL的标准更具体、更详细,在许多指标后面用实例说明,更便于理解。比如,2.3.1"确定所需信息的可获得性与所需要的费用(有的信息是保密或无法获得的;有的信息是需要支付服务费用的)"6.4"具备信息素养的学生能够提供某种形式的信息产品(如学术论文、综述报告、项目申请、项目汇报等)。"

此外,该指标体系在"维度一"中特别强调了信息意识的培养及对信息素养内涵的认识。以维度一为例,具备信息素养的学生能够了解信息以及信息素养能力在现代社会中的作用、价值与力量。

指标 1. 具备信息素养的学生具有强烈的信息意识。

指标描述如下。

(1) 了解信息的基本知识。

(2) 了解信息在学习、科研、工作、生活方面产生的重要作用。

(3) 认识到寻求信息是解决问题的重要途径之一。

指标 2. 具备信息素养的学生了解信息素养的内涵。

指标描述如下。

(1) 了解信息素养是一种综合能力(信息素养是个体知道何时需要信息,并能够有效地获取、评价、利用信息的综合能力)。

(2) 了解这种能力是开展学术研究必备的基础能力。

(3) 了解这种能力是成为终身学习者必备的能力。

维度一的设置比较适合我国目前学术信息意识还不够强的状况,对强化这方面信息素养能力的培养是非常有意义的。

思考题

(1) 信息素养的含义是什么?

(2) 信息素养的五大特征是什么?

(3) 什么是信息能力?什么是信息意识?

(4) 什么是信息创造和信息伦理?

(5) 具备信息素养的学生应该具有信息意识的指标描述?

附录 A　国内大学网址

清华大学　http://www.tsinghua.edu.cn/
北京大学　http://www.pku.edu.cn/
中国人民大学　http://www.ruc.edu.cn/
北京师范大学　http://www.bnu.edu.cn/
北京外国语大学　http://www.bfsu.edu.cn/
北京航空航天大学　http://www.buaa.edu.cn/
中国政法大学　http://www.cupl.edu.cn/
北京邮电大学　http://www.bupt.edu.cn/
北京理工大学　http://www.bit.edu.cn/
北京交通大学(原北方交通大学)　http://www.njtu.edu.cn/
对外经济贸易大学　http://www.uibe.edu.cn/
北京大学医学部(原北京医科大学)　http://www.bjmu.edu.cn/
中国人民警察学院　http://www.bppc.edu.cn/
中央财经大学　http://www.cufe.edu.cn/
中国地质大学(北京)　http://www.cug.edu.cn/
北京科技大学　http://www.ustb.edu.cn/
华北电力大学(北京)　http://www.ncepubj.edu.cn/
中央民族大学　http://www.cun.edu.cn/
首都师范大学　http://www.cnu.edu.cn/
北京林业大学　http://www.bjfu.edu.cn
中国农业大学　http://www.cau.edu.cn/
北京语言大学　http://www.blcu.edu.cn/
首都经济贸易大学　http://www.cueb.edu.cn/
中国矿业大学(北京校区)　http://www.cumtb.edu.cn/
北方工业大学　http://www.ncut.edu.cn/
中央广播电视大学　http://www.crtvu.edu.cn/
石油大学(北京)　http://www.bjpeu.edu.cn/
北京化工大学　http://www.buct.edu.cn/
北京工商大学　http://www.btbu.edu.cn/
北京中医药大学　http://www.bjucmp.edu.cn/
中国人民公安大学　http://www.cppsu.edu.cn
首都医科大学　http://www.cpums.edu.cn/
北京工业大学　http://www.bjpu.edu.cn/
北京联合大学　http://www.buu.edu.cn/
北京体育大学　http://www.bupe.edu.cn/
中国青年政治学院　http://www.cyu.edu.cn/
外交学院　http://www.fac.edu.cn/

北京信息工程学院　http://www.biti.edu.cn/
北京电影学院　http://www.bfa.edu.cn/
中央音乐学院　http://www.ccom.edu.cn/
中国传媒大学（原北京广播学院）　http://www.cuc.edu.cn/
北京戏剧学院　http://www.chntheatre.edu.cn/
首钢工学院　http:/www.sgit.edu.cn/
北京物资学院　http://www.bmi.edu.cn/
北京印刷学院　http://www.bigc.edu.cn/
北京石油化工学院　http://www.bipt.edu.cn/cn/
华北科技学院　http://www.ncist.edu.cn/
北京联合大学应用文理学院　http://www.casbuu.edu.cn/
中国防卫科技学院　http://www.zfy.edu.cn/
北京服装学院　http://www.bict.edu.cn/
北京协和医科大学　http://www.pumc.edu.cn/
北京建筑工程学院　http://www.bicea.edu.cn/
北京第二外国语学院　http://www.erwai.edu.cn/evaluation/index.asp
北京农学院　http://www.bac.edu.cn/
北京舞蹈学院　http://www.bda.edu.cn/
中国音乐学院　http://www.ccmusic.edu.cn/
北京青年政治学院　http://www.bjypc.edu.cn/
国际关系学院　http://www.uir.edu.cn/
北京机械工业学院　http://www.bim.edu.cn/
北京联合大学旅游学院　http://tibuu.edu.cn/
防灾技术高等专科学校　http://www.fzgz.edu.cn/
中国劳动关系学院　http://www.ciir.edu.cn/
北京电子科技学院　http://www.besti.edu.cn/
北京现代职业学校　http://www.bjmvs.edu.cn/
军事医学科学院　http://www.bmi.ac.cn/
中华女子学院　http://219.242.28.130/
中美工商管理学院　http://www.cubu.edu/
北京东方大学　http://www.bdfu.edu.cn/
华北电力大学　http://www.ncepu.edu.cn/index2.htm
燕山大学　http://www.ysu.edu.cn/
河北大学　http://www.hbu.edu.cn/
河北师范大学　http://www.hebtu.edu.cn/
河北经贸大学　http://www.heuet.edu.cn/
河北科技大学　http://www.hebust.edu.cn/
河北工业大学　http://www.hebut.edu.cn/
河北农业大学　http://www.hebau.edu.cn/
河北医科大学　http://www.hebmu.edu.cn/
河北广播电视大学　http://www.hebnetu.edu.cn/
河北理工大学　http://www.heut.edu.cn/
中国人民武装警察部队学院　http://www.wjxy.edu.cn/

华北航天工业学院　http://www.nciae.edu.cn/
华北煤炭医学院　http://www.ncmc.edu.cn/
石家庄铁道学院　http://www.sjzri.edu.cn/
河北工程大学　http://www.hebiat.edu.cn/
河北建筑工程学院　http://www.hebiace.edu.cn/
河北科技师范学院　http://www.hevttc.edu.cn/
东北大学秦皇岛分校　http://www.neuq.edu.cn/
石家庄职业技术学院　http://www.sjzpt.edu.cn/
邢台职业技术学院　http://www.xtvtc.edu.cn/
石家庄邮政高等专科学校　http://www.sjzpc.edu.cn/
太原理工大学　http://www.tyut.edu.cn/
山西大学　http://www.sxu.edu.cn/
山西医科大学　http://www.sxmu.edu.cn
山西师范大学　http://www.sxtu.edu.cn/
山西财经大学　http://www.sxufe.edu.cn/
山西农业大学　http://www.sxau.edu.cn/
山西长治医学院　http://www.czmc.edu.cn/
太原广播电视大学　http://www.tyrtvu.edu.cn/
山西广播电视大学　http://www.sxtvu.edu.cn/
中北大学　http://www.nuc.edu.cn/
华北工学院分校　http://www.cancit.edu.cn/
忻州师范学院　http://www.xztc.edu.cn/
远城学院　http://www.ycatc.edu.cn/
晋中学院　http://www.sxjztc.edu.cn/
山西中医学院　http://www.sxtcm.edu.cn
太原科技大学　http://www.tyust.edu.cn/
中国医科大学　http://www.cmu.edu.cn/
中国刑警学院　http://www.ccpc.edu.cn/
东北大学　http://www.neu.edu.cn/
东北财经大学　http://www.dufe.edu.cn/
渤海大学　http://www.jznu.edu.cn/
辽宁石油化工大学　http://www.lnpu.edu.cn/
辽宁大学　http://www.lnu.edu.cn/
辽宁师范大学　http://www.lnnu.edu.cn/
辽宁工程技术大学　http://www.lntu.edu.cn/
沈阳大学　http://www.sydxlyrwxy.com/
沈阳农业大学　http://www.syau.edu.cn/
沈阳工业大学　http://www.sypu.edu.cn/
沈阳药科大学　http://www.syphu.edu.cn/
大连大学　http://www.dlu.edu.cn/
大连理工大学　http://www.dlut.edu.cn/
大连医科大学　http://www.dlmedu.edu.cn/
大连海事大学　http://www.dlmu.edu.cn/

附录 B　常用搜索引擎

简体中文搜索引擎

百度　http://www.baidu.com/
新浪网搜索　http://www.sina.com.cn/
中经网搜索　http://search.ce.cn/
必应搜索　http://cn.bing.com/
天网　http://www.tianwang.com/
中华网搜索　http://search.china.com
搜狗　http://www.sogou.com/
悠游中文　http://www.goyoyo.com/
360 搜索　http://www.so.com/
搜搜　http://www.soso.com/
找到啦　http://www.zhaodaola.com.cn/
有道搜索　http://www.youdao.com/
搜狐　http://www.sohu.com/
网易　http://www.netease.com/
即刻搜索　http://www.jike.com/
搜网全能搜索　http://so.sowang.com/
Hao123 网址之家　http://www.hao123.com/
百度网址大全　http://site.baidu.com/
若比邻　http://www.robot.com.cn/
我是野虎　http://www.5415.com/
孙悟空　http://www.swkong.com/
瑞得在线-看中国　http://www.readchina.com/
中国指南　http://www.chinavista.com/
1608 搜索　http://www.1608.com/
国邦在线　http://www.gobononline.com/
广信之家　http://www.gxchina.com/
雅虎中文　http://www.yahoo.com.cn/
搜罗中文　http://solo.szonline.net/
来科思搜索　http://cn.dir.lycosasia.com/

繁体中文搜索引擎

薯藤　http://www.yam.com.tw/
哇塞　http://china.whatsite.com/
添达香港搜索器　http://www.hksrch.com/
盖世引擎　http://gais.cs.ccu.edu.tw/

openfind　http://www.openfind.com/
天网中英文搜索　http://pccms.pku.edu.cn:8000/gbindex.htm
中国指南　http://www.chinavista.com/
小番薯搜索　http://kids.yam.com/
百度　http://hk.baidu.com/
谷歌　http://hk.google.com.hk/

英文搜索引擎

LookSmart　http://www.looksmart.com/
AltaVista　http://www.altavista.com/
Lycos　http://www.lycos.com/
Ask Jeeves　http://www.askjeeves.com/
MSN Search　http://search.msn.com/
Direct Hit　http://www.directhit.com/
AOL Search　http://search.aol.com/
NetScape Search　http://search.netscape.com/
Excite　http://www.excite.com/
Snap　http://www.snap.com/
FAST Search　http://www.alltheweb.com/
Open Directory　http://dmoz.org/
Go / InfoSeek　http://www.go.com/
Yahoo　http://www.yahoo.com/
GoTo　http://www.goto.com/
RealNames　http://www.realnames.com/
Google　http://www.google.com/
WebCrawler　http://www.webcrawler.com/
HotBot　http://www.hotbot.com/
Inktomi　http://www.inktomi.com/
IWon　http://www.iwon.com/

新闻搜索引擎

Northern Light's Current News　http://www.northernlight.com/news.html
NewsHub　http://www.newshub.com/
NewsTrawler　http://www.newstrawler.com/
Paperball　http://www.paperball.de/
Excite NewsTracker　http://nt.excite.com
Paperboy　http://www.paperboy.de/
NewsNow　http://www.newsnow.co.uk/
1stHeadlines　http://www.1stheadlines.com/
AltaVista Canada-Canadian News Index　http://www.altavistacanada.com/
Fanagalo　http://www.fanagalo.co.za/
InfoJump　http://www.infojump.com/

TotalNews　http://www.totalnews.com/

亚洲搜索引擎

Asiadragons　http://www.asiadragons.com/
Asiaco　http://www.asiaco.com/
HyeGuide.com　http://www.hyeguide.com/
Yahoo Asia　http://asia.yahoo.com/
Yahoo Japan　http://search.yahoo.co.jp/
Daum　http://www.daum.net/

欧洲搜索引擎

AltaVista Magallanes　http://www.altavista.magallanes.net/
Orientation Bulgaria　http://bg.orientation.com/
EuroFerret　http://www.euroferret.com/
EuroSeek　http://www.euroseek.net/
NETI　http://www.neti.ee/
Orientation Central and Eastern Europe　http://eeu.orientation.com/
Hotwin　http://www.hotwin.com/
Diabolos　http://www.diabolos.com/
Cypria.com　http://www.cypria.com/
Voodoo-it-The Real Search Engine　http://www.voodoo-it.de/
Orientation Czech Republic　http://cz.orientation.com/
START Romania　http://www.start.ro/
Orientation Romania　http://ro.orientation.com/
Croatian Internet Directory　http://inet.hr/

其他搜索引擎

WebWombat　http://www.webwombat.com.au/
4anything.com　http://www.4anything.com/
EuroSeek　http://www.euroseek.net/
Voila　http://www.voila.com/
Britannica.com　http://www.britannica.com/
About　http://www.about.com/
Diabolos　http://www.diabolos.com/
DisInformation　http://www.disinfo.com/
SearchKing　http://www.searchking.com/
Global Online Directory　http://www.god.co.uk/
Aeiwi　http://www.aeiwi.com/
Qango.com　http://www.qango.com/
Links2Go　http://www.links2go.com/
ByteSearch　http://www.bytesearch.com/
Debriefing　http://www.debriefing.com/

MatchSite　http://www.matchsite.com/
Black Widow　http://www.widow.com/
WebInfoSearch　http://www.webinfosearch.com/
1Blink　http://www.1blink.com/
Chubba　http://www.chubba.com/
Supercrawler.com　http://www.supercrawler.com/
One2seek　http://one2seek.com/
SearchWiz　http://www.searchwiz.com/
Search Caddy　http://www.searchcaddy.com/
Family Friendly Search　http://www.familyfriendlysearch.com/
InfoZoid　http://www.infozoid.com/
Search Runner　http://www.searchrunner.com/
WorldLight　http://www.worldlight.com/
OneSearch.com　http://www.onesearch.com/
Ixquick　http://www.ixquick.com/

参 考 文 献

[1] 吴新博.现代信息检索简明教程[M].北京:清华大学出版社,2006.
[2] 陈雅芝,等.信息检索[M].北京:清华大学出版社,2006.
[3] 刘富霞.文献信息检索教程[M].北京:机械工业出版社,2012.
[4] 刘绿茵.电子信息检索与利用[M].北京:机械工业出版社,2012.
[5] 谢新洲.网络信息检索技术与案例[M].北京:北京图书馆出版社,2005.
[6] 李国新.中国文献信息资源与检索利用[M].北京:北京大学出版社,2004.
[7] 戴守义.法学文献信息检索[M].北京:中国政法大学出版社,2002.
[8] 潘薇.大学生文献信息检索指南[M].北京:中国农业大学出版社,2004.
[9] 邢彦辰,赵满华.毕业论文写作与文献检索[M].北京:北京邮电大学出版社,2010.
[10] 邓富民.文献检索与论文写作[M].北京:经济管理出版社,2010.
[11] 曾仁侠,肖颖喆,向贤伟.科技文献信息检索[M].长沙:国防科技大学出版社,2002.
[12] 王新荣.文献信息检索与利用[M].2版.上海:上海交通大学出版社,2006.
[13] 顾文佳.信息检索与利用[M].北京:经济科学出版社,2001.
[14] 黄如花.网络信息的检索与利用[M].武汉:武汉大学出版社,2002.
[15] 马景娣.实用信息检索教程[M].杭州:浙江教育出版社,2004.
[16] 戴勇敢.法律文献检索[M].北京:中国人民公安大学出版社,2004.
[17] 张永忠.信息检索与利用[M].上海:复旦大学出版社,2010.
[18] 颜端武,王曰芬.信息获取与用户服务[M].北京:科学出版社,2010.
[19] 夏淑萍,邓珞华.计算机文献检索[M].武汉:武汉大学出版社,2005.
[20] 何晓萍,罗时民.实用文献信息检索[M].北京:机械工业出版社,2007.
[21] 饶宗政.现代文献检索与利用[M].北京:机械工业出版社,2012.
[22] 赵泉,等.信息检索[M].北京:机械工业出版社,2008.
[23] 刘振西,李润松,叶茜.实用信息检索技术概论[M].北京:清华大学出版社,2006.
[24] 张惠惠.信息检索[M].北京:机械工业出版社,2002.
[25] 谢德体,于淑惠,陈蔚杰,等.信息检索与分析利用[M].北京:清华大学出版社,2007.
[26] 汪雪莲.社科信息检索实用教程[M].北京:清华大学出版社,2013.
[27] 邓发云,杨忠,吴先竞.信息检索与利用[M].北京:科学出版社,2010.
[28] 李平,刘洋.信息检索分析与展示[M].北京:清华大学出版社,2012.
[29] 许福运,张承华.信息检索——理论与创新[M].北京:高等教育出版社,2012.
[30] 马转玲,杜占江.信息检索与文献利用.保定:河北大学出版社,2012.
[31] 韩冬,傅兵.信息素养教育论.北京:北京理工大学出版社,2017.
[32] http://www.google.com/.
[33] http://www.baidu.com/.
[34] http://www.tianwang.com/.
[35] http://www.altavista.com/.
[36] http://go.com/.
[37] http://www.lycos.com/.
[38] http://www.yahoo.com/.

[39] http://www.cnki.net/.

[40] http://www.wanfangdata.com.cn/.

[41] http://sciencechina.cn/.

[42] http://www.zlzx.org/.

[43] http://www.sciencedirect.com/.

[44] http://kluwer.calis.edu.cn/.

[45] http://www.cpo.cn.net/.

[46] http://www.nstl.gov.cn/.

[47] http://www.isiknowledge.com/.

[48] http://www.lib.tsinghua.edu.cn/.

[49] http://lib.bfsu.edu.cn/.

[50] http://lib.bnu.edu.cn/.

[51] http://www.lib.pku.edu.cn/.

[52] http://www.csscipaper.com/.

[53] http://www.spc.net.cn/.

[54] http://www.cqvip.com/.

[55] http://ieeexplore.ieee.org/.

[56] http://www.csdl.ac.cn/.

[57] http://www.nlc.gov.cn/.

[58] http://opac.calis.edu.cn/.

[59] http://www.nstl.gov.cn/.

[60] http://book.chaoxing.com/.

[61] http://www.library.sh.cn/.

图书资源支持

感谢您一直以来对清华版图书的支持和爱护。为了配合本书的使用,本书提供配套的资源,有需求的读者请扫描下方的"书圈"微信公众号二维码,在图书专区下载,也可以拨打电话或发送电子邮件咨询。

如果您在使用本书的过程中遇到了什么问题,或者有相关图书出版计划,也请您发邮件告诉我们,以便我们更好地为您服务。

我们的联系方式:

地　　址:北京市海淀区双清路学研大厦 A 座 714

邮　　编:100084

电　　话:010-83470236　010-83470237

客服邮箱:2301891038@qq.com

QQ:2301891038(请写明您的单位和姓名)

资源下载: 关注公众号"书圈"下载配套资源。

资源下载、样书申请

书　圈

图书案例

清华计算机学堂

观看课程直播